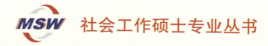

社会工作硕士专业丛书

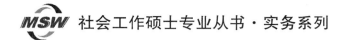

MSW 社会工作硕士专业丛书·实务系列

Social Work Practicum:

Puzzles and Know–How

社会工作专业实习

——常见疑难问题及其处理

童 敏 著 ————

社会科学文献出版社

SOCIAL SCIENCES ACADEMIC PRESS (CHINA)

目　　录

第一章
社会工作专业实习的准备

社会工作专业实习是培养社会工作者的专业实践能力的最关键的环节，也是社会工作专业训练中最具魅力的内容。几乎每位社会工作专业的学生都会盼望专业实习早点到来，好让自己真正亲身经历其中的滋味，品味其中的酸甜苦辣。但是将理论和现实联系起来并不是那么简单，让实习学生做好专业实习的准备是必不可少的。

第一节　让理论成为工具

需要学习什么理论？在准备过程中，初次参加社会工作专业实践活动的学生常常提出这样的问题，这几乎是每一位参加社会工作专业实习的学生的共同困惑。但是经历过专业实践活动之后，他们会发现，社会工作专业实践的真正起点是实践，不是理论，需要学习的第一课是让理论成为工具。

一　从实践开始

培养实习学生的"实践感觉"很关键，[①] 是整个准备工作的重点，它直接影响专业实践活动是否能够顺利进行。怎样才能培养学生的"实践感觉"，让实习学生暂时放下逻辑分析的习惯，做好"经历"的准备，我们来看一看下面这个案例。案例中的社会工作者初次参加社会工作专业实践活动，他希望自己能够圆满、顺利地完成专业实习的任务。

---

① Schon, D. (1983). *The Reflective Practitioner*. London: Temple Smith, p. 54.

案例 1.1

作为社会工作专业的大学二年级学生，这是第一次参加学校组织的社会工作专业实习。他在自己的实习日记中这样描述自己的实习准备经历。

"我像其他同学一样盼望着专业实习早点到来，但是这一天真的到来时，心情很复杂，除了好奇、兴奋之外，还有一些不安和担心。虽然听学姐、学兄们谈论过专业实习，都说有一种'很不一样的感觉'，很有收获，但当真正接近它时，却发现很模糊、很不确定，不知道自己到底该做一些什么准备，自己能做一些什么，心里很没有底。自己的学习成绩在班里一直很不错，也希望专业实习能够取得好成绩。这几天做其他事情也受到了影响，内心总有隐隐约约的不安，学习也没有什么效率。"

案例 1.1 中的社会工作者正在经历专业实践活动之前的紧张和不安。这种紧张和不安恰恰是许多初次参加社会工作专业实践活动的学生都要经历的。学生从稳定的课堂学习转到充满变数的实际生活中的专业实践，首先需要面对的是专业实践的"不确定性"。[①]"模糊"、"不确定"是初次参加社会工作专业实践的学生在这一阶段通常会有的感觉，它会时常缠绕他们，尤其对于那些习惯于规律的课堂学习的学生来说，这确实是一个不小的挑战，会让他们感到"心里很没有底"。这个时候，作为实习学生，很容易拾起书本，想从书本中找到"理论的依据"。这样做，恰恰破坏了实习学生自身对"体验"的准备，在感受之前加上了"分析"的屏障，使感受能力变得迟钝。因此，作为督导老师，在这一阶段的一项很重要的任务是帮助初次参加社会工作专业实践活动的学生学会慢慢接纳这种不安和紧张，把它作为专业实践学习的一部分。为了让实习学生更容易接近自己的感受，可以组织播放以往实践活动的影像资料，或者参访服务对象日常生活的小区等，让初次参加社会工作专业实践活动的学生慢慢学会去感受他人的生活。

由于是初次参加社会工作专业实践活动，学生通常具有很强的好奇心和求知欲，希望能够尽早接触服务对象，早点开始服务，介入活动帮助服务对象解决面临的困难。这样的好奇心很容易调动实习学生的学习积极性，但也容易导致实习学生急于给服务对象一个答案，以验证预期的服务活动效果。

---

① Schon, D. (1983). *The Reflective Practitioner*. London: Temple Smith, p. 42.

这样，社会工作者就很难把自己全身心地投入到服务对象的处境中感受服务对象生活中面临的困难和压力。我们来看一看下面这个案例，注意分析作为督导老师可以怎样更好地安排社会工作专业实践活动。

案例 1.2

社会工作者小刘，是社会工作专业的学生，这是他第一次参加学校组织的社会工作专业实践活动。小刘平时性格比较活泼，喜欢参加社会实践活动，到目前为止，他已经参加了多次学校组织的暑期社会实践活动。知道学校要组织社会工作专业实践活动，帮助那些学习有困难的流动儿童，他很高兴，和一些志同道合的同学一起报了名。在像小刘这样的学生的要求下，学校在社会工作专业实习的一开始就让他们直接接触服务对象，开展对服务对象的需要评估工作。

在案例 1.2 中，初次参加社会工作专业实践活动的小刘希望尽快直接接触服务对象，开始专业服务活动。这样的要求在初次参加社会工作专业实践活动的学生中普遍存在，他们都希望能够尽快学习社会工作的专业知识和技能，提高自己的实务能力。但是，这样的安排常常事与愿违，很容易把社会工作者的注意力一下子集中到服务的任务上，按照课本上的要求寻找服务对象的"问题"或者"能力"，看不见服务对象"整个人"，无法用心倾听和体会服务对象在日常生活中的感受和要求。[①] 因此，在直接与服务对象见面之前，可以安排一两次机会让初学的社会工作者走访服务对象生活的小区，感受和体验那里居民的日常生活。只有通过感受，才能让社会工作者在初次社会工作专业实践活动中真正走进服务对象的日常生活中。

二　让理论成为前行的工具

在社会工作专业实习的准备阶段，经常困扰实习学生和督导老师的一个问题是：为完成专业实习需要准备什么理论？当然，常见的回答是：个案就读个案的服务模式，小组就读小组的服务模式，社区就读社区的服务模式。这样的回答仍然很难让初次参加社会工作专业实践活动的学生感到满意。他

---

① McMillen, J. C., Morris, L., & Sherraden, M. (2004). "Ending Social Work's Grudge Match: Problems versus Strengths." *Families in Society*, 85 (3), pp. 317–325.

们甚至可能要求督导老师明确给出几个理论，这样他们就可做到"心里有底"，按照这些理论的要求收集、分析服务对象的有关资料。我们来看一看下面这个案例，案例中的社会工作者被理论所"困扰"。

案例 1.3

社会工作者小张是社会工作专业的二年级本科生，在学习了个案工作、小组工作和社区工作的课程后，报名参加了社会工作专业实践活动，这是他第一次参加专业的社会工作实践活动，热情很高。但是参访了要服务的社区之后，小张感到不安和困惑，因为他发现，自己一走在社区里，就不知道该怎样向居民问问题。老师在课堂上讲得很清晰的那些服务模式，到了实际生活中像变了样似的，模糊不清，乱糟糟的，不知道该从哪里开始问，也不知道该问些什么。第一次参访完社区之后，小张感到很沮丧。

案例 1.3 中的社会工作者在专业实践活动的准备阶段遇到了疑惑："不知道该怎样向居民问问题"，原来清晰、明确的社会工作专业服务模式，到了实际生活中变得"模糊不清"、"乱糟糟的"。实际上，绝大多数初次参加社会工作专业实践活动的社会工作者都会经历这样的困扰。该怎样问问题？就是要把自己变成社区的一员，每天要买菜、接送小孩、上班、照顾家庭及老人等，问居民一些"鸡毛蒜皮"的事情。那理论呢？它只不过是社会工作者理解这些"聊天"资料的工具，让社会工作者听得更清楚，看得更明白，否则，理论就会成为裁剪现实生活的剪刀，遮蔽社会工作者的视线。

得到了"聊天"资料之后，社会工作者的担心并不会因此消失，接踵而来的是另一个困扰：该用什么理论解释"聊天"资料？是一个还是几个？初次参加社会工作专业实践活动的社会工作者在"聊天"资料面前很快会发现，往往不是一个理论而是好几个理论都能给予解释。当然，几个理论放在一起就会混乱。一个很有效的方法就是"快刀斩乱麻"，选择其中的一个理论来解释。我们来看一看下面这个案例，案例中的社会工作者不知道选择哪一个理论解释"聊天"资料。

案例 1.4

初次参加社会工作专业实践活动的社会工作者小黄，按照专业实践活动的安排两次参访社区，和社区里几个退休的老大妈和老大爷聊得很愉快。但是在撰写观察报告时小黄发现，既可以从老年社会学的角色理论、活动理论和延续理论来解释，也可以运用社会建构理论和现代化理论来说明。让小黄感到不安的是，不仅没有一个理论能够充分解释"聊天"资料，而且把几个理论放在一起时，也觉得仍有一些"聊天"资料没有办法解释。

在案例 1.4 中，社会工作者在分析、解释"聊天"资料时遇到了困扰：无法找到能够完全对其进行解释的理论。这种情况的出现并非偶然，很多初次参加社会工作专业实践活动的社会工作者都会遇到。事实上，无法找到能够完全解释资料的理论，这才是社会工作者的苦恼的来源，现实生活总要比理论更丰富。理论只是社会工作者前行的工具。如果遇到无法运用现有的理论来很好地进行解释的现象，该怎么办？这恰恰是社会工作者改造理论的契机，使社会工作者能够将现实生活中更丰富的内容补充到理论当中，从而走得更远。社会工作者既要关注那些可以运用现有的理论解释的"聊天"资料，同时也要特别关注那些无法找到合适的理论解释的"聊天"资料，让理论真正成为自己前行的工具。

三　关注机构的需要和发展

社会工作专业实践活动是在一定的社会机构（包括社区）中开展的，而目前我国专业化的社会工作服务机构还不多，这给初次参加社会工作专业实践活动的社会工作者留下一个很深的印象：机构的实际服务与书本上所说的专业化的社会工作服务存在不小的差距，甚至可能连专业化的元素都没有。[①] 在社会工作专业实践活动中看了现实的服务状况之后，社会工作者很容易产生不满，甚至失望。我们来看一看下面这个案例，注意体会社会工作者所感受到的失望，分析社会工作者可以采取什么样的应对方法。

案例 1.5

社会工作者小王、小张和小李，都是第一次参加社会工作专业实践活动，他们实习的机构是一家小学，任务是帮助那些家庭教育环境不良和学习上有困难的孩子。在他们第一次走进学校了解孩子的学习状况之后，感到很

---

① 童敏：《中国本土社会工作专业实践的基本处境及其督导者的基本角色》，《社会》2006 年第 3 期，第 200 页。

失望，看到老师总是批评孩子的不足之处，或者指责家长不负责任，根本没有注意发现孩子的长处和优点。这和社会工作所强调的价值理念形成了鲜明的对比。他们回来之后在机构探访报告中不约而同地写道："这个学校的老师只关注孩子的缺点，必然对孩子的健康发展造成负面的影响……"

案例1.5中的社会工作者看到了机构现实服务中存在的不足："只关注孩子的缺点。"这样的看法是直接从不足来看不足，很容易导致社会工作者对机构采取批评的态度，从而与机构形成对立的关系。如果社会工作者转换自己的位置，不是首先观察服务机构的不足，而是体会服务机构的需要和发展，那么社会工作者就能体会到机构在日常服务中面临的压力和所拥有的能力。这种观察视角的转换不仅仅是为了发现服务机构现有的能力，更为重要的是帮助初次参加社会工作专业实践活动的社会工作者真正体会服务机构的要求，对服务机构采取合作的态度。这样，社会工作者才能将接下来所开展的社会工作专业服务活动与机构现有的服务结合起来。

在与机构交往的过程中，经常令初次参加社会工作专业实践活动的社会工作者感到困惑的还有社会工作者的身份。机构的管理人员往往不知道社会工作是什么，甚至可能连这个词都没有听说过。而社会工作者在课堂上学了专业的理念、方法和技巧之后，总想把社会工作的专业方法运用到实际的机构服务中。这样，在机构的实际服务面前，初次参加社会工作专业实践活动的社会工作者常常感到进退两难。我们来看一看下面这个案例，案例中的社会工作者希望开展社会工作专业服务活动，但不知道怎样开始。

案例1.6

社会工作者小罗，是社会工作专业的三年级本科生，在学习了社会工作的理论知识之后，对社会工作的专业实践活动满怀憧憬，希望自己能够真正帮助到有需要的个人和家庭。但是，当她走入实习的机构——学校时，发现和课堂上完全不同，不仅学校的老师不了解社会工作者，就连接受帮助的儿童的家长也把社会工作者当作辅导课业的家教。小罗感到很苦恼，想开展社会工作专业服务活动，但人家不认可；如果仅仅作为家教，又不甘心。

在案例1.6中，初次参加社会工作专业实践活动的社会工作者小罗遇到了苦恼：想开展社会工作专业服务活动，但不知道怎样开展。这样的实务场景其实是目前很多参加社会工作专业实践活动的社会工作者都会遇到的。因此，作为社会工作者不仅要有能力开展社会工作专业服务活动，而且更为重要的是，能够使机构的日常服务中生长出社会工作专业服务。① 社会工作专业服务不是空中楼阁，它的基础是机构现有的需要。这就要求社会工作者不是从书本上的专业服务出发，而是以机构现有的需要为基础开发出社会工作的专业服务。

第二节 关注经验和感受

通过从实践开始、让理论成为前行的工具、关注机构的需要和发展等方法，学生就能真正让自己站在日常实际生活的"实践"上。在专业实习中，他们有很多东西需要学习——社会工作的专业价值观、方法和技巧等，而所有这些都需要学生真正能够感受到。可以说，经验和感受是学生整个专业实践学习中的基础，借助这个基础，社会工作的专业价值观、方法和技巧等才能真正在学生的心中扎下根。

一 以感受为焦点

一提起专业实习，初次参加社会工作专业实践活动的社会工作者就会想到专业技巧和方法的学习。几乎每一位参加社会工作专业实践活动的社会工作者都希望借助专业实践活动把自己培养成"专业"的社会工作者，能够"有技巧"地运用社会工作专业方法从容应对服务对象的困扰。专业技术方面的问题很自然地成为许多初次参加社会工作专业实践活动的社会工作者关注的焦点，例如，怎样接案、怎样开组等。我们来看一看下面这个案例，注意体会社会工作者参加专业实践活动的内心感受。

案例 1.7

社会工作者小朱是第一次参加社会工作专业实践活动，她在自己的专业实践日记中这样描述自己参加专业实践活动后的内心感受。

"开始实习之前，心里总会有一种说不出的担心。和很多人一样，一想

---

① 童敏：《中国本土社会工作专业实践的基本处境及其督导者的基本角色》，《社会》2006 年第 3 期，第 202 页。

到和陌生人接触，尤其是要深入到一个陌生人的家庭，和他们进行深入的交流，我心里就会有一种恐惧，可能是怕被拒绝或者其他什么的，自己也说不清楚。这一次的感觉似乎比以往的感觉更强烈，我想是因为在象牙塔里待久了，好像越长大越不如从前那样有种天不怕地不怕的劲头。也正因为这样，我才决定要参加这次专业实习，一方面是希望自己亲身体验一下真正的社工到底是什么样的；另一方面就是能够好好地锻炼自己，消除这种惧怕、抗拒的心理。专业实习大家早有耳闻，很辛苦但收获却很大，所以之前就做好了心理准备。我知道一定会有很多困难，也一定要靠我们自己面对和解决，只是没有想到真正开始时，以社工身份体验这种生活之后，我才发现自己之前的想法是多么简单，事实对于我们这些'新手'来说丝毫不留情面，辅导中会出现万万没有预料到的情况⋯⋯"

案例 1.7 中的社会工作者小朱初次参加社会工作专业实践活动，面对的不仅是怎样学习专业方法和技巧应对专业实践活动中出现的问题，而且更为重要的是，社会工作者一旦参加了专业实践活动，内心就会随着实践活动的开展而出现波动。社会工作者首先需要学习的是怎样接纳和处理自己的感受。如果社会工作者过快地转向专业服务方法和技巧的学习，不去面对自己内心的真实感受，就很容易把专业方法和技巧转变为回避内心不安的工具。因此，社会工作者需要时刻提醒自己，专业方法和技巧只是帮助人更坦然地面对自己内心各种真实感受的工具，而不是回避自己各种担心的避风港。

与实习学生不同，指导老师更多地希望实习学生通过专业实践活动学会反思，培养他们的社会工作专业价值理念，甚至有一些老师认为，学习社会工作就是要掌握它的价值理念。强调社会工作者的反思能力是非常必要的，但不可忽视社会工作者的感受，尤其是初次参加社会工作专业实践活动的社会工作者，他们的内心在专业实践活动中会经历很多挣扎。如果仅仅从反思、价值等比较抽象的、概念的层面谈论专业实习，就会忽视他们内心的感受，使价值理念流于形式。我们来看一看下面这个案例，注意体会社会工作者经历的内心冲突。

案例 1.8

社会工作者小吴，是社会工作专业三年级的本科生，很喜欢社会工作，主动要求参加学校组织的社会工作专业实践活动。参加专业实践活动后不久，他发现，每次从机构探访回来，就被要求写反思报告，寻找自己行动背后的基本假设。但是，时间一长，他觉得这样的反思也像走形式，于是在专业实践活动中仍旧运用自己原来熟悉的应对方式。令小吴苦恼的是：以前还不觉得怎么样，自从了解了社会工作专业价值观之后，知道自己应该改变已经习以为常的应对方式，在实践活动中融入更多的社会工作专业元素，但是又改变不了。

在案例1.8中，社会工作者小吴通过反思培养了社会工作的专业价值观，但之后带来的是内心冲突的加剧：想在实践活动中融入更多的社会工作专业元素，但又改变不了。事实上，这样的矛盾在初次参加社会工作专业实践活动并且想通过反思提高自身专业素质的社会工作者身上经常发生，因为反思注重的是静态的分析能力，而感受强调的是动态的回应能力。太关注反思，自然减弱了行动的实际回应能力。实际上，增强实务场景中行动的回应能力才是社会工作专业实习的关键，反思只是帮助社会工作者达到这个目标。

二　在经验中提升实务技能

社会工作者的实务能力并不仅仅表现为对专业服务技巧的运用，同时还表现为对专业服务的策略和价值理念的掌握。所谓专业服务的技巧是针对某个具体的提问和行动而言的。如果专业服务活动涉及同一服务对象的不同生活方面或者服务对象与周围他人的互动关系，就需要将不同服务介入活动连接起来，这就是专业服务的策略。如果专业服务活动涉及服务的基本原则，像"案主自决"等，就是专业服务的价值理念。在实际的专业实践活动中，这三个层面并不是割裂的，它们常常一起呈现出来。因此，作为社会工作者，在社会工作专业实践活动中需要借助经验去体会和把握这三个层面的专业元素。我们来看一看下面这个案例，注意体会社会工作者在专业实践活动中是如何学习掌握其中的专业元素提高实务的技能的。

案例1.9

社会工作者小王在社会工作专业实践活动中，一边帮助流动儿童学困生，一边不断反思和总结自己的实践经验，他在服务活动报告中记录了自己的观察和思考。

"假设母亲在场的时候，我们发现了他的问题，如果那时候我们批评他，会不会有很不好的后果？那么，那时候又应该怎么做？假设一下，首先我们不应该直接把它当作错误的事情，而是问他一些能够挖掘他的困难和经验的东西，比如说，'你数学作业都能做，而语文作业不爱做，是不是更喜欢数学'，或者'觉得学习语文更难'等等，可能会有各种答案出现，像不喜欢语文老师、讨厌写作文等。"

仔细阅读案例1.9就会发现，社会工作者小王反思和总结的是针对某一具体实务场景中的提问方式，像"你数学作业都能做，而语文作业不爱做，是不是更喜欢数学"。显然，通过对这种具体实务场景的提问方式的反思和总结，能够提高社会工作者的专业服务技巧。有时，社会工作者的反思和总结并不一定集中在具体的提问技巧上，而是涉及不同服务介入活动之间的连接。我们来看一看下面这个案例，注意体会社会工作者是怎样总结自己的专业实践经验的。

案例1.10

社会工作者小王在另一份专业服务活动的总结报告中这样分析自己的专业实践经验。

"从整体上看，我们对这次服务介入活动并不满意，主要是目标不明确，使得这次专业服务介入活动显得十分散乱，没有一个集中的主题。另外，我们原先制定的与流动儿童学困生（服务对象）的父亲沟通的目标并没有完成，虽然服务对象的父亲在家，但我们并没有把握好机会。在服务介入过程中，我们过于注重与服务对象母亲的沟通，在一定程度上忽略了服务对象。而且在希望了解一些情况时，所问的问题显得十分生硬，话题的转折也显得过于唐突。感觉上，这次服务介入活动没有取得什么有意义的成果。"

在案例1.10中，社会工作者小王反思和总结的内容除了具体的提问方式如"所问的问题显得十分生硬"、"话题的转折也显得过于唐突"等之外，主要集中在专业实践活动的总体安排上，如"目标不明确"、"没有一个集中的主题"等。特别有意思的是，小王在反思和总结中提到："我们原先制定的与流动儿童学困生（服务对象）的父亲沟通的目标并没有完成，虽然服务对象的父亲在家，但我们并没有把握好机会。"而在涉及与服务对象母亲的沟通时，小王又强调："我们过于注重与服务对象母亲的沟通，在一定程度上忽略了服务对象。"显然，在这里，小王反思和总结的焦点是服务活动之间的关系和服务活动的总体安排，这样能够帮助社会工作者提高对案例的整体把握能力。不过，有时社会工作者的反思还会涉及专业实践中价值方面的困惑和探寻。我们来看一看下面这个案例，注意体会社会工作者是在什么层面反思和总结专业实践活动的经验的。

案例 1.11

社会工作者小王在一份专业服务活动经验总结报告中这样描述自己在专业实践中的经历。

"我在想，我们的社会工作服务介入的最根本的目标是什么？为什么我们会有无力感？是的确我们什么都做不了，还是我们对自己的要求过高？很多东西是客观存在的，他们的家庭环境、学校环境、社会支持网络……如果我们要挑战这些所谓的客观存在，必然会感觉到我们自己的渺小，内心会很受挫败。这很糟糕，因为当我们自己都感觉帮不了他们的时候，他们接受到我们内心中的这种信号又会多绝望。我们需要让自己释怀。只有这样，我们才会信任他们，相信他们可以面对生活的挑战，才能破除我们自己的一厢情愿。只有去理解他们，而不是幻想自己有改变他们的超能力，我们才能相信自己，相信自己的价值所在。"

仔细阅读和分析案例 1.11 就可以发现，社会工作者小王反思和总结的不是针对某个具体实务场景的提问方式，也不是不同服务活动之间的连接，而是服务活动的意义和价值。例如，"如果我们要挑战这些所谓的客观存在，必然会感觉到我们自己的渺小，内心会很受挫败"，这是对社会工作专业服务根本要求的反思和总结；又如，"只有去理解他们，而不是幻想自己有改变他们的超能力，我们才能相信自己，相信自己的价值所在"，这是对社会工作专业服务核心价值的反思和总结。在专业实践活动中，社会工作者对自己的专业实践经验的总结可以表现在三个不同的层面上，这三个不同的层面具有不同的功效，都是社会工作者提升专业实务技能不可忽视的。

三　边总结边规划

参加过社会工作专业实践活动的社会工作者都会体会到：专业服务活动

是持续不断的动态过程。作为社会工作者，随时需要根据实务场景的变化调整服务介入的计划和策略，并且根据这一次服务介入的效果规划接下来的服务介入的方向。这就是社会工作者规划专业服务活动的能力。它是社会工作者在专业实践活动过程中保证专业服务活动顺利开展的关键。它包括对已经开展的专业实践活动经验的反思和总结，以及对接下来的专业实践活动的方向和目标的规划与制定。我们来看一看下面这个案例，注意分析社会工作者是怎样在专业实践活动中提升自己的专业服务技能的。

案例 1.12

社会工作者小李是一位社会工作专业的大学三年级的学生，她在社会工作专业实践活动中对自己制订的服务介入计划的执行状况进行了细致的分析。她这样描述自己在一次专业服务介入活动后的经验和感受。

"这一次的服务介入，我觉得我们前半部分比较失败。我们本来是想通过'折纸'活动找出服务对象感兴趣的课外活动方式，但是我觉得我们过于随着'折纸'游戏走了，没有主题。一个小时过去的时候，我都觉得我们做的前半部分好像一点儿意义都没有。开始他父亲过来看我们折纸，我们还很高兴，觉得他父亲也会加入进来，可是不久他父亲就走了。不过，前半部分我觉得比较好的是：第一，我们改变了以前一进家门就学习的介入模式，服务对象和他的母亲都认同我们的新方式。这样一来，气氛就比较活跃了。第二，拉近了我们和服务对象之间的关系。第三，在家庭中制造出了一些互动的场景，促进了整个家庭的交流。后半部分我们开始聊了一会儿成绩。我觉得我们在这儿做得很不错，对服务对象学习的肯定很有说服力，也很具体，感觉他的母亲也很高兴……这次我们的目标是降低母亲对孩子的压力，这一点我们也在后半部分尝试着做了。母亲对我们说的话很认同，看起来也听进去了。父亲后来也参与了讨论。虽然他在旁边忙，但我们说的他都听得见。"

在案例 1.12 中，社会工作者小李对这一次专业服务活动的执行情况进行了总结，包括成功之处和不足之处。借助这样的总结，小李就能够深入了解自己制订的服务介入计划存在什么不足、实务场景存在什么限制以及在执行服务计划时如何把握整个专业实践活动等，学会根据实务场景的变化调整服务介入计划，开展专业服务介入活动。由于我们习惯于把社会工作专业实务能力视为解除服务对象困扰的具体技术，因而很容易忽视社会工作者的这种动态把握专业实践活动的能力的培养，导致社会工作者一走进实务场景就出现"水土不服"的现象。

当然，总结专业实践活动执行过程中的得与失，是为了制订更为有效的服务介入计划，保证在接下来的服务介入活动中能够做得更好。我们来看一看下面这个案例，注意体会社会工作者在专业实践活动中是怎样规划未来的服务介入方向和目标的。

案例 1. 13

社会工作者小李在一次专业服务介入活动之后这样安排自己的下一次服务介入计划。

"下一次专业服务介入活动的安排如下。

（1）我觉得服务对象一直不愿意很好地和我们配合的原因就是，我们没有以他的方式来开展服务活动。反观我们所有已开展的服务介入活动，大部分时间都是我们在问问题，或者他母亲在逼问和训斥他。其实，我们本来想的是运用画画和讲童话的方式调动服务对象，可能这样的方式比较有效，可惜没有实行。在下一次的服务介入活动中，我觉得我们可以把这个当作服务介入的切入点，要充分了解服务对象的感受和想法，同时在家庭互动的其他方面延续一些已经发生的改变。

（2）在下一次服务介入活动中，我们希望能够将注意力集中在处理服务对象的家庭互动上，维持上次做到的记录服务对象每天的行动表现和奖励服务对象的计划，促使他以后还能将这样的行动延续下去。

（3）在服务对象的学习方面，下次我们先看一下上次的计划是不是可行，然后再做一些修改，将注重学习计划和关注孩子感受的理念传达给父母亲，期望以后他们能够继续帮助服务对象制订学习计划，并且在执行计划的过程中尊重服务对象的选择。"

仔细分析案例 1.13 就可以发现，社会工作者小李在总结上一次服务介入活动的经验时就会自然想到下一次服务介入的计划；同样，在规划下一次服务介入的目标时，又会与以前的服务介入活动的经验结合起来。服务介入活动经验的总结和未来服务介入计划的规划，是保证服务介入活动顺利开展不可或缺的两个方面，这两个方面紧密关联在一起，它们是社会工作者在专业实践活动过程中动态把握专业服务活动的实务能力。

第三节　让专业服务活动"活"起来

通过以感受为焦点、在经验中提升实务技能、边总结边规划等方法，社会工作者就能在专业实践活动中学习、培养和提高自己的实务能力。但要让专业实践活动真正"活"起来，只有打开专业服务活动的大门，邀请服务对象和周围他人加入其中，让专业服务活动不再成为社会工作者的"独角戏"。① 专业实践活动就像跳舞，社会工作者需要依据对方的节奏来调整自己的步伐，遵循"你退我进、你进我退、你想我行、你做我说"的原则。

一　你退我进

"你退我进"是指当服务对象或者周围他人不想说什么或者不想做什么的时候，社会工作者就需要往前走，推动服务对象或者周围他人行动，在行动中调动他们的改变愿望。事实上，社会工作者在专业实践活动中时常会碰到那些不想行动、想退缩的人。这个时候，如果社会工作者坚持要等到了解了服务对象的需要之后再采取介入行动，服务活动就会陷入僵局，因为服务对象很可能不了解自己的需要，或者根本不想告诉社会工作者有什么要求。为了避免这种僵局的出现，社会工作者可以先把服务对象的需要评估暂时放下，直接要求服务对象采取具体的行动。我们来看一看下面这个案例，注意分析社会工作者所采取的具体的服务介入方式。

案例 1.14

服务对象是小学三年级的女生，9 岁，学习成绩勉强能够及格，其他方面的表现也很一般。老师反映服务对象个性懒惰，不爱学习，作业不按时完成。在老师的要求下，社会工作者来到服务对象的家中，发现服务对象的母亲也希望自己的女儿学习能够努力一些，成绩能够好一点。但是当社会工作者和服务对象面对面地聊天时，感到服务对象自身改变的意愿并不强烈。下面是社会工作者与服务对象的一段对话。

社会工作者：这个学期的期中考试考得怎么样？

---

① Gergen, K. (1999). *An Invitation to Social Construction*. London：Sage Publications Ltd. , p. 168.

服务对象：都及格了。

社会工作者：有没有想在期末考试的时候学习成绩能够再提高一点？

服务对象：（没有说话，沉默了一会儿。）

社会工作者：没关系，想什么就说什么。

服务对象：不知道。

社会工作者：那你平时是怎么学的？

服务对象：不知道。

社会工作者：没关系，你今天有什么作业吗？拿出来我们一起做，好吗？

（服务对象没有说话，把书包里的数学作业拿出来，准备做作业。）

在案例1.14中，虽然服务对象的老师和母亲希望其改变的意愿非常强烈，但服务对象自己并没有什么改变的要求。因此，当社会工作者问服务对象愿不愿提高期末考试的成绩时，服务对象的回答是"不知道"。面对这样的服务对象，如果社会工作者进一步要求服务对象改变，双方就会形成对抗，甚至对立，服务介入活动也就很难展开。显然，案例1.14中的社会工作者认识到了这一点，因而她改变了提问的方式，采取"你退我进"的应对策略，要求和服务对象一起做家庭作业。通过具体的做作业的过程了解服务对象的改变意愿，调动服务对象的改变动力。

值得注意的是，虽然服务对象不明白自己的要求，甚至有些"退缩"，但并不意味着没有行动，因为日常生活仍需要维持。正因如此，社会工作者在推动服务对象往前走的时候，可以选择服务对象日常生活中的某项平时都需要做的行动作为介入切入点。如果服务对象仍旧犹豫不决，社会工作者就可以建议服务对象尝试一下，如尝试一个星期，根据尝试的结果再进行调整，以避免给服务对象造成过大的改变压力。

二　你进我退

"你进我退"是指当服务对象或者周围他人主动愿意说什么或者想做什么的时候，社会工作者就需要"退"到服务对象的身后，让服务对象成为主角，倾听服务对象的要求，鼓励服务对象把想做的做出来。这个时候，如果社会工作者仍旧成为服务介入活动的主导者，就会阻碍服务对象的表达，忽视服务对象的真实要求，导致与服务对象的冲突和对立。相反，如果社会工作者"退"到服务对象的身后，作为服务对象的协助者，帮助服务对象把想说的说出来、把想做的做出来，就能真正调动服务对象的能力和资源。我们来看一看下面这个案例，注意体会社会工作者所处的位置。

案例 1. 15（承接案例 1. 14）

在社会工作者的几次帮助之后，服务对象开始主动拿出作业和社会工作者一起完成，学习态度有了改善，作业的完成质量也明显提高。下面是社会工作者与服务对象在一次服务介入活动中的一段对话。

社会工作者：今天是先做数学作业还是语文作业？

服务对象：先做数学，我喜欢数学！

社会工作者：好的！那你把数学作业拿出来，先说一下今天的数学作业有什么要求？

服务对象：（很迅速地从书包里拿出数学练习册，指着其中的练习题）这是今天的数学作业，很简单！

社会工作者：好啊！那你自己先做，怎么样？

服务对象：好的！

分析案例 1. 15 可以发现，服务对象已经从被动、退缩转变为主动，开始主动安排自己的家庭作业，想"先做数学"作业，并且愿意自己独立完成。这个时候，如果社会工作者不能抓住这样的机会，仍旧要求服务对象听从社会工作者的安排，就会阻碍服务对象改变动力的调动和发挥，导致服务对象与社会工作者之间的对抗。显然，在这样的社会工作实务场景中，社会工作者的位置需要及时调整，从服务活动的主导退到服务对象的身后，推动服务对象往前走，给服务对象充分的空间尝试自己想做的事情。

当然，服务对象能力的培养需要一个过程，尤其在"退"向"进"的转变过程中，服务对象的改变愿望还不稳定，改变的能力还比较弱，需要社会工作者帮助服务对象谨慎选择那些容易改变的内容作为突破口。[①] 另外，也需要社会工作者给予及时的肯定，尤其在服务对象遇到挫折时，特别需要社会工作者的理解和支持。

---

① O'Hanlon, W. H. & Weiner-Davis, M. (1989). *In Search of Solution: A New Direction in Psychotherapy*. New York: W. W. Norton & Company, p. 39.

三 你想我行

"你想我行"是指当服务对象或者周围他人有想法想做什么事情的时候，社会工作者就需要将服务对象或者周围他人的想法转变成具体的可以行动的计划，推动服务对象或者周围他人采取具体的行动。想法和具体的行动是有距离的，当服务对象或者周围他人有做什么事情的想法时，并不意味着就能采取相应的行动，还需要具体的可以操作的计划。正是借助具体的操作计划，社会工作者才能帮助服务对象或者周围他人把想法转变成具体的行动，改善他们目前的生活状况。相反，在这个时候，如果社会工作者跟随服务对象或者周围他人谈论他们的想法，就无法帮助他们把想法转变成行动，无法改善他们的生活状况，而且更为重要的是，如果服务介入活动的焦点集中在服务对象或者周围他人的想法上，就很容易陷入谁的想法对、谁的想法错的争论中，或者什么样的想法是对的、什么样的想法是错的等是非判断中。这样，就会把社会工作者推到两难境地中：赞成，就不会有改变的动力；不赞成，又会形成对立。我们来看一看下面这个案例，注意分析社会工作者所采取的应对策略。

案例 1.16（承接案例 1.14）

随着服务对象学习成绩的提高，获得老师和家长表扬的机会越来越多。在老师和家长的肯定下，服务对象对学习更有信心和兴趣了。回到家里，总是先自觉完成家庭作业。在一次服务介入活动中，服务对象向社会工作者提及自己的一些新的学习想法和打算。

社会工作者：这一次测验你又进步了！

服务对象：老师也表扬我了，她在课堂上宣布了进步学生的名单。

社会工作者：是吗？那你一定很高兴。爸爸妈妈知道吗？

服务对象：知道，他们昨天带我到肯德基。

社会工作者：真是太好了！要继续努力呀！

服务对象：嗯。我想早晨起来早读，我的语文不好。

社会工作者：这是一个很好的想法。有具体的打算吗？

服务对象：还没有。

社会工作者：好，待会儿等你作业做完了，我们一起来制订一个早读的学习计划怎么样？

服务对象：好呀！

分析案例 1.16 可以发现，在老师和家长的肯定下，服务对象对学习有了更积极的态度，希望能够"早晨起来早读"。面对服务对象的要求，社会工作者并没有停留在一般想法的讨论上，而是问服务对象有没有具体的打算，帮助服务对象把学习的想法转变成可以实施的具体的行动计划。当服务对象回答"还没有"时，社会工作者就主动提出"我们一起来制订一个早读的学习计划"。显然，社会工作者非常了解服务对象所处的状况，希望借助具体的行动计划将服务对象的"想"转变成"行"。

四　你做我说

"你做我说"是指当服务对象或者周围他人具体行动的时候，社会工作者就需要帮助服务对象或者周围他人总结行动的经验，包括成功的方面和不足之处，并且根据这些经验重新调整自己的想法和行动计划。这样，就能帮助服务对象或者周围他人形成改变的良性循环。这里需要特别关注的是，社会工作者不仅通过"说"来帮助服务对象或者周围他人总结行动的经验，而且同时也需要借助"说"来协助服务对象或者周围他人调整未来的行动计划，让服务对象或者周围他人把关注的焦点集中在未来可以改变的空间上。如果社会工作者把"说"的范围仅仅限制在行动经验的总结上，就会忽视行动经验的维持和延伸，没有积极帮助服务对象或者周围他人把自己的成功经验运用到以后的日常生活中。我们来看一看下面这个案例，注意体会社会工作者所运用的服务介入的应对策略。

案例 1.17（承接案例 1.14）

服务对象在上周的单元测验中有了明显进步，数学考了 90 多分，语文考了 80 多分。于是，社会工作者决定利用这次单元测验帮助服务对象总结学习的经验。下面是社会工作者与服务对象之间的一段对话。

社会工作者： 你上周单元测验怎么样？

服务对象： 数学 94 分，语文 81 分。老师表扬了我，说我的进步很快。

社会工作者： 是吗？太好了！你有数学和语文卷子吗？可不可以让我看一看？

服务对象：（服务对象从书包里拿出试卷，递给社会工作者）就是这个。

社会工作者： 我们先来看一看数学。做数学题时，你自己觉得什么比较容易？什么比较难？

服务对象： 口算比较容易，应用题有点儿难……

社会工作者： 那你打算以后怎样做好应用题呢？

服务对象： 先把题目看清楚，读懂题目的意思；然后，列个算式。

在案例 1.17 中，服务对象的学习有了明显的进步，数学考了 94 分，语文考了 81 分。因此，社会工作者决定帮助服务对象总结成功的经验。当然，在实际的服务介入活动中，即使服务对象出现了退步，也可以总结行动的经验，防止情况恶化。值得注意的是，社会工作者在帮助服务对象总结成功经验时，不仅让服务对象说出自己的成功经验，而且指导服务对象把这些成功经验运用到以后的学习中："那你打算以后怎样做好应用题呢？"这样，服务对象就能将自己的成功经验维持下去，并且对新的行动经验保持开放的态度，形成良性的循环。

专业实践活动是一种动态的相互影响的过程，社会工作者的每一次回应都需要根据服务对象或者周围他人的状况做出调整。只有这样，社会工作者才能与服务对象或者周围他人一起面对困难、一起发掘能力，寻找到前进的途径。

接下来，我们将根据直接专业服务介入的四个基本阶段——启动、扩展、巩固和结束——分别介绍各阶段专业实践活动中经常遇到的疑难问题及其处理的方法。在介绍各阶段的疑难问题之前，我们先来看一看社会工作专业实践活动中非常重要的两项任务：服务对象需要的观察评估和服务介入计划的设计。

第二章
服务对象需要的观察评估

约好了与服务对象第一次见面之后，社会工作者通常带着好奇和不安开始了直接的社会工作服务介入活动。此时，社会工作者的头脑中经常萦绕着这样一些疑问：服务对象是一个什么样的人？他（她）有什么要求？他（她）与周围人是怎样交流的？有没有一些自己没有办法解决的苦恼？这些可以概括为社会工作专业实习中需要完成的第一项重要任务：如何全面、准确地评估服务对象的需要。

第一节　走进服务对象和周围他人的内心

要在短暂的时间里通过与服务对象的直接接触全面了解服务对象，这并不是一件容易的事。尤其是初学的社会工作者，经常会发现自己迷失在对话中，不知道问什么、怎么问，谈话结束之后仍旧感到一片茫然；或者觉得自己问得很僵硬，照本宣科，既让对方尴尬，也让自己尴尬。社会工作者与服务对象之间似乎有一堵看不见的墙，让社会工作者无法真实地感受到服务对象的内心变化。怎样打破这种隔阂是社会工作者学会全面、准确地评估服务对象需要的第一步。

一　用心倾听服务对象的声音

用心倾听服务对象的声音，说起来容易，做起来并不简单。服务对象在日常生活中经常是弱者，他（她）的声音自然也就会被淹没。如果社会工作者不睁大眼睛仔细看，不伸长耳朵仔细听，就很容易把周围他人的看法当作服务对象的"真实状况"。我们来看一看下面这个案例，这是一位社会工作者在接触了服务对象之后做的观察记录。

案例 2.1

服务对象的学习很不好，在班里几乎是倒数。通过和不同科目老师的联系，我们了解到，服务对象几乎没有一科相对来讲是比较突出的。语文老师说，很长的一篇文章要求概括大意，服务对象就用一句很短的话，要她再多说一点，她就说不出来了，老师调侃说，她的"概括能力极强"。询问她的英语学习的情况时，英语老师也连连摇头。服务对象在学校表现很乖，很听话，从来不给老师惹事。但服务对象上课也从不主动举手发言，如果被老师叫起来回答问题，声音就非常小。语文老师说，服务对象的智力没有问题，就是基础太差，还推测说这与家长和家庭环境有很大的关系。服务对象现在的班主任是位数学老师，也是刚接手这个班不久，不是很了解服务对象的情况。她的唯一评价是，这个孩子很静，学习不好。

看了案例 2.1 的这段描述之后，社会工作者的头脑中就会出现一幅有关服务对象的图像：学习成绩差，学习能力比较弱，基础差，很听话，很静，不主动发言，等等。如果社会工作者用心倾听就会发现，这幅图像的描述中没有服务对象自己的声音。服务对象怎样看自己的学习状况，她有什么愿望，她喜欢什么……社会工作者很容易听到的是母亲怎样说、父亲怎样说、老师怎样说，不容易听到的是服务对象自己怎样说，从而用周围他人的看法来解释服务对象的表现。在日常生活中，处于弱势地位的服务对象的声音往往比较轻微，需要社会工作者用心倾听。

当社会工作者开始关注服务对象时，就能听到服务对象的声音。但仅仅听到还是不够的，这并不意味着能够理解声音背后的含义。我们先来看一下下面这段描述，这是社会工作者与服务对象及周围他人两次见面之后整理的资料。

案例 2.2

服务对象是厦门岛内某小学的四年级学生。由于服务对象的父母亲在厦门岛外工作，服务对象从星期一到星期五住在离学校不远的全托班里。到了星期六，父母亲托司机把服务对象接到厦门岛外，星期日下午再送服务对象回到厦门岛内的全托班。服务对象的性格比较开朗活泼，与班上同学的关系也很好，但是服务对象的学习成绩在班上算是倒数几名。因为上课不能集中精力听课，家长和老师都很担心。老师认为，服务对象现在成绩比较差与父母亲经常不在服务对象身边有关系；如果家长给予服务对象足够多的关注，他的学习成绩就能够提高上去。

在案例 2.2 的这段描述中，社会工作者关注到了服务对象，把服务对象描述为"性格比较开朗活泼，与班上同学的关系也很好"。这样的"客观"描述把服务对象当作了"他人"，感情投入不足，很难体会到服务对象在这种处境中的真实感受和想法。用心倾听需要社会工作者转换自己的位置，把自己投入到服务对象的处境中，在情感上能够和服务对象沟通交流。这就是社会工作者常说的"同理"。用心倾听服务对象的声音，就是把"心"投入到服务对象的处境中，用"心"倾听"心"。

有时候社会工作者会发现这样的现象，服务对象的表现很矛盾：在一种处境中是这样的表现，在另一种处境中又是另一种表现，两种表现甚至相互对立，让社会工作者感到很困惑，不知道哪种表现才是真的。我们来看一看下面这段社会工作者的记录。

案例 2.3

社会工作者第一次在学校里与服务对象见面时，正像老师反映的，服务对象很静，绝大多数时间都低着头，不敢看社会工作者，说话声音也很小，很多问题只回答"随便"。服务对象在家里的表现与社会工作者在学校所见到的截然不同，有些出乎社会工作者的意料。社会工作者第一次到服务对象家里进行家访时发现，服务对象表现得非常活泼、好动，没有任何拘束，说话也很大声，在社会工作者面前走来走去，一会儿在社会工作者面前翻个跟斗，一会儿又在客厅走廊里跳绳。母亲说服务对象简直就像个男孩子，曾经怀疑她是否患有多动症，带她到医院检查，结果一切正常。

服务对象的表现与具体的日常生活环境是紧密相联的，不同的环境有不同的表现。社会工作者在理解服务对象时，需要把服务对象的内心感受、行为表现与外部环境结合起来，就像案例 2.3，服务对象在面对老师和同学时，表现得"很静"；在面对父母亲时，却表现得"像个男孩子"。对于服务对象来说，这两个方面的表现都是真实的，都是服务对象日常生活中的一部分，只是互动交流的处境不同而已。而两者之间的内在关联则需要社会工作者用心体会。

二　学会运用多元的视角理解不同人的不同要求

社会工作者在了解服务对象的过程中经常会发现，不同的周围他人对服务对象的看法是不同的。有时，这些看法之间会出现相互矛盾的现象。这让社会工作者感到困惑：谁说的才是真实的。我们来看一看下面这段描述，这是社会工作者在和语文老师接触后与服务对象的沟通交流。语文老师告诉社会工作者，服务对象反应很慢，背课文很困难，成绩不好。

案例 2.4

社会工作者让服务对象读了一篇课文，她完整地读了下来，课文中的生字也认得不错。服务对象说，她最喜欢认生字，喜欢《坐井观天》这篇课文，她可以整篇背下来。接着，服务对象在社会工作者面前背了《坐井观天》这篇课文。

显然，在案例 2.4 中，服务对象在社会工作者面前的表现与语文老师的反映差别很大，甚至截然相反。此时，社会工作者脑海里很容易出现这样的疑问：什么样的表现才是服务对象的真实表现？是社会工作者观察到的，还是语文老师反映的？按这样的方式追问不是忽视语文老师的观察视角和经验，就是忽视社会工作者的观察视角和经验。其实，社会工作者所要做的是转换到语文老师的位置，体会他（她）在观察中所坚持的原则。这样，社会工作者才能明白语文老师为什么这样看待服务对象。生活是多元的，不同人有不同的观察视角和生活经验。

一旦不同的观察视角发生冲突，各方所坚持的原则就会显现出来，从而带动他们发生改变。因此，社会工作者在把自己放到对方的位置上时，除了需要关注对方的感受和想法之外，还需要特别留意对方日常生活中的冲突，注意观察对方是怎样面对和处理冲突的，他（她）所坚持的原则是什么。下面的案例是社会工作者在与服务对象和周围他人交流之后的一段描述。

案例 2.5

服务对象的班主任认为，服务对象在课堂上表现过于活跃，坐不住，时常大喊大叫，因此怀疑服务对象患有多动症。她曾建议服务对象的父亲带服务对象到医院检查一下。服务对象的大伯则认为男孩子活泼一点很正常，年纪大一点后自然就会安分些，让服务对象的父亲不要把这件事放在心上。服务对象的母亲则认为服务对象很乖，很听话，平时作息很有规律，尤其爱查多音字。孩子的这些表现让她很开心。

在案例 2.5 的描述中可以看到，服务对象的班主任认为孩子患有"多动症"，而服务对象的大伯、父亲和母亲却并不认同。服务对象的大伯强调"男孩子活泼一点很正常"，而母亲认为服务对象"很乖"。可惜的是，社会工作者没有进一步了解服务对象父亲的想法。通过了解冲突中各方的想法和行为表现，社会工作者就能比较深入地把握各方所坚持的原则、所处的位置以及相互之间沟通交流的方式。

三　创造机会让不同的声音表达出来

有了不同的声音和想法，接着就会出现一个难题需要社会工作者去面对，即社会工作者怎样介入。社会工作者既不能过分强调某种声音（因为这样做会忽视其他人的要求），也不能对所有声音都"平等"对待（因为这样做会让所有人都觉得"不平等"）。不同的声音都需要尊重，但不同的声音也都有自己的限制。社会工作者所要做的，是让服务对象或者周围他人打开自己的视野，看到、听到、感觉到原先被自己忽视的内容，而不是简单地将它们"平等"对待。我们来看一看下面这段服务观察记录。

案例 2.6
社会工作者问服务对象的父亲，他希望服务对象最近有什么改变。父亲回答说，他希望服务对象学会读英语。父亲怕服务对象到了三年级跟不上，原打算送服务对象去英语培训班，但是因为服务对象晕车，再加上服务对象自己也不愿意去，所以就没坚持。父亲对服务对象的要求与语文老师有明显的不同。语文老师认为，服务对象最需要补习语文。但服务对象的父亲不以为然，认为语文水平不是一期一夕就能提高的，需要日积月累，何况服务对象对语文的要求也不是很高。

在案例 2.6 中，服务对象的父亲希望服务对象先练习英语，因为担心服务对象以后跟不上；而服务对象的语文老师则认为，服务对象"最需要补习语文"。两人的想法发生了明显的冲突。社会工作者在倾听服务对象的父亲对服务对象的要求时，可以把语文老师的担心提出来，让父亲了解服务对象在语文学习中面临的问题，看看父亲打算怎样面对和解决这些困难。在这里，社会工作者需要注意的是，把语文老师的担心提出来并不是想反驳服务对象的父亲或者证明谁的观点正确，而是让父亲看到语文老师所察觉到的困难。因此，社会工作者在提出语文老师的想法时，需要突出服务对象在语文学习中面临的困难，例如，"他（她）在语文学习中是不是有语文老师担心的困难？"同样，在倾听语文老师讲述的过程中，社会工作者也可以把服务对象的父亲对服务对象的希望和要求提出来，问语文老师："如果希望能够同时补习语文和英语，那么可以怎样做？"借助这样的互动和交流，就能帮助服务对象的父亲和语文老师扩展视野，了解原先被自己忽视的内容。

　　如果冲突的双方同时在现场，这样对社会工作者就提出了更高的要求，需要社会工作者根据对话场景的变化一会儿转到冲突的一方理解他（她）的处境，扩展他（她）的视野；一会儿又需要转换到冲突的另一方，扩展他（她）的视野。沟通交流的过程就是社会工作者不停地转换到冲突的每一方，帮助他（她）扩展视野的过程。我们来看一看下面这段对话。

案例 2.7

服务对象： 英语我都会了！

社会工作者： 那很好啊！其他的呢？

服务对象： 语文我没时间做！所以就没有完成。

服务对象的母亲： 你怎么没时间做啊？昨天一个下午都在看电视，你怎么就没时间了！打你都白打了！昨天早上打的一点作用都没有。

社会工作者： 来，和我们说一下妈妈为什么打你，好吗？

　　在案例 2.7 这段对话中，服务对象与母亲发生了激烈的冲突。母亲强调服务对象有时间完成作业。此时，社会工作者在回应了服务对象的母亲之后，就需要创造机会让服务对象表达自己的想法和面临的困难，例如，问服务对象"想怎样安排自己的时间"等，这样，母亲才能不仅仅局限在自己的想法中，从而对服务对象多一些认识和了解。尤其在对话交流中处于弱势的一方，常常因为没有机会表达自己的想法和感受而被人忽视。因此，社会工作者在与服务对象以及周围他人交流的过程中，需要特别留意那些处于弱势而且经常被忽视的声音，创造机会让他们表达出来。

第二节　全面评估服务对象的需要

用心倾听服务对象的声音，学会运用多元的视角理解不同人的不同要求，并且创造机会让不同的声音表达出来，所有这一切努力都是为了走进服务对象和周围他人的内心，倾听服务对象的声音，全面评估服务对象的需要。但是，在实际的社会工作专业实践活动中，社会工作者经常会发现，要做到全面评估服务对象的需要并不容易，似乎有一些因素总在困扰着社会工作者，妨碍社会工作者做出准确的判断。

一　超越问题的限制

在实际生活中，父母亲和老师会不自觉地把关注的焦点放在孩子的不足和问题上，"这孩子太笨"，"这孩子就是比较懒"，等等，希望社会工作者能够帮助他们解决孩子的这些"问题"。对于社会工作者来说，此时，最重要的不是跟随父母亲和老师的思路，分析孩子"问题"的原因，而是让父母亲和老师跳出"问题"的假设，以更贴近、更准确的方式理解孩子的处境。我们来看一看下面这段描述。

案例 2.8

服务对象的母亲觉得服务对象很懒、不主动，非常贪玩。老师也反映，服务对象的学习成绩属于不好的那类。老师和社会工作者说，服务对象就是比较懒，作业完成的质量比较差，有时连作业都没法按时完成，考卷订正也不是很积极。上语文课的时候，服务对象听完老师讲的新课之后，就会变得心不在焉，不认真听讲，开始做小动作。服务对象的父亲也说，服务对象的成绩比较差，学习兴趣低，做作业的速度慢；有时，服务对象在学习的时候仅仅对着一支笔就能发呆一个多小时，做作业就是"磨啊、磨啊、磨啊"。

案例 2.8 的这段描述都是有关服务对象的"问题"的。服务对象的母亲、父亲和老师都说服务对象懒、不主动，这似乎就是服务对象的"真实"情况。类似的案例描述在社会工作专业实践活动中经常出现，像"自信心不强"、"成绩差"等，社会工作者很容易跟随服务对象的母亲、父亲或者老师的思路寻找服务对象"问题"的真实原因。此时，社会工作者需要转变一下自己的观察视角，不是观察、分析服务对象的"问题"，而是体会、理解服务对象面临的困难。例如，把"孩子懒"转变成孩子在学习时面临什么样的困难，这样，社会工作者就能与服务对象站在一起，体会服务对象在日常生活中面临的困难，而不是通过"问题"给服务对象贴标签。[①] 在把"问题"转变成困难的过程中，社会工作者还可以帮助服务对象寻找在面对和处理困难过程中的能力。就像案例2.8，社会工作者可以进一步提问：服务对象能够完成多少作业？其中什么作业对他（她）来说相对容易一些？有没有什么时候作业完成得比较顺利？借助这种转换，社会工作者就可以从"问题"的描述中跳出来，同时关注到服务对象的能力和面临的困难，保证在评估中既不忽视服务对象面临的困难，也不忽视服务对象的能力。

"这孩子就是调皮"，"他（她）在交流时有语言障碍"，或者"我们没有多少时间可以监督孩子"，等等，其中像"调皮"、"语言障碍"和"没有多少"等词汇表达的内容不够清晰，当然也就很难帮助社会工作者转换到服务对象的位置体会他（她）所面临的困难以及所拥有的能力。遇到这样的描述，社会工作者需要问自己：是否能够清晰地感受到服务对象的困难和能力？如果不能，就需要将其中模糊的描述找出来，进一步具体化，直到能够清晰感受到为止。这样的寻找过程也是帮助服务对象和周围他人清晰了解自己的认识过程。我们来看一看下面这段描述，注意寻找其中含义模糊的词汇。

案例 2.9

据老师反映，服务对象"在学校比较胆小，安静，不爱举手回答问题。上课的时候很难集中注意力，经常会做小动作，并且很多时候在课堂上的精神状态很不好"。此外，服务对象"学习成绩比较差，基本上每次都是全班倒数第一，而且个人卫生也不是特别好，所以其他小朋友比较疏远她，她与小朋友的交流比较少"。

在案例2.9这段老师的描述中，有几处明显不够清晰、明确，像"胆小"、"安静"、"精神状态很不好"和"个人卫生也不是特别好"等。如果

[①] Weick, A., Rapp, C., Sullivan, W. P., & Kisthardt, W. (1989). "A Strengths Perspective for Social Work Practice." *Social Work*, 34 (4), pp. 350 – 354.

社会工作者不进一步问老师并将这些信息具体化，就很难真正体会服务对象的内心感受。面对这样的情况，社会工作者可以问老师这些特征具体怎样表现，或者让老师具体描述最近发生的事情，从事情的发生过程中看服务对象的这些特征是怎样表现出来的。

"服务对象才转到这个小学，所以还不是十分适应。虽然到目前为止认识了一些同学，但仍叫不上班上大多数同学的名字。"这样的描述给人的直接印象是，服务对象在适应学校的生活方面存在困难。如果换另一种方式来描述，从积极的角度看服务对象的生活，就能发现，"服务对象才转到这个小学不久，已经认识了一些同学，并希望能够和更多的同学交流"。显然，后一种描述能够更为充分地体现服务对象的能力和面临的压力。虽然是同一件事情，但当运用积极的角度去观察时，社会工作者看到的就不是不足和"问题"，而是能力、希望和困难，跳出了"问题"的限制。变消极为积极，并不是说可以不理服务对象的"问题"，而是从服务对象的角度理解他（她）在生活中面临的困难，同时挖掘服务对象的发展要求和能力，从服务对象能做的出发看待他（她）面临的困难和压力。这样，社会工作者的评估就可以超越"问题"的限制，将"问题"与服务对象的能力紧密连接起来。[1]

二　与周围环境相连接

在实际的专业服务活动中，社会工作者经常会遇到像下面案例中的情况，母亲对孩子的描述或者集中在孩子自身的品格上，或者集中在外部的环境上。

案例 2.10

服务对象的母亲反映，服务对象做事情没有耐心，做作业也不专心。母亲说服务对象很聪明，就是爱玩，只要服务对象肯听话，会一点就通。母亲还反映，服务对象上了午托班之后，作业都能按时完成了，而且完成的质量比以前好。

从案例 2.10 中可以发现，服务对象的母亲在描述孩子的表现时，只注意到"没有耐心"、"不专心"，没有把这些特征与具体的环境连接起来。在肯定

---

[1]　Saleebey, D. (1996). "The Strengths Perspective in Social Work Practice: Extensions and Cautions." *Social Work*, 41 (3), pp. 296 - 305.

孩子的优点时，也类似，仅仅看到孩子"肯听话"、"一点就通"，而孩子是在什么样具体的环境条件下表现出这些特征的，母亲并没有进一步了解；另外，母亲在反映孩子有进步时，只强调"上了午托班"的作用，忽视了孩子自身的变化。这样，服务对象的改变与外部环境的改变之间的互动关系就很难呈现出来，当然也就无法发掘和调动服务对象的能力以应对周围环境的挑战。

当涉及服务对象与周围他人互动交流的信息时，社会工作者需要予以特别关注，因为这是帮助服务对象发现和加强社会支持的具体途径。例如，"服务对象在班里有几位关系不错的同学"，"服务对象的课余活动就是和周围的小孩子玩溜溜球、圆卡或者滑旱冰"，等等，在这样的描述中包含了服务对象与周围他人互动交流的信息。如果社会工作者不进一步追问是哪几位同学、叫什么名字、喜欢和周围哪些孩子玩溜溜球，就会让这些重要的信息溜走。我们来看一看下面这段服务对象自己提出的要求，注意其中包含的服务对象与周围他人之间的相互交往的信息。

案例 2.11

在社会工作者的协助下，服务对象提出了自己的想法和愿望：

（1）想去公园玩，妈妈一直不带她去；

（2）想学会同义词和反义词；

（3）想常常出去玩，能够到后面小区玩；

（4）喜欢画画，因为在幼儿大班时就画得很好了，爷爷也说她画得不错；

（5）对家务有兴趣，喜欢自己做事情，曾经自己洗衣服。

在案例 2.11 中，服务对象提出的 5 点要求都涉及与周围他人的交往。在第（1）点中，明显包含了希望母亲陪她到公园玩的要求。虽然第（2）点和第（3）点的要求比较模糊，但仔细分析就会发现，这些要求背后都含有与周围他人沟通交流的愿望。像第（2）点就很可能与服务对象和老师之间的沟通交流相联系，如果社会工作者能够进一步提问下去，就能更深入地了解服务对象与老师的沟通交流方式。第（3）点很可能与同伴的交往相联系。第（4）点和第（5）点就比较明确，涉及家庭成员之间的沟通交流。将服务对象的具体特征与周围环境，特别是周围他人的互动交流方式连接起来，就能让社会工作者深入理解服务对象与周围环境之间的动态关联，了解和把握服务对象在应对周围环境要求的过程中所运用的方法和策略。

三   关注沟通交流的具体方式

一旦将服务对象与周围环境连接起来，社会工作者的关注焦点就需要集中在两者之间具体的沟通交流上。从理论上来说，这不难解释；但在实际生活中，却很容易把服务对象与周围环境割裂开来。我们来看一看下面这段描述，注意分析服务对象与周围他人之间的沟通交流方式。

案例 2. 12

班主任曾在全班同学面前表扬服务对象查多音字很认真，服务对象受到表扬后就一直很喜欢查多音字。服务对象的父母亲给服务对象买了一本很大、很厚的汉语字典，时常称赞并鼓励服务对象查阅字典。这些因素促使服务对象形成了这样的行为习惯：只要一没事，就会坐在书桌前翻查字典。

虽然案例 2. 12 中的这段描述很详细地解释了为什么服务对象在受到班主任和父母亲的影响之后形成了"查阅字典"的学习习惯，但很显然运用的是谁影响谁的直线因果分析方法，而没有呈现服务对象与班主任和父母亲之间相互影响的过程和方式。例如，班主任是怎样赞扬服务对象的，服务对象受到表扬之后又是怎样查阅多音字的，父母亲又是怎样称赞和鼓励服务对象的，等等。只有将关注的焦点集中于具体的互动过程，社会工作者才能了解服务对象与班主任和父母亲之间是怎样相互影响的，发现他们在沟通交流的过程中形成的成功经验和有效的处理方法。

服务对象和周围他人的成功经验在对话过程中往往一闪而过，需要社会工作者用心去发掘。有一次，一位老师告诉社会工作者："上课时只要关注他（服务对象），他就会很认真地听课，并且还会主动举手回答老师的问题。"像这些成功经验对于别人来说可能很一般，不值得一提，但对于服务对象来说确实非常重要，是推动和维持服务对象改变的有效途径和方法。我们来看一看下面这段描述，这是服务对象的母亲对自己曾经做过的努力的总结。

案例 2. 13

（1）有一段时间，我曾经给孩子（服务对象）制订过一个学习计划，让孩子的学习生活更有规律，但是过一段时间因为忙就忘了再监督了。

（2）上个学期我开始限制孩子到院子里玩的时间，让孩子多看书、多学习，取得了一定的成效。

（3）有一次我给孩子找了一些额外的练习题，逼着她收住玩的念头，好好做作业。最后，她自己把练习题全部做出来了。

有时，服务对象或者周围他人的成功经验只出现了一次，或者仅仅出现在某一时段，就像案例2.13中服务对象的母亲对自己以往成功经验的描述。虽然对于母亲来说这只是一次偶然的尝试，但是这些成功经验是推动服务对象改变的关键，让社会工作者了解到服务对象喜欢学习什么内容、喜欢用什么方式学习以及母亲运用什么方式影响服务对象等。不过，成功经验只是评估工作的一部分，社会工作者同时还要看到服务对象或者周围他人面临的困难和压力。

在实际的专业服务活动中，另一个经常被人忽视的内容是服务对象的感受方式，即服务对象喜欢运用什么样的感知方式与周围环境沟通交流，它可以是图像、声音，也可以是气味、感觉等。对服务对象的感受方式了解得越深，社会工作者的服务介入也就越具有影响力。我们来看一看下面这段描述。

案例 2.14

服务对象与班主任语文老师的关系还不错，老师挺喜欢她的，夸她很乖巧。有时候服务对象会跟老师说自己看过的卡通片，比如《家有机器猫》等，然后问老师有没有看过。如果老师说"没有"，服务对象就会说："老师你怎么没有看过，这个很好看的。"班主任语文老师还听过服务对象唱过歌，能够说出服务对象喜欢唱的流行歌曲。

在案例2.14这段描述中，虽然社会工作者注意到了服务对象与班主任语文老师之间的沟通交流，但没有关注服务对象在沟通交流的过程中喜欢运用的感知方式。其中提到了卡通《家有机器猫》以及流行歌曲，可惜的是，社会工作者没有进一步了解服务对象喜欢什么卡通形象、什么样的卡通颜色和造型以及什么样的流行歌曲等。这些方面也是服务对象能力的一部分，而且是非常基础的、重要的能力。服务对象的能力并不一定是直接针对服务对象困扰的消除的，有的是服务对象的优势和长处，它们对于服务对象的发展来说也是十分重要的。① 我们来看一看下面这段描述，这是社会工作者经过两次家访后的发现和总结。

案例 2. 15

服务对象不爱学习，但是喜欢上美术课，学画画。回到家里，她就会在自己房间里的地板上画画，不管作业是否完成。有时，服务对象会找一些书皮或者美术书本，对着上面的画模仿；有时也会自由发挥。像社会工作者第二次进入服务对象的家中时，她就临时画了两幅画送给社会工作者。有时看完动画片后，服务对象会马上把影片中的动画人物画下来，而且能够比较准确地抓住人物形象的关键之处。

看了案例 2. 15 中的这段描述就可以感觉到，服务对象非常喜欢画画，这是她的优势。如果社会工作者的服务介入计划能够结合服务对象画画的优势，就能够很顺利地影响服务对象。不仅如此，画画的作用不仅仅在于消除困扰，服务对象在画画中能够体会到自身的改变、成长和快乐。

第三节　关注服务对象和周围他人的变化与冲突

超越问题的限制、与周围环境相连接以及关注沟通交流的方式，这些不同的要求是希望社会工作者能够学会把服务对象放在对话交流的情境中，体会服务对象在应对周围环境要求的过程中所拥有的能力和面临的困难。这样，服务对象和周围他人的故事从单个人的述说转变为多人的对话交流，其间充满了紧张和冲突以及由此带来的成长和发展。

一　关注变化和差异

在服务对象的故事中经常会涉及服务对象的改变和成长。例如，服务对象的父母亲会告诉社会工作者："他（她）在读幼儿园的时候很聪明，还得过奖。可现在一年级了，没想到学习这么笨。"当然，有时情况可能正好相反："他（她）好像是突然开窍了，学习进步很明显。"服务对象在成长过程中出

---

① Glicken, M. D. (2004). *Using the Strengths Perspective in Social Work*. Boston: Pearson Education, Inc., pp. 4 – 6.

现的起伏和变化，是了解是什么因素影响服务对象发生变化的重要线索。对于那些积极的因素，就需要想办法进一步维持；对于消极的因素，就需要看一看是否有办法控制和化解。我们来分析一下下面这段有关服务对象的描述。

案例 2.16

因为服务对象坐不住、太好动，班主任建议服务对象的父亲带服务对象去医院检测一下，确定是否患有多动症。但服务对象的姨丈认为，男孩子活泼一点很正常，年纪稍大一点后自然就会安分些，让服务对象的父亲不要把这件事放在心上。一年后，服务对象上了二年级，果然，班主任反映服务对象在学校的表现乖了很多，上课也会坐在位置上认真听讲了。

在案例 2.16 中，服务对象的成长、变化似乎是很自然的事，父母亲并没有做什么。即使社会工作者想了解原因，服务对象的父母亲也很难说出所以然。因此，这样的信息很容易被忽视。如果转到服务对象的发展角度来看，了解服务对象上了二年级之后生活方式有什么变化，怎样保持这些积极的生活方式，就非常有意义。社会工作者甚至可以进一步了解服务对象对自己目前的生活有什么安排和打算，以此来调动服务对象的改变动力。

同一个人对于不同的东西会有不同的感受和想法。有一次，老师向社会工作者反映，服务对象不喜欢读书，各科成绩都不是很好，经常不及格，相对于其他的科目来说语文好一些。如果社会工作者仅仅关注服务对象的学习成绩是否及格，就会忽视在这段描述中服务对象的语文学习和其他科目的不同。这些差异信息对于社会工作者来说是非常重要的，意味着服务对象对语文有特别的经验和感受。我们来看一看下面这个案例，注意找出这个有关服务对象的故事中的差异信息。

案例 2.17

服务对象在学习方面有一定程度的困难，语文和数学的成绩都比较差。一般情况下，语文和数学都只能考三四十分，只有英语稍微好一些，会考及格，有时还能考 80 多分。

很显然，案例 2.17 中的服务对象在英语学习方面要好一些，"会考及格，有时还能考 80 多分"。与数学和语文相比，服务对象在英语学习中有什么不同，有什么成功经验，面临什么困难，这些"问题"值得社会工作者进一步追问。借助这样的提问，社会工作者就能够更为充分地了解服务对象在英语学习中所拥有的能力和资源以及面临的困难和挑战。当然，差异信息并不都是针对某个事件的，也可以是针对某个人的。如果服务对象比较喜欢某位老师，社会工作者就可以问服务对象：喜欢老师的什么方面？什么事情印象最深？喜欢老师以什么方式和他（她）沟通交流？这样，服务对象应对周围环境的能力和方式就能充分显现出来。

二 关注冲突以及处理的效果

服务对象的故事中经常涉及与周围他人之间的紧张和冲突，如打同学、扰乱课堂纪律、不听父母亲的话等。在处理这些冲突时，初学的社会工作者通常会把这些不良的表现视为"问题"来看待，而没有把它作为服务对象与周围他人相互影响的方式和过程，当然也就无法看到双方各自不同的要求、回应方式以及具体的效果。我们来看一看下面这段描述，注意观察和理解服务对象与周围他人之间的冲突。

案例 2.18

服务对象的父母亲对服务对象的要求并不是很高，因为没有时间监督，所以比较放任服务对象，对服务对象做作业时玩溜溜球也不加以限制。服务对象上二年级之后，父母亲开始严格管理，禁止服务对象看电视。服务对象平时非常喜欢看电视，闲暇时间大多花在看电视上。但是由于父母亲的限制，到目前为止，服务对象已经有三个月左右的时间没有看过电视了。服务对象做作业也不是很认真，当遇到不会做的作业时，就会抄同学的作业。

仔细分析案例 2.18 的这段描述就可以发现，服务对象上二年级之后，与父母亲的沟通交流方式发生了急剧的变化，"父母亲开始严格管理，禁止服务对象看电视"，父母亲和孩子之间一定会发生不小的冲突。当遇到服务对象抄同学作业的时候，服务对象的父母亲怎样反应？可惜的是，社会工作者并没有对这些信息予以足够的关注。这样，社会工作者就很难了解服务对象在面对父母亲的严格要求时，有什么想法、要求和应对的方法，以及父母亲又采取了什么具体的管理方法来回应服务对象的要求。只有把冲突的事件变成冲突的过程时，社会工作者才能真正走进服务对象和周围他人的日常生活中。

通常情况下，周围他人在没有达到预期的结果时，就会运用自身的能力和地位来加强对服务对象的影响；而服务对象也会运用自己的能力和方法来应对周围他人的要求，直到双方之间的力量达到平衡为止。我们来看一看下面这段有关母亲与孩子之间冲突的描述。

案例 2.19

服务对象的母亲主要在行为上监督服务对象，因为她自己小学没有毕业，无法在知识方面辅导服务对象。有时，母亲会和服务对象讲一些学习方法，如作文怎么写等，她会让服务对象安心写作业，不会的问邻居。如果遇到她上班，而服务对象又不听话，她就会把服务对象锁在家中。如果服务对象仍旧不认真做作业，母亲就会吓唬服务对象，威胁说把他送回老家。这个时候，服务对象会有一些害怕，学习也就更认真一些，但坚持不了几天。

从案例 2.19 中我们可以看到，服务对象的行为表现与母亲的要求以及所采取的方法是紧密相关的。当服务对象的母亲发现服务对象并没有做到自己所要求的时候，就会运用更强硬的手段，甚至采用威胁、吓唬的方法，强迫服务对象按照自己的要求行动。显然，在这样的相互影响的过程中，无论是母亲还是服务对象，都会感到很无力，无法理解对方的要求。作为社会工作者恰恰需要帮助双方找到合作的起点，改变相互对立的沟通交流方式。[①]

三 关注压力以及消减的方式

当压力增加到一定程度时，服务对象就会感到紧张和不安，就需要找到一定的方法来消减压力。虽然每位服务对象消减压力的方式不同，但它是服务对象日常生活必不可少的一部分。初学的社会工作者很容易望文生义，把对服务对象需要的观察评估简化为对服务对象的各种改变和发展要求进行考察，忽视对服务对象的压力和消减方式的观察。尤其对受到严重困扰的服务

[①] Nichols, M. P. & Schwartz, R. C. (2004). *Family Therapy Concepts and Methods* (6Ed.). New York: Pearson Education, Inc., p. 5.

对象而言，外部压力和内心冲突都比较明显，深入了解服务对象的压力和消减方式是开展专业服务活动不可缺少的环节。我们来看一看下面这个案例中服务对象消减压力的方式。

案例 2.20

服务对象没有上过学前班，小学一年级之前就没有碰过笔，学习基础比较差。因为学习成绩的关系，服务对象自己表示有很大的压力，同学们也会欺负她。服务对象经常和同学讲一些自己觉得有趣的笑话，有时也会在上课时说一些和老师讲的不沾边的东西，逗大家笑。同学们嘲笑说，她装疯卖傻，有神经病。这让服务对象感到很伤心，会偷偷地流泪。

分析案例 2.20 可以发现，服务对象面临的压力是非常大的，除了学习基础不好、受同学欺负之外，还有同学的嘲笑。在这样的环境中，服务对象选择了"偷偷地流泪"，以这样的方式消减内心的紧张和压力。当然，不同的服务对象有不同的消减压力的方式，有些没有什么直接的危害，像写日记、购物、吃零食等；有些可能会造成直接的伤害，例如，虐待自己、报复别人等。对于那些造成直接伤害的行为，社会工作者需要给予特别的关注，如什么时候、在什么处境下会产生这样的行为，这些行为的出现有什么征兆，等等。只有了解了这些信息，社会工作者才有可能在协助服务对象改变的过程中防止或者减轻这样的伤害行为。

另一种常见的消减压力的方式是说谎。当压力超过了所能承担的范围时，有些服务对象就会采用说谎的方式回避压力。虽然这样的行为方式通常不会给服务对象带来直接的伤害，但可能破坏服务对象与周围他人之间信任关系的建立，妨碍服务对象的健康发展。我们来看一看下面这个案例，注意观察服务对象消减压力的具体方式。

案例 2.21

服务对象是小学四年级的男生，平时自己能够把老师布置的作业抄回家，但有时候觉得作业多，抄起来费力，就会对父母亲说："我记得要做哪些就好了，还要抄干吗？"这个时候父母亲就不知道服务对象当天有什么作业，也无法知道服务对象作业完成的情况。服务对象也会在这个时候欺骗父母亲，说自己的作业做完了，而实际上并没有完成。

面对案例 2.21 中的这种情况，服务对象的父母亲很容易把关注的焦点集中在服务对象的欺骗行为上，指责服务对象的这些不良行为表现，而没有看到服务对象通过这样的"欺骗"行为所要应对的环境的要求：回避学习的压力。自然，要帮助服务对象克服欺骗行为，就需要协助服务对象学习面对和处理学习压力的有效方法。

第四节　把评估过程作为服务介入过程

借助关注变化和差异、冲突以及处理的效果、压力以及消减的方式等措施，社会工作者就能深入了解服务对象和周围他人的不同要求以及相互影响的动力过程。实际上，评估过程就是服务介入的过程。通过对需要的观察和评估，服务对象和周围他人对自己的认识和理解就会发生相应的改变，知道自己的能力表现在什么方面，面临什么困难；同样，每一次服务介入都会让服务对象和周围他人发现新的改变和新的需要。社会工作者需要把评估过程视为服务介入过程，将两者紧密地结合起来。

一　关注服务对象日常生活中不同服务的整合

通常，服务对象在日常生活中面临多方面的压力和困难，除了需要社会工作者的帮助之外，有时还会需要其他方面的服务，例如，针对学习困难的补习班、能力提高的训练班等。如果出现生理疾病，还需要医院的治疗。尤其与社会工作相近的一些服务，如给学困生补习、人际关系培训以及心理咨询和治疗等，需要社会工作者给予特别的关注。社会工作专业服务活动是否有效，不仅取决于社会工作本身，同时还涉及不同服务之间的整合。我们来看一看下面这个案例，服务对象是小学二年级的女生。

案例 2.22

服务对象最近去了社区附近的一家午托班补习功课。自从去了午托班之后，服务对象可以安静地在那里完成作业。服务对象的班主任和父母亲都说，服务对象自从去了这家午托班之后，学习有很大的进步，从原来的只考三四十分到最近一次语文测验考了 87 分，数学也从不及格变成了及格。服务对象的父亲说，这是服务对象上学之后考过的最高分。服务对象的班主任最近被评为"省优秀班主任"，获得了一些奖金，从中拿出两百块钱作为学习奖励基金，激励服务对象努力学习，并且鼓励服务对象的母亲积极监督、管理孩子的学习。

在案例 2.22 中，服务对象在接受社会工作者的帮助之前，已经参加了社区一家午托班补习功课，而且取得了明显的进步。另外，服务对象的班主任也为改善服务对象的学习提供了专门的奖励基金。这些服务是服务对象改善目前生活状况的重要资源，社会工作者可以向午托班的老师询问他们帮助服务对象在安静的环境中完成作业的成功经验；同时，社会工作者也可以向班主任了解她激励服务对象努力学习的具体方法以及调动服务对象母亲积极性的成功经验。将这些成功的经验和有效的处理方法发掘出来并运用到社会工作的服务中，就能保证社会工作服务与其他服务之间的连接和整合。

在整合服务对象日常生活中的不同服务的过程中，有两个方面需要社会工作者的特别关注：①不同服务之间要相互衔接，避免重叠和冲突。就拿上面的案例来说，如果社会工作者把服务对象的学习作为服务介入的一个重要方面，就需要考虑与午托班、学校之间的分工，补充午托班和学校没有顾及的方面，让服务对象的学习有一个整体的规划，避免相互之间的冲突。②不同服务之间要相互配合，形成相互支持的网络。有了整体的规划只能减少各服务之间的相互冲突，如果社会工作者希望各服务之间相互配合，还需要主动发掘和调动不同服务的成功经验和有效的方法，让不同的服务之间能够有机地连接起来，相互支持。

二　发掘和肯定服务对象的成功经验

服务对象的生活并不是一成不变的，既有困扰的时候，也有成功的时候。社会工作者在倾听服务对象的故事时，除了感受服务对象的压力、舒缓服务对象的情绪之外，还需要特别关注服务对象的成功经验。很多时候，服务对象只知道自己有进步，达到了预期的目标，但并不会关注和总结其中的成功经验。此时，作为社会工作者就需要协助服务对象了解为什么会取得成功，其中有什么"诀窍"。这些成功经验是促进服务对象继续进步的有利条件。我们来看一看下面这段对话，注意分析社会工作者是如何在评估服务对象的需要过程中发掘和肯定服务对象的成功经验的。

案例 2.23

服务对象的母亲：这一次英语考试她考得不错，上学以来第一次考了90多分。

社会工作者：哇，真是进步很大！有什么方法吗？

服务对象的母亲：前一段我每天要求她跟着英语磁带读，所以成绩就提高了。

服务对象：考试时老师放录音给我们听，所以我就会写了。

社会工作者：是啊，那也是因为你平时有听、有读，考试时才听得懂！你看，有付出就有收获吧！

在案例 2.23 中，社会工作者不仅帮助服务对象以及服务对象的母亲总结服务对象学习英语的成功经验——"跟着英语磁带读"，而且及时肯定和巩固服务对象的这些成功经验："那也是因为你平时有听、有读，考试时才听得懂！"显然，这样的总结和肯定已不仅仅是简单的需要评估，更是在推动服务对象维持积极的改变，是社会工作服务介入活动的一部分。

服务对象有了进步之后，社会工作者可以问他（她）取得进步的成功经验，也可以问他（她）进步的具体表现，当然，也可以同时涉及这两个方面。以什么为问的焦点，取决于当时场景的要求。例如，服务对象在很多方面都取得了进步，或者服务对象刚开始出现改变，此时，比较合适的方式是问进步的具体表现，协助服务对象梳理在什么方面真正取得了进步；如果服务对象只知道自己进步了，不了解或者忽视进步背后的成功经验，此时，问进步的成功经验就变得非常重要。我们来看一看下面这个案例，服务对象是小学三年级的男生。

案例 2.24

服务对象的书写进步很大，连服务对象的父母亲都说服务对象的书写已经有了明显的进步。在暑假，服务对象的父亲监督服务对象练字，为了练字都已经用完了十个练习本。服务对象的父亲说，他以前的字太难看了，不容易看懂。为此，服务对象的父亲还特地拿服务对象练字的本子给社会工作者看，说以前家里没人管，他的字不好看，后来自己来监督，才有了明显的改变。社会工作者接着问服务对象的父母亲："对啊，孩子进步很大！具体表现在什么方面？其他方面也有明显的改善吗？"

在案例 2.24 中，服务对象的父亲只强调孩子的书写有了明显的进步，这些进步表现在哪些具体方面，服务对象的父母亲并不了解。于是，社会工作者把提问的焦点集中在进步的具体表现上："对啊，孩子进步很大！具体表现在什么方面？其他方面也有明显的改善吗？"希望帮助服务对象的父母亲进一步了解服务对象的进步。显然，这样的提问方式已经远远超出了需要评估的范围，把服务介入过程直接融入服务对象的需要评估过程中。

服务对象的表现经常有一些一般情况之外的特例，称为例外情况。① 这些例外情况只是偶尔出现，因此很容易被服务对象和周围他人忽视。如果服务对象在例外情况中的成功经验和有效处理困难的方法能够被挖掘出来，也会是服务对象改变的重要能力和资源。特别是被困难包围着的服务对象，例外情况中的成功经验是他们寻求积极改变的现实基础。我们来看一看下面这个案例，注意观察和体会例外情况中所包含的能力和资源。

案例 2.25

服务对象是小学四年级的男生，平时写作业拖拖拉拉，敷衍了事。但是上个星期四晚上服务对象仅仅用了一个小时的时间就把语文作业写完了，抄写得还挺工整。服务对象的母亲说，以前服务对象需要花两个小时或者更多的时间才能完成，但是上个星期四晚上服务对象做作业比较认真，没有动来动去，写得也就快一点。社会工作者顺势问服务对象的母亲："上个星期四晚上有什么特殊的情况，使服务对象写字比较认真？"服务对象的母亲回答说，她要求服务对象首先把作业完成，之后才带他出去买第二天秋游吃的东西。听了这些之后，服务对象写作业就比较认真了。

在案例 2.25 中，社会工作者迅速地觉察到服务对象在上个星期四的一些例外情况，并且通过提问协助服务对象的母亲寻找其中的成功经验："要求服务对象首先把作业完成，之后才带他出去买第二天秋游吃的东西。"虽然这样的成功经验是比较例外的情况，但它是母亲调动服务对象学习积极性的有效方式。接下来的任务是社会工作者怎样协助服务对象的母亲扩展类似

---

① Berg, I. K. & de Shazer, S. (1993). "Making Numbers Talk: Language in Therapy." In S. Friedman, *The New Language of Change: Constructive Collaboration in Psychotherapy*. New York: The Guilford Press, p. 9.

的成功经验，将这些偶然出现的成功经验转化成服务对象日常生活的一部分。

三　明确服务对象及周围他人的责任

无论服务对象还是周围他人在向社会工作者寻求帮助时，通常已经被"问题"缠绕得失去了耐心，寄希望于社会工作者帮助他们立即解决眼前的困扰。这样的想法显然是不切实际的，社会工作者不仅无法立即解决服务对象多年形成的困扰，也无法替代服务对象或者周围他人承担起他们的责任。但对于初次参加社会工作专业实践活动的社会工作者来说，很难拒绝服务对象或者周围他人的恳求。我们来看一看下面这个案例，注意分析社会工作者是如何回应周围他人的要求的。

案例 2.26

当社会工作者问到服务对象的父母亲目前的难处时，他们说现在小卖部的生意还算过得去，虽然不是很有钱，但对现状还是比较满意的。服务对象的父母亲强调目前主要的难处是太忙乱，两个人要一同照顾好店面，没有多少空闲时间监督、照顾孩子，所以迫切希望社会工作者能够在这些方面帮助他们。社会工作者并没有立即答应服务对象父母亲的请求，而是问他们平时是如何监督和照顾孩子的。

在案例 2.26 中，我们可以发现，服务对象的父母亲因为没有多少空闲的时间照顾孩子，希望社会工作者能够承担起这方面的责任。此时，社会工作者需要提醒自己，社会工作服务介入只是暂时帮助服务对象的活动，有一定的时间限制，而且每次直接见面的时间也非常有限。帮助服务对象的有效策略不是直接给予什么，而是协助服务对象发掘和调动自身拥有的能力和资源。正因为如此，案例 2.26 中的社会工作者没有立即答应服务对象的父母亲的请求，而是问他们平时监督和照顾孩子的具体方式是什么，以便明确父母亲的责任，并且为接下来服务对象的改变寻找资源。社会工作者需要与服务对象和周围他人一起面对生活中的困难和挑战，但无法替他们承担责任。

在服务对象的需要评估过程中，经常会涉及服务对象和周围他人的一些隐私问题。虽然了解这些隐私能够帮助社会工作者更好地理解服务对象和周围他人，但了解隐私本身也会带来一些负面的影响。例如，隐私问题可能带来家庭成员之间关系的紧张和冲突，甚至可能妨碍他们与社会工作者建立信任关系。如果了解服务对象和周围他人的隐私没有什么益处，甚至可能造成一定的伤害，此时，社会工作者就需要调整提问的方向和节奏，不要在服务对象或者周围他人还没有准备好之前，过快地涉及深层的隐私问题。我们来看一看下面这个案例，社会工作者遇到了难题，不知道是否应该继续问服务对象的隐私。

案例 2.27

社会工作者从老师那里得知服务对象生活在单亲家庭中，而服务对象跟社会工作者说，她有一个叔叔和他们一起生活。社会工作者第一次入户访谈，正好服务对象的叔叔也在场，服务对象的奶奶也聊到了服务对象的叔叔。当时，社会工作者不是很了解服务对象的家庭情况，所以很想问奶奶服务对象的叔叔是不是服务对象的爸爸，但是又担心这样的提问可能让服务对象的叔叔以及其他家庭成员感到不舒服。

显然，在案例 2.27 中，社会工作者如果继续问服务对象的隐私，可能就会破坏服务对象家庭成员之间的关系，甚至可能影响社会工作者与服务对象以及周围他人之间信任关系的建立。尤其是社会工作者第一次与服务对象和周围他人正式见面，社会工作的专业信任关系还不够稳固，过早、过快地涉及服务对象的隐私，会妨碍专业服务活动的进一步展开。社会工作者与服务对象以及周围他人之间的信任关系是非常重要的，它是使服务对象发生有效改变的前提。

服务对象需要的观察评估是社会工作者开展直接专业服务的第一步，这项工作完成得好坏直接影响接下来开展的一系列服务介入活动。作为社会工作者首先需要走进服务对象和周围他人的内心，学会全面评估服务对象的需要，关注服务对象和周围他人的变化和冲突，并且把评估过程作为服务介入过程。

第三章
服务介入计划的设计

有了对服务对象和周围他人的了解，社会工作者自然会在脑海中形成初步的服务介入计划，如以什么作为服务介入的着手点，运用服务对象和周围他人什么方面的能力，服务介入分为几个阶段，最终达到什么目标，等等。这就是社会工作专业实践活动中面临的第二项重要任务：服务介入计划的设计。一个好的社会工作服务介入计划需要拥有清晰的服务介入的切入点、有效的服务介入的策略、合理的服务介入的步骤以及明确的服务介入的目标。

第一节　寻找服务介入的切入点

直接面对服务对象时，社会工作者就需要采取一些措施影响服务对象。这些有效的影响措施就是社会工作服务介入计划中的服务介入切入点，它是社会工作者直接推动服务对象发展改变的着力点。切入点是整个社会工作服务介入计划的基础，借助这个基础，社会工作者才可能走进服务对象的日常生活中，并与服务对象产生共鸣，推动服务对象发生积极的改变。

一　注意维持能力和困难之间的平衡

通常，当服务对象寻求帮助时，已经无法克服面临的"问题"。这些"问题"不仅妨碍了服务对象正常生活，而且也让服务对象感受到失败、沮丧、无助等消极的情绪。这个时候，无论服务对象还是周围他人，最关心的是如何克服面临的"问题"。如果社会工作者也紧随服务对象和周围他人的要求，把服务介入的切入点集中在服务对象的"问题"上，就会像服务对象和周围他人一样被"问题"所缠绕,看不到"问题"之外的生活,出现夸大"问题"的现象。

一个有效的方法是将"问题"与服务对象具体的日常生活处境连接起来,把"问题"转变成服务对象需要克服的困难,考察服务对象在应对困难时表现出来的能力,包括直接处理困难的能力以及间接处理困难的能力。这样,社会工作者就能从"问题"的困扰中摆脱出来,既看到服务对象面临的困难和压力,也注意到服务对象拥有的能力和资源。我们来看一看下面案例中的服务介入计划,社会工作者根据服务对象的需要设计了相应的服务介入的切入点。

案例 3.1

社会工作者在完成了服务对象的需要观察评估之后,根据观察评估的结果设计了以下几个服务介入的切入点。

(1)肯定服务对象在课堂上的表现,让父母亲了解服务对象在课堂上表现出的一些进步。

(2)肯定服务对象的勤劳品格,如帮父母亲倒垃圾等。一方面让父母亲看到服务对象在学习之外的一些优点;另一方面引导服务对象在学校中也将这种勤劳的品格表现出来,改变老师和同学的看法。

(3)肯定服务对象翻字典查多音字的习惯,进一步鼓励服务对象将自己在日记中不会写而用拼音代替的汉字用字典查出来,逐渐拓展服务对象喜爱查字典的兴趣,让服务对象不再只专注于多音字。

(4)肯定服务对象听英语磁带的习惯,指导服务对象使用录音机跟读。

从案例 3.1 来看,社会工作者把服务介入的切入点集中在服务对象现有的能力上,如课堂上的积极表现、勤劳的品格、查多音字的习惯以及听英语磁带的习惯等。这些能力的发掘和调动对于改善服务对象目前的生活状况是有益的,但可以明显感觉到这些介入措施缺乏力量感。当服务对象向社会工作者求助时,"问题"就成了服务对象和周围他人关注的焦点。服务对象和周围他人判断一项服务是否有效,就看它是否能够迅速消减服务对象的困扰。如果社会工作者在服务介入的切入点中不去关注服务对象的困难和压力,那么任何能力的发掘和调动都会缺乏针对性,出现松散无力的现象,这样的方式甚至还会导致与服务对象以及周围他人之间的冲突和对立。

关注服务对象的能力并不是只讲能力和资源，只看好的方面，而是在看到因"问题"带来的困难和压力的同时，也注意面对和处理这些困难的能力和资源，让服务对象和周围他人从困难和能力两个方面来看待日常生活，迅速找到面对和处理"问题"的能力和资源。毕竟"问题"是服务对象日常生活中无法回避的一部分。

服务对象的"问题"也会影响周围他人，给周围他人带来"问题"。实际上，服务对象的"问题"常常与周围他人的"问题"纠缠在一起，错综复杂。这样，社会工作者在专业实践活动中既要帮助服务对象克服"问题"，也要协助周围他人解除困扰。对于初次参与专业实践活动的社会工作者来说，确实是一个不小的挑战，有时需要转到服务对象的角度理解服务对象面临的困难和拥有的能力，有时又需要转换到周围他人的位置体会周围他人面临的困难和拥有的能力。我们看一看下面案例中的服务介入切入点的设计，注意社会工作者的关注焦点。

案例 3.2

社会工作者在设计社会工作服务介入切入点时，除了关注服务对象的改变之外，同时还注重周围他人（父母亲）的改变。

（1）肯定父母亲提供的有效指导，让父母亲关注所提供的有效指导与服务对象学习成绩提高之间的直接关系；

（2）鼓励父母亲多发现服务对象的能力、优势和进步，并且给予服务对象必要的鼓励、支持和奖励；

（3）鼓励父母亲在肯定服务对象的基础上提出一些希望其改进的地方。

在案例3.2中，社会工作者一下子就把关注焦点集中在父母亲给孩子的指导、支持上，而没有首先了解服务对象的"问题"给父母亲的生活造成了什么样的挑战、父母亲是怎样面对和处理这项挑战的。很显然，如果社会工作者没有转到服务对象父母亲的角度体会他们的压力和要求，就无法发掘服务对象父母亲的能力和资源。这样的服务介入切入点的设计就无法回应服务对象父母亲的要求，也很难发挥作用，真正推动服务对象的父母亲发生有效的改变。维持能力和困难之间的平衡不仅涉及服务对象，同时也涉及周围他人，目的是协助服务对象和周围他人充分运用自身的能力和资源快速消除面临的困扰。

二　注意保持兴趣爱好和外部要求之间的平衡

我们都知道，改变服务对象和周围他人的有效策略不是要求他（她）改变，而是协助他（她）按照自己喜欢的方式改变。在设计服务介入切入点时，社会工作者需要随时问自己：是他（她）自己希望这样改变，还是社会工作者要求这样改变？了解服务对象和周围他人的兴趣爱好和发展愿望并且提供机会让这些要求能够得以实现，这是社会工作者设计服务介入切入点的核心。如果社会工作者按照自己理解的"好"的标准要求服务对象和周围他人，虽然表面上服务对象和周围他人也可能调整自己以迎合社会工作者的要求，但时间一长就会加剧他们内心的矛盾和冲突。我们看一看下面这个案例，注意分析社会工作者是否以服务对象的兴趣爱好为主导设计服务介入的切入点。

案例 3.3

社会工作者在服务介入的计划中列举了以下几点作为服务介入的切入点。

（1）鼓励服务对象朗读语文课文，并且通过完成学校每周布置的读书笔记增加阅读量，培养服务对象的理解能力和书面表达能力；

（2）围绕数学练习中比较容易出错的图形题和公式题等帮助服务对象进行有针对性的训练，并且增强学习过程中的趣味性；

（3）鼓励服务对象多与父母亲交流，帮助服务对象改善与母亲之间的沟通交流方式。

在案例 3.3 的服务介入切入点的设计中，社会工作者不仅注意利用介入活动发掘服务对象的能力，如朗读语文课文、每周都写读书笔记，而且也关注服务对象面临的困难，如针对容易出错的图形题和公式题展开专门的训练。虽然社会工作者看到了服务对象的兴趣爱好，并且想把它们作为服务介入切入点的一部分，但是没有问自己"如果社会工作者不在眼前，服务对象自己是否愿意这样做"。显然，社会工作者利用了服务对象的兴趣爱好，但是仅仅把它们作为推动服务对象改变的工具，并没有让服务对象成为服务介入活动的主导，让他（她）自己设计和安排服务介入活动。

在实际生活中，服务对象的发展愿望总是和周围他人的要求联系在一起。服务对象希望自己有更多的时间玩，但父母亲认为孩子应该花更多的时间在学习上，而老师则希望家长能够抽出更多的时间指导孩子的学习。这样，孩子就会面临"问题"的处境。如果社会工作者只关注服务对象的兴趣爱好，就会加剧服务对象与周围他人之间的冲突；如果只强调周围他人的要求，就会妨碍服务对象的发展。因此，服务介入切入点的设计既要关注服务对象，也要关注周围他人。比较好的策略是在关注周围他人的要求的同时，调动服务对象的兴趣爱好。实际上，无论服务对象的兴趣爱好还是周围他人的要求，都是服务对象日常生活的一部分，无法分割开来。我们来看一看下面这个案例中的服务介入切入点的设计，注意分析服务对象的兴趣爱好是如何与周围他人的要求连接起来的。

案例 3.4

（1）肯定服务对象喜欢看漫画的兴趣，从漫画书入手，鼓励服务对象向母亲表达漫画的内容和含义，提高服务对象的口头表达能力和写作水平；

（2）在看漫画书的基础上逐步引导服务对象多看其他与作文相关的书籍，提高服务对象的写作水平；

（3）通过漫画书里很多漂亮的图片把服务对象喜欢漫画和美术的兴趣结合起来；

（4）适当改变母亲对于漫画书的偏见，协助母亲及时发现服务对象的进步，并给予肯定。

显然，在案例 3.4 中，社会工作者非常注意把服务对象喜欢漫画、美术等兴趣爱好运用于服务介入切入点的设计中，并且同时顾及周围他人（服务对象的母亲）对提高服务对象学习成绩的要求，让服务对象在注重发展自己的兴趣爱好的同时，加强与周围他人的沟通交流，学会运用周围环境的资源。同时，社会工作者还将服务对象的改变与周围他人的改变连接起来，增强周围他人对服务对象的理解和接纳，让服务对象兴趣爱好的调动与周围他人理解的增强之间形成相互促进的关系。

三 关注服务对象的改善与周围他人的改善之间的平衡

在设计社会工作服务介入切入点时，初次参加专业实践活动的社会工作者很容易把工作的焦点集中在服务对象身上，认为服务对象才是真正需要帮助的对象。我们来看一看下面这个案例，注意考察社会工作者在设计服务介入切入点时所坚持的原则。

案例 3.5

服务对象是一位小学二年级的男生，8 岁。社会工作者在需要的观察评估过程中发现，服务对象有很多兴趣爱好，于是针对服务对象的兴趣爱好制定了社会工作的服务介入切入点。

（1）肯定服务对象在数学方面的能力，继续加强服务对象学习数学的动力；

（2）肯定服务对象异常好的记忆力，肯定他字写得漂亮的能力，使服务对象学习语文的动力进一步强化；

（3）肯定服务对象在跳棋方面的兴趣以及敏捷的反应能力，进一步增强服务对象在下跳棋过程中与母亲的沟通交流；

（4）肯定服务对象收集卡片的兴趣，请服务对象把这些卡片的内容介绍给家人或者社会工作者听；

（5）肯定服务对象能够自己收拾桌子、主动做一些家务的好习惯，鼓励服务对象帮助姐姐收拾房间，促进姐弟之间的交流。

案例 3.5 中的社会工作者在设计服务介入切入点时，非常关注服务对象个人状况的改善，如肯定服务对象在数学方面的学习能力、在跳棋方面的兴趣、异常好的对语文的记忆力、收集卡片的兴趣以及主动做家务的好习惯等，虽然社会工作者也注意到需要加强服务对象与母亲以及姐姐之间的沟通交流，但是整个 5 项服务介入切入点都是围绕服务对象展开的，看不到服务对象的母亲和姐姐自己的要求和想法。服务对象的生活与周围他人是割裂的。一旦服务对象发生改变，很难得到周围他人的及时、有效的肯定。

实际上，服务对象生活在与周围他人沟通交流的网络中，服务对象的改变会影响周围他人；同样，周围他人的改变也会影响服务对象。只有将服务对象的改变与周围他人的改变连接起来，才能持续、有效地推动服务对象发生积极的改变。我们来看一看下面案例中的服务介入切入点的设计，注意分析社会工作者是怎样将服务对象的改变与周围他人的改变连接起来的。

案例 3.6

社会工作者在设计服务介入切入点时非常关注如何将服务对象的改变与周围他人的改变连接起来，除了从服务对象入手调动服务对象的能力和资源之外，同时还特别关注发掘和调动周围他人的能力和资源。

（1）肯定服务对象的母亲在服务对象学习方面所做出的努力，减轻服务对象的母亲在服务对象学习问题上的自责；

（2）肯定服务对象的母亲在服务对象取得进步时给予及时鼓励的做法，增强服务对象的母亲在培育服务对象上的自信心；

（3）肯定服务对象的父亲对服务对象的关心；

（4）协助服务对象的父母亲肯定服务对象的优点，如善解人意、自理能力强、对班级的卫生很负责以及在体育上取得的优良成绩等，降低父母亲的焦虑感；

（5）联系服务对象的班主任老师，让老师及时表扬服务对象的进步。

分析案例 3.6 就可以发现，社会工作者虽然从服务对象的母亲、父亲以及班主任老师等不同的周围他人着手调动他们的能力和资源，但是这些措施的目的只有一个——提高服务对象的学习成绩。服务对象的母亲、父亲以及班主任老师只是实现服务对象改变的工具和资源，而他们自己的经验和想法却不在社会工作者关注的范围内。这种单向的要求只会破坏服务对象与周围他人之间的平衡发展，最终不利于服务对象的成长。周围他人与服务对象一样都具有自己独特的生活经验和要求，都需要社会工作者关注和理解。

四　关注服务对象和周围他人的成功经验

了解了服务对象的"问题"之后，初次参加社会工作专业实践活动的社会工作者很容易直接向服务对象和周围他人提出改进的建议，如"鼓励……"或者"建议……"等，希望服务对象和周围他人能够迅速消除由"问题"带来的苦恼。我们来看一看下面案例中的社会工作服务介入切入点的设计，注意体会这些设计背后社会工作者的关注焦点。

案例 3.7

服务对象是一位小学三年级的女生，学习上感到非常困难。社会工作者在完成了对服务对象的需要观察评估之后，设计了以下服务介入的切入点。

　（1）鼓励服务对象的父母亲和舅公查看服务对象的练习本和试卷，监督服务对象平时的坐姿和写作业时的习惯，帮助服务对象克服不良的学习习惯；

　（2）鼓励服务对象主动把自己的进步告诉父母亲和舅公，增加服务对象和父母亲、舅公之间的沟通交流，减少父母亲和舅公的担心；

　（3）鼓励服务对象的父母亲和舅公多看到服务对象的优势与进步，多说一些鼓励和赞扬的话，减少对服务对象的指责；

　（4）建议服务对象的父母亲多与班主任老师联系，及时了解孩子在学校的表现；

　（5）联系服务对象的语文老师，请她多关注服务对象在语文学习中的困难（如识生字，辨别同义词、反义词，等等），并给予必要的帮助和鼓励，减轻服务对象的学习压力。

　　从案例3.7中我们可以看到，社会工作者在设计服务介入切入点时，无论涉及的是服务对象还是周围他人，都"鼓励"和"建议"他们学习新的经验。而对新的经验的学习需要借助以往的学习经验和方法，只有当这些新的学习任务与以往的学习经验和方法连接起来的时候，服务对象和周围他人才能找到改变的基础，快速、有效地掌握新的经验；反之，只会欲速则不达。因此，社会工作者在设计服务介入切入点时，需要问自己："服务对象和周围他人在处理类似的'问题'时有什么成功的经验和有效的方法？"这些成功的经验和有效的方法就是服务对象和周围他人改变的起点。

　　很多初学的社会工作者喜欢按照"先了解，再介入"的原则设计服务介入切入点，但社会工作所说的了解不是站在外部的观察分析，而是走进服务对象或者周围他人的生活帮助他们总结以往的经验。这样，了解和介入就无法分开，因为它们包含了帮助服务对象和周围他人发掘和调动能力的过程。我们来看一看下面案例中的几项服务介入切入点的设计，注意分析社会工作者所处的位置。

案例3.8

　　为了加强服务对象与周围他人之间的联系，社会工作者在设计服务介入切入点时特意安排了增进周围他人了解服务对象的内容。

　（1）联系服务对象的班主任老师，进一步询问服务对象在学习上的困难和优势以及与老师的交往方式，深入了解老师关心和鼓励服务对象的方式；

（2）鼓励服务对象的父母亲多和服务对象沟通交流，询问服务对象在学校的生活状况，如与伙伴玩得开不开心，学习上有什么觉得困难的地方，从而了解服务对象的想法、愿望以及与同伴在一起玩的愉快经历；

（3）鼓励服务对象的父母亲多观察服务对象在家里的行为表现，了解服务对象的生活习惯和个性特征。

分析案例3.8就可以发现，社会工作者在设计服务介入切入点时非常关注加强服务对象的社会支持，从学校、家庭等不同角度增加周围他人对服务对象的认识和了解，为服务对象的改变创造有利的条件。但是，上述的案例也有一个明显的特征，社会工作者始终站在周围他人的外部收集服务对象的有关资料，并没有把自己投入到周围他人的处境中，协助周围他人总结与服务对象交往中的成功经验和面临的困难。

发掘服务对象和周围他人的成功经验并给予及时的肯定，这样的要求看上去很简单。不过，在实际的专业实践活动中真正能够做到这一点的社会工作者并不多。这要求社会工作者能够真正转到服务对象或者周围他人的角度协助他们总结自己所拥有的成功经验。我们来看一看下面案例中的社会工作服务介入切入点，注意体会社会工作者是否投入到了服务对象或者周围他人的处境中。

案例3.9

社会工作者在需要观察评估之后发现，服务对象和周围他人拥有很多成功的经验，于是决定把下面几点作为服务介入的切入点。

（1）肯定服务对象的父亲从暑假开始加强对服务对象进行数学辅导的成功经验，增强他指导服务对象学习的动力；

（2）肯定服务对象的母亲提醒服务对象在写日记时运用平常所学的词语的成功经验，并鼓励服务对象的母亲平时给予服务对象一些必要的提示和帮助；

（3）肯定服务对象的母亲在上学期对服务对象的督促作用，同时鼓励服务对象的母亲尽自己所能辅导服务对象学习；

（4）肯定服务对象能够听取母亲的意见的好习惯以及在日记写作上取得的进步。

在案例3.9中，社会工作者虽然注重发掘服务对象和周围他人在日常生活中的成功经验，但是并没有把这些成功经验与服务对象或者周围他人的观察和理解结合起来，没有从服务对象和周围他人的角度看一看他们自己希望怎样总结日常生活中的经验。这就要求社会工作者在设计社会工作服务介入切入点时，把这些成功经验放回到服务对象或者周围他人的日常生活中，协助他们自己总结这些成功的经验，否则，社会工作服务介入切入点的设计就无法深入到服务对象和周围他人的日常生活中，就会缺乏力量和深度。

五 将服务介入切入点具体化

在设计社会工作服务介入切入点时，社会工作者经常遇到的一个难题是：不够具体，无法在实际的专业实践活动中做出来。尤其是初次参加专业实践活动的社会工作者，总是希望能够找到一些普遍适用的方法。但实际情况正好相反，社会工作者在设计服务介入切入点时越具体，就越能够将其和服务对象的实际生活结合起来。我们来看一看下面案例中的服务介入切入点的设计，注意分析它们有什么共同的特征。

案例 3.10

（1）鼓励服务对象的父母亲，尤其是母亲，在家里多与服务对象沟通，可以采取他们感觉比较舒服的方式与服务对象交流近期的愿望、感兴趣的事情等，帮助服务对象提高口头表达能力以及人际沟通能力；

（2）肯定服务对象的父母亲和爷爷对服务对象学习的关心，推动服务对象的父母亲和爷爷及时检查服务对象的作业，并多和学校的老师以及午托班的老师联系，关注服务对象学习情况的变化；

（3）推动服务对象的父母亲进行有效的沟通交流，协助他们了解彼此的难处，并且增进他们之间的相互体谅、相互支持。

在案例 3.10 的三项社会工作服务介入切入点的设计中我们可以发现，它们都面临同样的问题：服务介入的对象不明确，不知道具体对谁开展服务介入活动。在第（1）和第（3）项设计中涉及服务对象的母亲和父亲，在第（2）项设计中涉及服务对象的父亲、母亲和爷爷。因为对不同的人没有做出明确的区分，所以服务介入的着力点显得混乱不清。好的服务介入切入点应该清晰、明确，对父亲做什么、母亲做什么、爷爷做什么一目了然。

除了对谁开展社会工作服务介入活动需要具体化之外，对社会工作服务介入的内容也需要具体化，具体到社会工作者可以直接在实务场景中做出来。例如，"结合社会工作者自己辅导的经验，调动服务对象学习的兴趣和积极性"。在这项服务介入切入点的设计中，社会工作者就没有明确指出在接下来的服务介入活动中将运用自己什么方面的辅导经验。这样，在实际的专业服务介入活动中，就会出现服务介入活动模糊不清的现象。我们来看一看下面这些社会工作服务介入切入点的设计，注意关注它们是否可以具体操作。

案例 3.11

（1）肯定和鼓励服务对象喜欢将快乐带给他人的良好愿望，提醒服务对象应该选择他人喜欢的方式；

（2）鼓励服务对象和母亲一起做一些力所能及的家务，改善服务对象与母亲之间的沟通交流；

（3）肯定服务对象在数学方面的能力，继续加强服务对象学习数学的动力以及细心品格的培养；

（4）肯定和鼓励服务对象希望提高学习成绩的愿望，调动服务对象改变的动机；

（5）推动服务对象的父母亲关注服务对象的愿望，并且给予服务对象一定程度上的满足，调动服务对象的学习兴趣。

分析案例 3.11 可以发现，在第（1）项社会工作服务介入切入点的设计中，社会工作者没有明确说明"选择他人喜欢的方式"指的是什么；在第（2）项服务介入切入点的设计中，只是模糊地提到"做一些力所能及的家务"；在设计第（3）项服务介入切入点时，没有具体说明数学方面的什么能力；第（4）项服务介入切入点的设计与第（3）项类似，"希望提高学习成绩的愿望"太宽泛，没有说明具体的科目和程度；第（5）项服务介入切入点的设计更为模糊，像"关注服务对象的愿望"、"给予服务对象一定程度上的满足"等，都缺乏具体的说明。可以想象，这样的社会工作服务介入切入点的设计是无法在实际生活中实现的。

在实际的专业实践活动中，有了具体化的服务介入的内容还不够，还需要进一步说明怎样实现这些内容，即方式的具体化。例如，"肯定服务对象在数学方面的计算能力，并且把它作为推动服务对象提高对数学应用题的理解能力的动力，将数学计算方面的成功经验运用到数学中的其他方面"。在这项服务介入切入点的设计中，社会工作者对于如何提高数学方面的学习了解得非常清楚，从数学的计算能力着手，接着转向数学应用题的理解能力。这样的服务介入切入点就能保证社会工作者在专业实践活动中做到心中有数。我们来看一看下面案例中的几项社会工作服务介入切入点的设计，注意分析这些设计是否做到了方式的具体化。

案例 3.12

（1）肯定服务对象在语文学习方面记忆能力强的特征，增强服务对象学习的信心，协助服务对象把语文学习中良好的记忆能力转移到对数学的学习中；

（2）推动服务对象的母亲查看服务对象的作业，并且帮助服务对象听写生字，发现服务对象的能力、优势和进步，降低母亲的焦虑和担心；

（3）鼓励服务对象敢于表现自己，增强服务对象在生活中的自信；

（4）发动服务对象以及同一个全托班里的同学组成一个竞争性的学习小组，通过适度的竞争，激发服务对象学习的动力。

在案例 3.12 中，社会工作者在设计第（1）项社会工作服务介入切入点时，没有明确说明如何"协助服务对象把在语文学习中良好的记忆能力转移到对数学的学习中"；在第（2）项服务介入切入点的设计中，也没有具体解释如何"推动服务对象的母亲查看服务对象的作业"；第（3）项、（4）项服务介入切入点的设计也一样，没有具体说明如何"鼓励服务对象敢于表现自己"以及如何"发动服务对象以及同一个全托班里的同学组成一个竞争性的学习小组"。这样，虽然社会工作者在专业实践活动中知道要做什么，但不知道怎样做出来，最终无法保证服务介入活动的顺利开展。

由于社会工作服务介入活动是一个不断将改变积累起来的过程，因此社会工作者在设计服务介入切入点时，还需要明确服务介入的方向，即每次服务介入活动希望达到的结果以及接下来的发展方向。这样，下一次服务介入活动就能以此为基础进一步推动服务对象往前走，将不同时段的服务介入活动连接起来，形成一个有机的整体。我们来看一看下面案例中的两项社会工作服务介入切入点的设计。

案例 3.13

（1）联系服务对象的英语老师，了解服务对象在课堂上的表现以及老师的上课方式；

（2）服务对象希望得到老师的表扬，会因为老师的表扬而非常高兴，所以我们可以把这一点作为激励她做出改变的动力。

分析案例 3.13 可以发现，社会工作者在设计社会工作服务介入切入点时，只关注这一次服务介入活动的效果，看不到这一次服务介入活动与下一次服务介入活动之间的连接，服务介入的方向不明确。这样，很容易导致服务介入活动之间相互割裂、出现重叠等现象，影响服务介入的总体效果。显然，要做到服务介入切入点的具体化就需要明确四个方面的内容：对谁做、做什么、怎样做以及朝什么方向做。

六 寻找容易改变的服务介入切入点

服务介入切入点太少，固然会让社会工作服务介入活动受到限制；但服务介入切入点太多，也容易导致社会工作服务介入活动散乱无力。当社会工作者面对多个服务介入切入点时，就需要进行筛选，从容易做的着手。[①] 例如，"鼓励服务对象的母亲采取丰富多彩的形式与服务对象进行沟通交流，如做游戏、讲故事、下棋或者询问服务对象近期的愿望等，增强家庭成员之间的情感交流"。在这项服务介入切入点的设计中，涉及多个服务介入切入点："做游戏"、"讲故事"、"下棋" 和 "询问服务对象近期的愿望" 等。显然，社会工作者很难在一次服务介入活动中尝试所有这些服务介入切入点。因此，社会工作者就需要向自己提出一个问题："这些服务介入切入点中哪个容易一些？哪个难一些？"从容易做的着手就能够比较顺利地走进服务对象的生活，发掘和调动服务对象的能力和资源。

通常情况下，服务对象在改变过程中面临两方面的任务：一是发掘和调动以往的成功经验和能力；二是学习和发展新的经验和能力。事实上，社会工作者开展专业服务介入的过程就是帮助服务对象发掘和调动以往的成功经验、培养和发展新的能力的过程。特别是在服务介入的初始阶段，让服务对象从能做的开始，找到适合于自己的学习新的经验的方式和途径，这一点非常关键，它是专业实践活动是否能够顺利开展的保证。我们来看一看下面案例中的社会工作服务介入切入点的设计，注意体会社会工作者在设计中所坚持的原则。

---

① O'Hanlon, W. H. & Weiner-Davis, M. (1989). *In Search of Solution: A New Direction in Psychotherapy.* New York: W. W. Norton & Company, p. 39.

案例 3. 14

（1）鼓励和肯定服务对象上课主动回答问题的行为表现，增强服务对象学习的信心；

（2）通过玩一些服务对象喜欢玩的益智的趣味游戏，如数字游戏、故事接龙等，增强服务对象对学习的兴趣和动力；

（3）告诉服务对象老师很喜欢她，让服务对象在老师面前多一点自信。

在案例3.14的第（1）项社会工作服务介入切入点的设计中，社会工作者遵循了从"能做的开始"的原则，利用了服务对象"上课主动回答问题"的成功经验，以增强服务对象学习的信心。但是，这样做同时也在增加服务对象面对失败的风险。学习信心提高之后，如果面对挫败的能力没有改善，失败的风险就会提高。第（2）、第（3）项的社会工作服务介入切入点的设计也类似，社会工作者只关注如何发掘和调动服务对象以往的经验和能力，像"玩一些服务对象喜欢玩的益智的趣味游戏"、"告诉服务对象老师很喜欢她"等，没有注意协助服务对象学习和发展面对困难的新的经验和能力。这样，必然导致服务对象对困难的回避和忽视。从服务对象能做的开始，并不意味着只做服务对象已经能做的，而是以服务对象以往的经验和能力为基础，帮助服务对象找到有效的学习途径和方法来应对日常生活中的困难和挑战。

第二节　设计服务介入的策略

通过注意维持能力和困难之间的平衡、兴趣爱好和外部要求之间的平衡、服务对象的改善与周围他人的改善之间的平衡以及关注服务对象和周围他人的成功经验，并且将服务介入切入点具体化、寻找容易改变的服务介入切入点等措施，社会工作者就能把自己投入到服务对象的处境中，设计清晰、明确的服务介入切入点，找到影响服务对象的着力点。接着，社会工作者就需要面对社会工作服务介入计划中的第二部分内容——服务介入策略的设计，即如何发掘和调动服务对象和周围他人的能力和资源。服务介入策略和服务介入切入点不同，它是对整个案例资源运用的总体把握，而服务介入切入点只是针对即将面临的下一次介入活动而言的。简单地说，服务介入切入点是社会工作专业实践活动开展的起点，而服务介入策略则是社会工作专业实践活动开展的基本途径。

一　运用整体的视角调动服务对象的能力

在实际的专业实践活动中，初学的社会工作者很容易仅仅从字面的意思理解调动服务对象的能力，把能力的调动等同于已有能力和资源的发掘。这样，就会导致整个服务介入策略倾向于已有能力的发挥，忽视"问题"的消除。我们来看一看下面这个案例，注意体会社会工作者是怎样设计社会工作服务介入策略的。

案例 3.15

服务对象是小学一年级的男生，8 岁。社会工作者针对服务对象的实际生活状况设计了如下改善服务对象个人生活状况的服务介入策略。

"调动服务对象的兴趣爱好和成功经验，包括背诵古诗、查多音字、听英语磁带等；发掘服务对象的潜在动机和成功经验，包括表现欲强、喜欢被老师表扬、这学期以来在考试中所取得的进步和强烈的改变愿望等；使服务对象自身具备的良好素质表现出来，如记忆力好、学习动力强等，培养服务对象良好的学习习惯。"

在案例 3.15 中，社会工作者把服务介入的焦点集中在服务对象的能力——兴趣爱好、成功经验、潜在动机和良好的素质上。正像仅仅关注服务对象的"问题"一样，仅仅关注服务对象的能力也会让社会工作者无法全面了解服务对象，使服务介入活动缺乏中心，甚至可能出现失去与服务对象以及周围他人合作的基础，因为他们最关心的"问题"在社会工作者的服务介入计划中没有体现出来。从服务对象自身的改变而言，只关注能力，就会增强服务对象对"问题"的回避。在这样的服务介入策略指导下，专业实践活动是无法顺利展开的。能力的发挥自然是为了消除"问题"，但怎样协调服务对象的能力发挥和"问题"解决之间的关系，这需要社会工作者细心体会。我们来看一看这个案例中的服务介入策略的设计。

案例 3.16

服务对象是小学五年级的女生，12 岁。社会工作者发现，服务对象有一个令周围人很头痛的"问题"：做作业抄袭答案。因此，针对服务对象面临的困难，社会工作者设计了如下社会工作服务介入的策略。

在个人层面，服务对象平日的兴趣爱好并不是很多，主要集中在看电视和上网听歌上。可以尝试利用服务对象喜欢听歌、学唱歌的特点调动她的兴趣，如让服务对象给爸爸、妈妈唱歌等，希望通过这样的活动增进服务对象与父母亲之间的沟通交流。服务对象具有善良、关心他人等良好品格，通过逐渐培养服务对象好的学习习惯，改掉抄袭答案的行为习惯。

分析案例3.16可以发现，社会工作者在设计社会工作服务介入策略时，注意到了服务对象"问题"——抄袭答案，但怎样将"问题"的消除与服务对象的能力发挥结合起来，却没有明确说明，从而很容易产生这样的结果："问题"消除归"问题"消除，能力发挥归能力发挥，两者"井水不犯河水"。在这里，社会工作者需要转换观察视角，不要把能力和"问题"对立起来，立足于服务对象的日常生活，从更深层次的内涵来看"问题"的消除："问题"的消除只是服务对象日常需要的一部分，通过"问题"的消除过程帮助服务对象更好地发掘和调动自身的能力，安排好日常生活。

协助服务对象运用已有的能力和资源学习新的东西可以在不同层面上展开，既可以调动服务对象的兴趣爱好，增强服务对象的改变愿望，也可以调整服务对象的认知，培养服务对象更为准确的分析和判断能力；当然也可以改善服务对象的行为方式，协助服务对象形成良好的行为习惯。因此，服务对象的学习涉及三个不同心理层面的改善：信仰价值、意识和无意识，而且这三个心理层面是相互关联的。[①] 有了改变的愿望就需要转变成明确的行动计划，有了明确的行动计划就需要转变成具体的行动，有了具体的行动就需要转变成改变的愿望。只有这样，社会工作者才能够协助服务对象运用已有的能力和资源快速、有效地学习新的东西，并在学习新的东西的过程中更好地了解自己的能力和资源。我们来看一看下面案例中的社会工作服务介入策略的设计，注意三个不同心理层面之间的联系。

案例 3. 17

服务对象是小学三年级的女生，9岁。平时，服务对象比较喜欢体育活动，不喜欢学习，学习成绩不理想。相比较而言，服务对象的英语略微好一

---

① 童敏：《社会工作实务基础——专业服务技巧的综合与运用》，北京：社会科学文献出版社，2008，第126~127页。

些。社会工作者在考察了服务对象的日常生活状况之后，在服务对象的个人层面制定了如下服务介入的策略。

帮助服务对象发掘自身的能力和优势，调动服务对象改变的信心和动力，如肯定服务对象在体育方面所取得的成绩，肯定服务对象在学习英语上所付出的努力以及服务对象按时作息的好习惯，增强服务对象改变自己的信心和愿望；鼓励服务对象在英语课上主动回答问题，增强服务对象学习英语的兴趣，进一步强化服务对象提高英语成绩的愿望；改善服务对象在课堂上的表现，使其能够积极发言，主动融入课堂；改变服务对象的学习习惯和做题的方式；肯定服务对象活泼的性格和善解人意、关心他人、自理能力强等良好品质。

在案例 3.17 中，社会工作者不仅关注"调动服务对象改变的信心和动力"，"增强服务对象学习英语的兴趣"，同时也强调"改变服务对象的学习习惯和做题的方式"、"改善服务对象在课堂上的表现"等。但是，明显忽视了所制订的行动方案的内容，使得改变愿望的增强与具体的行动之间缺乏紧密的连接。当然，在设计社会工作服务介入策略时，不一定需要以增强服务对象的改变愿望为重点，也可以把制订具体的行动方案作为中心，或者直接以推动服务对象采取具体的行动为重点。具体以什么心理层面的改变为重点，完全取决于案例的实际情况。但是，不管什么情况，在社会工作服务介入策略的设计中通常涉及三个不同心理层面的改变。如何保证三者之间相互促进成为衡量社会工作服务介入策略是否有效的关键因素之一。可见，所谓整体的视角不仅要求能力的调动和困难的应对之间保持平衡，同时还要求三个不同的心理层面之间相互促进。

二　注意运用家庭成员的能力和资源

家庭是服务对象的重要生活场所之一，尤其在中国，当服务对象遇到困难的时候，通常首先寻求家庭成员的帮助。服务对象的"问题"，从某种程度上说，就是家庭的"问题"。帮助服务对象解决"问题"的过程其实就是协助服务对象和家庭成员一起克服困难的过程。因此，调动家庭成员的能力和资源是社会工作服务介入策略中不可忽视的一部分。我们来看一看下面这个案例，社会工作者在协助服务对象改变的过程中把家庭成员也视为重要的资源。

案例 3.18

服务对象是小学一年级男生，7 岁。父母亲发现，服务对象在适应学校的生活上存在一定困难，不论在学习上还是生活上，似乎都不如同龄的孩子。于是，父母亲决定花更多的精力和时间帮助服务对象。社会工作者根据服务对象的实际生活状况制定了如下社会工作服务介入的策略，希望充分利用服务对象的家庭资源。

肯定和鼓励服务对象对父母亲的关心，如他想让父亲少吸烟，会帮母亲倒垃圾，等等，增加服务对象与父母亲的沟通交流，让他们更好地了解各自的努力和进步，体会彼此的压力；肯定父母亲的努力和付出，特别是母亲，需要给予必要的情感上的同理和支持，在一定程度上减轻母亲的压力，降低她对未来的担心；协助父母亲学会及时发现服务对象的进步和成长，增强父母亲对服务对象的信心，降低他们的期望值；增强父母亲之间的沟通交流，使他们彼此给予对方适当的支持，并且慢慢学会在服务对象的培养上相互配合。

在案例 3.18 中，社会工作者通过两种途径发掘和调动服务对象父母亲的能力和资源：一方面，"增加服务对象与父母亲的沟通交流"，让彼此更加了解；另一方面，"肯定父母亲的努力和付出"，"协助父母亲学会及时发现服务对象的进步和成长"，"增强父母亲之间的沟通交流"，让父母亲能够给予服务对象更多的支持。显然，社会工作者认识到了服务对象父母亲的改变对服务对象发生改变的作用。可惜的是，在发掘和调动服务对象的家庭资源的过程中，社会工作者并没有深入探寻父母亲在与孩子沟通交流的过程中拥有什么样的成功经验、改变的愿望以及面临什么困难。服务对象父母亲之间的交流也一样，也缺乏对成功经验和面临困难的探讨。这样，服务对象父母亲的感受和想法等无法得到社会工作者的关注，他们也就很难真正融入社会工作者设计好的专业实践活动中。调动家庭成员的有效方法是社会工作者主动走进家庭成员的生活，就像对待服务对象一样把自己投入到对方的处境中用心体会对方的真实感受。对每一位家庭成员都需要给予足够的关注，并且围绕服务对象的"问题"，看一看每位家庭成员对自己的生活有什么打算、有什么成功经验，需要面对什么困难和压力，并且协助家庭成员安排好自己的生活。

由服务对象的"问题"所导致的各种冲突，需要社会工作者给予特别的关注。在这些冲突中，家庭成员的不同要求和愿望才能呈现出来，社会工作者才能有机会协助家庭成员面对和处理相互之间的冲突，从而使他们学会发掘和运用自身的能力和资源。例如，服务对象喜欢玩电脑，母亲认为这会妨碍孩子的学习，父亲则认为孩子在完成作业的情况下玩玩电脑也可以。这个时候，玩电脑成了连接父母亲和孩子的重要事件，显现出服务对象和家庭成员的不同看法和理解。社会工作者可以问服务对象的母亲：不让孩子玩自己感兴趣的电脑，孩子有什么反应？怎样安排才能让孩子的学习更加有效？帮助母亲整理自己的成功经验以及需要面对的困难。同时，社会工作者也可以问服务对象的父亲：怎样让孩子更有效地完成作业？怎样让孩子的学习和兴趣相互促进？并且与父亲一起总结其中的成功经验和需要克服的困难。这样，就能通过玩电脑这个事情将服务对象的母亲和父亲的能力发掘和调动起来。由于初学的社会工作者常常把社会工作的任务视为消除冲突，因此很多情况下不愿意看到家庭成员之间的关系紧张。这样的策略必然使社会工作者无法深入家庭成员的内心，当然也就很难充分调动家庭成员的能力。实际上，生活中的冲突在所难免，社会工作者所要做的是借助冲突让家庭成员更好地了解自己和对方，消除冲突中的对立。

　　由于专业实践活动的时间和其他方面的限制，社会工作者在调动家庭成员的能力和资源的时候，需要有所侧重，不能对每位家庭成员都花费同样的精力。一般情况下，社会工作者可以首先选择从最愿易合作的人、最容易合作的事开始。[①] 例如，孩子在学习中遇到困难时，母亲的担心更多，社会工作者就可以首先选择母亲作为主要的合作者；如果母亲最为担心的是孩子的学习成绩，社会工作者就可以以此作为专业实践活动的起点。这样，社会工作者就能够比较顺利地走进服务对象的家庭，围绕服务对象的"问题"发掘和调动家庭成员的能力和资源。我们来看一看下面这个案例，注意体会社会工作者在调动家庭成员的能力时所运用的策略。

案例 3.19

　　服务对象是小学一年级的女生，7 岁。服务对象的学习是整个家庭最担心的事，主要由母亲负责，爷爷有时也会给予指导，而父亲平时忙着做生

①　Anderson, T. (1992). "Reflections on Reflecting with Families." In S. McNamee & K. J. Gergen (eds.), *Therapy as Social Construction* (pp. 54–68). London: Sage Publications, p. 62.

意。社会工作者根据服务对象的家庭情况制定了如下服务介入的策略，希望能够充分发掘和调动服务对象家庭成员的能力和资源。

肯定和鼓励服务对象的父母亲和爷爷给予服务对象必要的关心和支持，鼓励他们多关注服务对象的兴趣爱好（比如，进一步关注服务对象喜欢玩什么、去哪里玩、喜欢和谁玩等）；在服务对象取得进步时给予表扬和奖励，增强服务对象与父母和爷爷之间的沟通交流，帮助他们看到彼此的进步和努力，并且能够相互肯定、相互支持；给予服务对象的父母亲情感上的支持，并在服务对象的父母亲觉得困难的问题（比如服务对象的英语学习、耐心方面）上给予关注和重视，减轻服务对象父母亲的压力，增强他们对服务对象的信心；增强服务对象的父母亲和爷爷在孩子教育方法上的沟通交流，使他们彼此了解各自的想法和要求，在服务对象的教育问题上互相配合。

分析案例 3.19 可以发现，虽然社会工作者非常重视调动服务对象家庭成员的能力和资源，并且还根据家庭成员的状况在服务介入策略上将服务对象的父母亲和爷爷做了区分，但忽视了父亲和母亲在孩子教育上的不同作用。显然，谈起服务对象的学习，母亲更愿意与社会工作者合作，而且涉及的内容也会更深入、更具体，可以作为服务介入活动的重要合作者。尽管母亲和爷爷都关心服务对象的学习，但两个人关心的内容和要求有所不同，也需要做进一步的区分，以便在专业实践活动中使他们相互配合。同时选择多个合作者可以增强社会工作服务介入的效果，但也对社会工作者提出了更高的要求。

三　积极发掘和调动家庭之外的资源

服务对象的改变不仅需要家庭内的资源的支持，也需要家庭之外的资源的支持，需要社会工作者给予关注。例如，对于学生来说，学校的生活就是重要的资源的一部分，特别是班主任老师，他们不仅直接督促学生学习，而且还负责管理学生在学校的生活；对于成年人来说，工作单位就是很重要的生活环境，好朋友、好同事通常能够为服务对象的发展提供重要的支持。我们来分析一下下面这个案例，注意理解社会工作者在设计服务介入策略时是怎样发掘和调动家庭之外的资源的。

案例 3.20

服务对象是小学四年级的女生，10 岁。虽然服务对象的学习成绩不好，不喜欢与同学交往，但是班主任语文老师仍然非常关心她的学习和生活。社会工作者在对服务对象的日常生活状况进行评估后，制定了如下社会工作服务介入的策略，希望能够发掘和调动服务对象学校的资源。

联系服务对象的班主任，了解服务对象在学校的表现，特别是她与同班同学交往的状况，如下课时间、体育课期间与同班同学的交往状况；同时了解服务对象在语文学习方面的强项和弱项，鼓励班主任对服务对象的语文强项给予肯定，以增强服务对象学习的信心；如果服务对象在其他科目上有所进步，也联系班主任，希望她能够在班上表扬服务对象；联系服务对象的数学老师，让她能够在适当的时候肯定服务对象的口算能力。

在案例 3.20 中，社会工作者注意到了服务对象在学校生活中的资源，如服务对象的班主任老师、数学老师和同学等，希望借助发掘和调动这些家庭之外的资源促进服务对象发生有效的改变。仔细分析案例 3.20 可以发现，社会工作者只是把班主任老师、数学老师和同学作为服务对象改变的外部条件，根据服务对象的改变要求争取周围他人的支持，服务对象是整个服务介入活动的中心。这样的服务介入策略虽然在表面上发掘和调动了家庭之外的资源，但实际上是无法获得周围他人的认可的，因为在服务介入策略中忽视了周围他人自身的真实感受和观察视角，使他们无法成为社会工作者的真正合作者。

家庭之外资源的发掘和调动不仅涉及服务对象与家庭之外社会成员之间的交往，而且也包括家庭内部成员与家庭外部成员的沟通。同样，加强家庭内部成员和外部成员的连接不是简单地为服务对象的改变创造有利的条件，而是通过解决服务对象的"问题"让每一位参与的成员都能了解如何发掘和调动自身的能力和资源，创造一种更好的社会支持的方式，是一种双赢甚至多赢的策略。因此，社会工作者在设计服务介入策略时，也要像对待服务对象那样对待家庭内部和外部的成员，帮助他们总结和学习如何发掘与调动自身的能力和资源。我们来看一看下面这个案例，注意分析社会工作者是如何加强家庭内部和外部之间的连接的。

案例 3.21

服务对象是小学二年级的女生，8 岁，生活在单亲家庭中。由于服务对象的母亲认为自己文化水平比较低，再加上自己孩子的学习成绩不好，平时很少主动与班主任老师联系。社会工作者在对服务对象的生活状况进行评估后，制定了如下服务介入的策略，希望能够改善和加强家庭与学校之间的联系。

因为班主任老师比较喜欢服务对象，服务对象也很爱听老师的话，所以要加强服务对象与老师之间的沟通交流，鼓励服务对象有问题主动找老师问，逐渐学会敢于主动与老师交流；同时肯定班主任老师想与服务对象的家长进行沟通的意愿，鼓励服务对象的母亲多和老师交流，及时了解服务对象在学校的表现，发现服务对象的进步，并及时给予肯定；利用老师在服务对象心中的权威地位增强服务对象改变的动力，并将老师的监督与母亲的监督结合起来，发掘老师和母亲两方面的优势以促进服务对象的进步，提高服务对象的学习成绩。

在案例3.21中，社会工作者不仅关注服务对象的家庭外部资源的调动，像"加强服务对象与老师之间的沟通交流"等，同时也非常注重改善服务对象的家庭内部成员和外部成员之间的沟通交流，让家庭内部的资源与外部的资源整合起来。例如，"肯定班主任老师想与服务对象的家长进行沟通的意愿"、"鼓励服务对象的母亲多和老师交流"以及"发掘老师和母亲两方面的优势以促进服务对象的进步"等，都体现了社会工作者在设计服务介入策略时将服务对象的家庭内部资源和外部资源视为一个整体的想法。可惜的是，在社会工作者的眼里，家庭内部和外部资源的调动只是为了给服务对象的改变创造一个更为有利的条件，而老师和母亲自身的想法和感受却没有很好地体现出来。这样的服务介入策略在实际的专业实践活动中很难得到老师和母亲的积极回应。

细心的读者会发现，我们在解释社会工作服务介入策略的设计时，是根据服务对象个人、家庭内部和家庭外部依次展开的，但是在实际的专业实践活动中并不存在从个人到家庭再到家庭外部的假设，而需要根据服务对象和周围他人的实际情况确定介入的层次和次序。不管情况怎样，社会工作者所要坚持的原则是：借助服务对象的"问题"解决过程，协助每一位参与其中的人发掘和调动自身的能力和资源。

第三节　确定服务介入的步骤

运用整体的视角调动服务对象的能力、注意运用家庭成员的能力和资源、积极发掘和调动家庭之外的资源，这些原则和方法是社会工作者设计有效的服务介入策略的保证，它帮助社会工作者在专业实践活动中充分发掘和调动各方的能力和资源。在明确了服务介入策略之后，社会工作者接着就需要进一步制订服务介入的步骤，即确定社会工作服务介入活动分为几个阶段，每一阶段需要花费多长时间。合理的时间安排是社会工作服务介入计划的基本要求之一。不仅服务对象的改变需要时间，社会工作服务介入活动本身也需要时间，它是一个逐渐展开的过程。

一 根据服务介入策略确定服务介入步骤

当社会工作者确定了服务介入策略时，就需要从时间的角度考察服务介入策略的实现方式，分析服务介入策略可以分为几个基本的步骤、每个步骤需要开展多少次的服务介入活动以及每次服务介入活动的具体时间安排等。时间是社会工作者的重要资源，只有合理安排好服务介入活动的时间，才有可能让社会工作服务介入计划在现实生活中实现。有效的服务介入策略应该尽可能节约时间，用最短的时间完成服务介入的任务。我们来看一看下面这个案例，注意体会社会工作者在设计服务介入策略时是如何运用时间资源的。

案例 3.22

社会工作者在对服务对象的基本生活情况进行评估后，制订了如下服务介入的基本步骤，希望能够发掘和调动服务对象的能力和资源。

整个服务介入活动主要以家庭为中心，调动服务对象的兴趣爱好，同时发掘服务对象在日常生活中或是其他方面的优势，并给予鼓励，加强她的自信；肯定母亲的改变愿望，并协助她将愿望转变为具体的行动，和服务对象一起拟订出一个合理的生活、学习安排；提醒母亲及时关注和肯定服务对象在学习过程中表现出来的好的方面，并且对服务对象自主学习的行为给予必要的奖励，以巩固和促进服务对象自主学习的动力；在生活方面，让母亲找一些基本的家务交给服务对象去做，并且鼓励她独立完成；鼓励母亲主动与老师联系，加强家庭与学校之间的连接。

仔细阅读案例 3.22 可以发现，社会工作者并没有把服务介入的策略与时间条件结合起来，从时间的角度规划服务介入活动的基本步骤。例如，社会工作者可以把上面的计划分为三个基本步骤：第一步，调动服务对象的兴趣爱好，发挥她的优势；第二步，增进母亲与服务对象在学习方面的支持关系，增强服务对象自主学习的能力，同时培养服务对象在生活上的独立能力；第三步，鼓励母亲与老师联系，增强家庭与学校之间的沟通交流。当然，这样的区分是比较初步的，还需要配上服务介入的次数，如完成第一步预计要有两次服务介入，第二步预计要有三次服务介入，第三步预计要有两次服务介入，等等。这样，无论是社会工作者还其他人员，一看就知道这个案例能分为几个阶段去做，每个阶段需要几次服务介入活动以及需要完成什么任务。当然，还有另一个方面需要补充，就是每次服务介入活动的基本时间安排。

初次参加专业实践活动的社会工作者因为缺乏专业实践活动的经验，不习惯或者无法从时间的角度将服务介入策略转化为服务介入的步骤，而往往以开展服务活动的一般时间特征规划服务介入策略。例如，按照服务介入活动的一般划分方法——启动、扩展、巩固、结束等——设计服务介入的任务。如果这样做，服务介入的时间安排就会流于形式，无法切合服务对象的具体情况和要求。我们来看一看下面案例中社会工作服务介入步骤的设计，注意社会工作者是否能够充分调动服务对象的能力和资源。

案例 3.23

社会工作者首先观察和评估服务对象的需要，然后根据评估的结果设计服务介入计划，其中包括以下服务介入步骤。

从 11 月 10 日到 12 月 1 日，这三周为服务介入的启动阶段，以个人和家庭为中心，推动服务对象以及整个家庭在某些方面有所改善，重点是家长与孩子之间沟通交流方式的改善，暂不介入家长之间的关系。

从 12 月 2 日到 12 月 23 日，这三周为服务介入的扩展阶段和巩固阶段，改善服务对象与同学以及老师的关系，整合服务对象个人、家庭、学校和社区的资源，并且使个人、家庭、学校和社区四个方面相互促进。

在服务介入的扩展和巩固阶段，社会工作服务介入的重点将转移到家庭之外的资源的发掘和调动上。主要涉及两个方面：一是服务对象的亲属。让服务对象的亲属关注服务对象的改变，肯定服务对象的进步，对服务对象的改变要有信心，为服务对象的发展和父母亲的改变提供更多的社会支持。同时，让服务对象和父母亲对亲属的关爱和鼓励给予积极的回应，加强亲属之间的情感支持和交流。二是服务对象的老师。让老师关注服务对象改变的愿望，肯定服务对象已经取得的进步，为服务对象创造更多的表现机会。增强学校和家庭之间的连接，将服务对象在家庭中学到的新的成功经验运用到学校，并且将服务对象在学校的进步及时反馈给家长，促进家庭和学校之间的良性循环。

从 12 月 24 日到 12 月 31 日，这一周为服务介入的结束阶段，主要任务是评估服务对象的改变状况，帮助服务对象总结和巩固在服务介入活动中学到的新的经验。

分析案例 3.23 可以发现，社会工作者在设计社会工作服务介入步骤时依据的标准是服务活动开展的时间阶段，并且根据每一时间阶段制定需要完成的任务。这样，服务介入活动的基本步骤就分为：启动、扩展和巩固、结束等。这样的服务介入步骤不仅无法按照发掘和调动服务对象能力的要求安排服务介入的时间和焦点，而且也无法关注各服务介入步骤之间的连接和整合。因此，它很难在实际生活中实现。

在设计社会工作服务介入步骤时，另一种常见的现象是，依据服务介入活动的范围确定服务介入的步骤。例如，以个人和家庭为界线确定服务介入活动的任务和时间安排，明确服务对象个人做什么、家庭成员做什么以及家庭之外的成员做什么。这样的安排让人一目了然，但是容易忽视服务对象与周围他人之间复杂的互动关系。我们来看一看下面这个案例，注意分析社会工作者如何设计更为合理的服务介入步骤。

案例 3.24

社会工作者根据案例的情况把社会工作服务介入步骤分为以下两个阶段。

第一阶段，以家庭为核心。大概需要 3~4 次服务介入，主要从以下 5 个方面开展服务介入活动：①调动服务对象的学习动机，并和服务对象一起探讨适合她的学习方法；②在母亲的监督下对"作业完成情况进行记录"，并且以此来调动服务对象学习的主动性；③社会工作者带动服务对象发展听说故事等兴趣，并以此来加强服务对象的语言表达能力以及与妹妹的互动交流；④让父母亲及时发现服务对象的进步，并且增强他们对服务对象改变的信心，改善他们之间的沟通方式；⑤鼓励姑姑带服务对象出门多见见不同的场合，以锻炼服务对象的胆量，增进她们之间的沟通交流。

第二阶段，以学校为重点。大概需要 2 次服务介入，主要从以下 2 个方面开展服务介入活动：①在服务对象取得进步的基础上，增强老师对服务对象改变的信心，并建议老师继续给予服务对象鼓励和肯定；②鼓励服务对象在发展了多方面兴趣的基础上主动和同学交往，尤其是住在本楼的那几个同班同学。

在案例 3.24 中可以看到，社会工作者根据服务介入活动的范围设计了服务介入的步骤，将社会工作服务介入步骤分为两个阶段：第一阶段以家庭为核心，第二阶段以学校为重点，虽然以家庭为核心的服务介入活动又分为五个方面，但这五个方面缺乏内在的连接，不知道哪个方面在前哪个方面在后，怎样从前面的介入方面转到后面的介入方面。学校的服务介入活动的设计也一样，相互之间缺乏连接。更为明显的分割表现在家庭和学校服务活动的安排上，家庭的改变成了学校改变的基础。这样单向的因果分析逻辑与实际生活相悖。而且，在以家庭为核心的服务介入活动中，五项服务介入活动不分先后，这样的安排很容易让社会工作者不知所措，因为在实际的服务介入活动中社会工作者无法同时顾及那么多方面的服务介入活动，只能抓到什么算什么。

二　注意各服务介入步骤之间的连接和整合

随着服务介入活动的开展，服务对象与周围他人的互动交流关系就会发生相应的变化，这种变化的规律是社会工作者制订服务介入步骤的依据。也就是说，社会工作者在制订社会工作服务介入步骤时，首先需要根据最愿意合作的人和最容易改变的方面确定第一步服务介入的任务和时间，接着根据因社会工作介入而产生的变化选择好最佳的影响服务对象改变的焦点以及相关的任务，确定第二步服务介入的任务和时间；第二步服务介入活动也会带来服务对象及其周围他人的改变，依此明确第三步、第四步……的服务介入的任务和时间。社会工作服务介入步骤具有流动变化的特点，是根据服务对象发展变化的规律调动服务对象的能力和资源的过程。我们来分析一下下面这个案例中的服务介入步骤，看一看可以怎样将服务介入步骤制订得更为合理一些。

案例 3.25

由于服务对象对社会工作者的帮助采取抗拒的态度，在制订服务介入步骤时，社会工作者特意放慢了服务介入的步伐，注重与服务对象建立信任关系。

服务介入活动的前面三周注重与服务对象在游戏过程中建立信任关系，希望在这个过程中可以自然而然地为服务对象进行功课辅导。如果可能的话，就在接下来的活动中增添服务对象在与母亲互动交流中的表达机会，特别是在挫折环境中让服务对象表达自己不愉快的感受，并且推动服务对象的母亲发生相应的改变；同时与服务对象的姐姐建立信任关系，减轻服务对象姐姐的学习压力，并且对服务对象父亲的教育方式进行深入的了解。

　　分析案例 3.25 就可以发现，社会工作者在设计服务介入步骤时，除了前三周服务介入活动的步骤安排比较清晰之外，各服务介入步骤之间的区分并不明确，任务也不清晰，看不到服务介入活动的流动感。如果把前三周的服务介入活动作为服务介入活动的第一步，它的主要任务就是"与服务对象在游戏过程中建立信任关系"，"自然而然地为服务对象进行功课辅导"。一旦第一步的目标实现之后，如何改变对服务对象日常学习的监督和指导方式就变得非常重要。这时，就可以把服务对象的母亲作为服务介入的焦点，与母亲一起总结指导教育孩子的经验，寻找克服困难的具体方法。当然，也可以"增添服务对象在与母亲互动交流中的表达机会"，但不能把它作为第二步的核心任务。如果服务对象的母亲的教育方式发生了一定的改变，接下来，服务对象的改变空间就会增大，对服务对象的兴趣爱好的发掘和学习习惯的调整就需要获得更大的关注。当然，这同时也会涉及服务对象的姐姐和父亲，需要他们做出适当的调整。这样，就可以把对服务对象的兴趣爱好的发掘和学习习惯的调整作为服务介入活动的第三步，同时配以与服务对象的姐姐的信任关系的建立以及对服务对象父亲的教育方式的深入了解。这样制订的服务介入步骤才能符合服务对象发展变化的规律，使服务对象的能力和资源被充分调动起来。

　　将各服务介入阶段有机地连接起来，做到这一点还不算是一个合理的服务介入步骤。社会工作服务介入活动还有另一个重要的特征：累积性，即前一阶段的服务介入活动需要成为下一阶段的服务介入活动的基础，不断向前累进。这向社会工作者提出了另一个挑战：在设计服务介入步骤时，除了需要考虑本阶段服务介入的焦点和任务之外，同时还需要将以前阶段的服务介入活动的效果维持下去。我们来看一看下面这个案例，注意分析社会工作者如何将不同阶段的服务介入活动连接起来不断推动服务对象发生积极的改变。

案例 3.26

社会工作者在发掘和调动服务对象的家庭资源时，设计了以下服务介入步骤。

以家庭为核心，调动服务对象父母亲的资源，分为以下几个步骤：第一步，通过让服务对象和母亲一起做家务等形式，让服务对象的母亲看到服务对象改变的意愿，缓解服务对象与母亲之间的冲突。第二步，发挥服务对象数学方面的能力，调动服务对象的学习兴趣，鼓励服务对象自主完成作业，尝试改正抄袭作业答案的习惯。同时，协助母亲监督服务对象的学习，让母亲看到服务对象的进步，提高母亲对服务对象改变的信心。第三步，与母亲一起总结如何发挥服务对象数学方面的能力，增强母亲对服务对象优势能力的关注度。同时，和母亲以及服务对象一起探讨怎样提高令服务对象感到困难的语文写作的水平。第四步，通过让服务对象给父亲读书等方式来提高服务对象的语文学习兴趣，增强服务对象的阅读和写作能力，同时也让父亲更多地关注服务对象的学习，增强父母亲在教育子女方面的沟通交流。

在案例3.26中，社会工作者把调动服务对象父母亲的资源的任务分为四个步骤，每一步的服务介入活动不仅为下一步的服务介入活动的展开提供条件，而且每一步的服务介入活动都是以前阶段服务介入活动的延伸。例如，第二步发挥服务对象数学方面的能力，就是第一步缓解服务对象与母亲之间的冲突的延续；第三步与母亲一起总结如何发挥服务对象数学方面的能力，是第二步的扩展；第四步增强父母亲在教育子女方面的沟通交流，则是在第三步基础上的发展。社会工作者在设计服务介入步骤时，让服务介入的每一步都有机地连接起来，一步一步地推动服务对象不断地成长。可见，社会工作服务介入步骤是不断推动服务对象往前走的过程，虽然每一步服务介入活动的焦点和任务都有所变化，但其内涵却始终是一致的：选择最佳的位置和方式协助服务对象发掘和调动自身的能力与资源。

三　合理安排每一次服务介入时间

虽然每次社会工作服务介入的具体内容都需要根据当时的实务场景做出调整，但社会工作者在设计服务介入计划时，还是需要根据服务介入的步骤对每次服务介入的时间有一个大致的安排，以保证服务介入基本任务的完成，避免服务介入过程中的盲目性。我们来看一看下面这个案例中的服务介入时间的安排。

案例 3.27

经过两次对服务对象需要的观察评估，社会工作者发现服务对象的主要困难表现在学习方面，于是确定了如下服务介入的时间安排。

服务介入的时间安排具体定为每周周六早上 9 点开始对服务对象进行入户辅导，每次服务活动的时间为 1.5～2 小时，其中辅导家长特别关注的服务对象学习中的主要弱点——日记写作或者数学——20 分钟左右，其他功课 30 分钟左右；其余时间社会工作者与服务对象的父亲或者母亲进行沟通交流。服务对象的奶奶听不懂普通话，但社会工作者会尽量通过服务对象的父亲和她交流，了解情况。

分析案例 3.27 中的社会工作服务介入的时间安排就可以发现，社会工作者把每次服务介入活动的时间定为一个半小时至两个小时，其中 50 分钟用于辅导服务对象的功课，其余的时间用于与服务对象的父母亲进行沟通交流。服务对象父母亲的希望是社会工作者能够帮助他们改善服务对象的学习状况，提高他的学习成绩；而社会工作者的服务介入的时间安排则更注重与父母亲的沟通交流。这样，随着服务介入活动的展开，社会工作者与服务对象的父母亲之间的冲突就会加剧。服务介入的时间安排需要根据服务介入步骤的任务和要求来确定，一方面要避免随意性，防止出现临时想到什么就做什么的现象；另一方面也要避免过分仔细，使服务介入计划缺乏必要的弹性。怎样才算一个合理的服务介入时间安排呢？就是服务介入的时间安排能够实现服务介入的基本任务，并且能够配合服务介入活动改变的节奏。

在服务介入的时间安排中，社会工作者除了需要关注具体的内容之外，还需要关注前后的时间顺序。不同的时间顺序意味着不同的服务效果。同样是游戏活动，如果放在服务介入的开始阶段，那么它的效果就是调动服务对象的兴趣，改善服务介入的气氛；如果放在服务介入的中间阶段，那么更常见的目的是为了减轻服务对象的疲劳，转移服务对象的注意力；如果放在服务介入的结束阶段，则更多地需要体现总结什么、运用什么和强化什么等元素，使服务对象所学的新的知识和新的行为得到巩固。我们来看一看下面这个案例，注意分析社会工作者是如何安排服务介入的时间的。

案例 3.28

服务对象是一位小学三年级的学生，10 岁。他的最大"问题"是做作业拖拖拉拉，缺乏主动性，对学习没有兴趣。社会工作者在观察评估了服务对象的需要之后，确定了相应的服务介入的时间安排。

　　社会工作者计划每周六到服务对象家里进行一次入户服务介入活动，每次服务介入的时间大约一个半小时（周六早上 9：00～10：30）。其中 45 分钟的时间用于辅导服务对象的功课，其余的时间用来与服务对象以及他的母亲（或其他重要他人）沟通交流。

　　具体来说，服务介入的时间安排如下：①前 10 分钟主要是和服务对象以及他的母亲（如果他父亲在的话，最好）聊一下服务对象在这一个星期内的表现，让服务对象的母亲了解服务对象在学校里的具体情况以及服务对象的进步，增进服务对象与母亲的沟通交流。②接下来是 20 分钟的游戏时间。社会工作者与服务对象一起玩一些游戏，目的是为了增进服务对象的时间意识，增强服务对象集中注意力的能力，以帮助服务对象更有效率地完成功课。如果可能，也可以适时地将服务对象的母亲（或哥哥）引入游戏活动中，让母亲（或哥哥）与服务对象一起完成游戏活动。这样，服务介入活动结束后，服务对象的母亲（或哥哥）仍然可以帮助服务对象。③辅导服务对象的功课 45 分钟左右。了解服务对象这一个星期在学习上的进步，适时给予鼓励和肯定，增强服务对象学习的兴趣和自信心，找到适合服务对象的学习方式，加快服务对象完成作业的速度，培养他独立学习的习惯。④辅导完功课之后，在剩下的十几分钟内，让服务对象与父母亲（主要是母亲）在一起聊一下服务对象今天的表现，肯定服务对象的进步，或者让服务对象和同伴一起玩，了解服务对象与同伴的相处方式。

　　在案例 3.28 中，社会工作者特意在辅导服务对象的功课之前，加入 20 分钟的游戏活动。但是，这样的游戏安排，对于做作业拖拖拉拉、学习缺乏主动的 10 岁孩子来说，正好强化了他对学习的讨厌和回避。而这个时候开始辅导功课，自然会增加服务对象与社会工作者之间的冲突，提高了服务介入的难度。之后的与父母亲的沟通交流，也很难达到社会工作者所希望达到的目标。如果把游戏活动放在功课辅导之后，舒缓服务对象的学习压力，或者把游戏活动与学习内容结合起来，提高学习的趣味性和互动性，这样的安排更有利于调动服务对象的能力。为了调动周围他人的能力，社会工作者在服务介入时间安排中也会留出专门的时间给周围他人，像案例 3.28 就把服务介入活动前十分钟和功课辅导结束后的十几分钟用于调动周围他人能力的。不过，需要注意的是，在日常生活中，"语言沟通"太长很容易让人生厌，更为有效的方式是与服务对象或者周围他人一起解决一个"问题"或者开展一项活动，把沟通交流放在具体的活动中。

四　融合专业社会工作服务于日常活动中

初次参加社会工作专业实践活动的社会工作者通常都有一个明确的愿望，希望自己的服务介入设计符合专业社会工作的要求。因此，在安排社会工作服务介入活动的时间时，有意无意地把社会工作服务介入活动的安排与服务对象的日常活动区分开来，突出专业性。这样很容易导致社会工作专业服务与服务对象的日常生活对立起来。我们来看一看下面这个案例，注意分析社会工作者在确定服务介入时间安排时，如何处理专业社会工作服务与服务对象日常生活之间的关系。

案例 3.29

服务对象是小学一年级的女生，平时在家爱哭闹，爱发脾气，在学习方面也存在比较大的困难。社会工作者根据服务对象的情况确定了如下服务介入的时间安排。

计划每周到服务对象家里进行一次入户服务介入，每次大约 1 小时 40 分钟，其中用于语文识生字、写字及听写 20 分钟，数学 15 分钟，英语 25 分钟；其余时间社会工作者与服务对象进行多种形式的交流，比如玩游戏，让服务对象画画，或者让服务对象带社会工作者一起去小区玩，等等。在每次服务介入中争取用 40 分钟的时间与服务对象进行学习以外的沟通，培养服务对象的耐性，调整服务对象的情绪表达方式，如爱哭闹、爱发脾气等，并且及时和服务对象的父母亲以及老师沟通交流。

分析案例 3.29 可以发现，社会工作者在确定社会工作服务介入的时间安排时把它分为两个部分：1 个小时的功课补习和 40 分钟的性格培养及情绪调整，两者互不相干。这样的安排把服务对象平时的功课补习与性格培养及情绪调整的社会工作专业服务对立起来，而在实际生活中情况正好相反，在学习的安排、完成过程中就涉及性格的培养和情绪的调节。如果把这两部分的活动结合在一起，除了可以节省服务介入的时间、提高服务介入的效率之外，还可以将专业社会工作服务与服务对象的日常活动结合起来，让社会工作专业服务扎根于服务对象的日常生活中。

专业社会工作服务与服务对象的日常生活融合的一个很重要的表现，是加强服务对象与周围他人的沟通交流，建立和扩展服务对象的社会支持关系。这样的要求在服务介入的时间安排上也会有所体现，例如，把服务介入的部分时间专门用于调动周围他人的能力。我们来看一看下面这个案例中社会工作服务介入的时间安排，注意分析社会工作者是如何处理服务对象的改变与周围他人的改变之间的关系的。

案例 3.30

服务对象是小学一年级的女生，学习成绩不好。虽然父母亲很关心服务对象的学习，但是由于他们自己的受教育水平比较低，因而不知道怎样指导和管理服务对象的学习。社会工作者根据服务对象及其父母亲的要求确定了相应的社会工作服务介入的时间安排。

计划每周到服务对象家里进行一次入户服务介入，每次 2 个小时。其中，巩固识字（读、写拼音，听写所学过的课文中的生字，背诵课文）30 分钟，数学辅导 20 分钟，英语辅导 20 分钟；其余的时间，社会工作者与服务对象及其父母亲进行沟通交流，适当的时候把服务对象的舅公也拉入互动交流中。

（1）在巩固识字的 30 分钟里，注意肯定服务对象的记忆力，激发服务对象学习拼音的兴趣和爱好，并且帮助服务对象克服在朗读时咬字不准的困难；同时关注服务对象的进步，降低服务对象父母亲的压力和焦虑。

（2）在随后的 20 分钟的数学辅导中，注意培养服务对象良好的学习习惯，端正服务对象的学习态度，找到适合服务对象的学习方式；同时帮助服务对象复习学过的课程并预习将要学习的课程，培养服务对象在算数方面的能力，增强服务对象的学习独立性。

（3）在 20 分钟的英语辅导中，肯定服务对象对英语的爱好，鼓励服务对象大声朗读，帮助服务对象更准确地发音，引导服务对象树立在学校主动举手回答老师的提问的信心和勇气。

（4）争取每次有 45 分钟左右的时间与服务对象及其父母亲、舅公进行必要的互动交流，改善服务对象周围的社会支持系统，充分利用周围环境可利用的资源。因为服务对象的父母亲和舅公一致反映服务对象在家里比较顽皮，不听家长的话，所以在互动交流的过程中鼓励服务对象耐心地听家长把话讲完，用恰当的方式表达自己的情绪。

在案例 3.30 中，社会工作者在每次服务介入活动中把 45 分钟左右的时间用于调动和改善服务对象周围他人的社会支持系统，从而与服务对象的功课辅导明确区分开来。很明显，这样的服务介入的时间安排把周围他人的改变视为服务对象改变的外部条件。实际上，无论服务对象的语文学习、数学学习还是英语学习，都需要家长的监督和指导。服务对象学习方式的改变，不仅是服务对象自身的生活变化，同时也需要周围他人在教育方式上的改变，否则，服务对象的改变就会缺乏长久的动力。因此，周围他人支持系统的调动和改善需要跟随服务对象改变的节奏，穿插在服务对象的学习过程中，让两者相互促进。社会工作专业服务是在服务对象的日常生活中展开的，与服务对象的日常活动结合得越紧密，对服务对象的影响就越大。

第四节　明确服务介入的目标

根据服务介入策略确定服务介入步骤、注意各服务介入步骤之间的连接和整合、合理安排每一次服务介入时间、融合专业社会工作服务于日常活动中，只要坚持这些原则和方法，社会工作者就能制订出合理的社会工作服务介入步骤。接下来，社会工作者将面临社会工作服务介入计划设计中的最后一项任务：明确服务介入目标，即确定社会工作服务介入活动最终希望达到的理想状态。

一　避免以服务对象为中心

由于服务对象是求助者，而且很多时候服务介入活动会围绕着服务对象展开，这样很容易让社会工作者产生一种错觉：服务介入的目标需要直接和服务对象的改变连接起来，甚至认为社会工作服务介入的目标就是服务对象的改变目标。我们来看一看下面这个案例中服务介入目标的设计，注意分析社会工作者在设计中所坚持的基本原则。

案例 3.31

在设计社会工作服务介入计划时，社会工作者非常注重服务对象的改变和发展，把以下几点内容作为服务介入的目标。

（1）巩固服务对象已有的改变和进步；

（2）帮助服务对象培养良好的学习习惯，能够自觉、专心地完成作业，提高学习效率；

（3）帮助服务对象提高学习成绩，减轻服务对象的厌学情绪；

（4）帮助服务对象学会用恰当的方式表达自己的想法和情绪，采取更为积极的方式应对生活和学习中的困难，不要总是用哭这种方式来面对。

在案例3.31中，社会工作者在设计社会工作服务介入目标时，除了目标不够明确、具体之外，如"已有的改变和进步"、"良好的学习习惯"、"提高学习成绩"以及"用恰当的方式表达自己的想法和情绪"等的含义不明确、具体，还有另一个重要特征：只涉及服务对象的改变和发展。在实际生活中，服务对象的学习和生活状况的改善需要家长、同伴、老师以及其他周围人的支持。如果没有周围他人的支持，服务对象的改变是很难巩固和维持的。周围他人的改变也需要包括在服务介入的目标内，与服务对象的改变同样重要。但是，怎样将服务对象与周围他人的互动关系结合到服务介入目标中，并不是一件简单的事情。我们来分析一下下面案例中的社会工作服务介入的目标，注意社会工作者是怎样将服务对象的改变与周围他人的改变连接起来的。

案例3.32

由于专业实习指导老师一再强调服务对象的改变与周围他人的改变之间的关联，社会工作者在设计服务介入目标时，希望同时包括服务对象和周围他人改变的内容。

（1）增强服务对象学习时的注意力，帮助服务对象提高语文、数学和英语的学习成绩；

（2）帮助服务对象改正一些不良的学习习惯，努力寻找适合服务对象的学习方法，调动服务对象学习的兴趣与动力；

（3）改善服务对象与父母亲之间的沟通方式，使他们之间的对话交流更为积极；

（4）缓解服务对象母亲的压力，帮助母亲关注服务对象的优点和长处，并且能够给予服务对象更多的肯定和支持；

（5）增加服务对象的父亲与服务对象之间的交流，鼓励他给予服务对象更多的关注。

分析案例 3.32 就可以发现，社会工作者在设计服务介入目标时，同时注意到了服务对象和周围他人的改变，目标的第（1）、第（2）项是针对服务对象的，第（3）、第（4）项是为了促进服务对象与母亲之间的沟通交流的，第（5）项是为了增强服务对象与父亲之间的相互支持的。虽然服务对象母亲和父亲的改变也成为服务介入目标的一部分，但是他们自己的要求和经验却没有受到社会工作者的关注，只是作为服务对象改变的条件。这样的设计只是从服务对象的角度来要求周围他人，没有真正体会周围他人的感受和要求。

二 注重以服务对象的发展为主导

依据服务对象的"问题"来确定服务介入的目标，这是很多初次参加社会工作专业实践活动的社会工作者所坚持的原则。例如，"降低服务对象对英语这门课程的厌恶程度"、"消除服务对象负面情绪的表达方式"等，社会工作者把服务介入活动的焦点锁定在服务对象"问题"的解决上。但是，这样的服务介入目标只是修补服务对象的"问题"，并没有发掘和调动服务对象的能力。如果社会工作者转换一下视角，从服务对象发展的角度来看服务介入的目标，就可以把"降低服务对象对英语这门课程的厌恶程度"细分为两个方面：①调动服务对象在英语学习中某方面的能力；②协助服务对象应对英语学习中某方面的困难。"消除服务对象负面情绪的表达方式"也一样，也可以进一步细化为能力的调动和困难的解决两个方面。这样，就能把服务对象的"问题"解决和能力的调动结合起来，通过"问题"解决过程，发掘和调动服务对象的能力，以服务对象的发展为主导。

如果服务对象是学生，他（她）的主要任务就是学习，但学习并不是服务对象的整个生活，何况服务对象的学习也和其他方面有着紧密的联系。因此，在设计服务介入目标时，社会工作者需要保持一种开放的态度，从服务对象日常生活的整体来理解服务对象的要求。我们来看一看下面这个案例，注意分析社会工作者在设计服务介入目标时可以怎样更全面地理解服务对象的要求。

案例 3.33

服务对象是小学五年级的女生，12 岁。令父母亲不安的是，服务对象的学习成绩总是排在班级的最后几名。为此，老师经常批评服务对象，要求服务对象的父母亲加强管理和监督。社会工作者在评估服务对象的需要的过程中，服务对象的父母亲一直抱怨服务对象的学习，希望社会工作者能够给予帮助和支持。根据服务对象及其父母亲的要求，社会工作者制定了服务介入目标，具体内容如下。

（1）鼓励服务对象勇敢面对语文学习中作文写作方面的困难，舒缓服务对象的压力，并且与服务对象一起寻找提高作文写作水平的方法；

（2）积极发挥服务对象想象力丰富的特点，逐渐培养服务对象对语文阅读的兴趣，提高语文学习的积极性；

（3）加强对服务对象学习的管理和监督，使服务对象在按时完成作业的基础上减少抄袭的行为，逐渐使服务对象培养起好的学习习惯；

（4）在提高语文学习成绩的同时，兼顾数学和英语（如服务对象喜欢英语歌），逐渐提高各科的学习成绩。

在案例3.33中，我们可以看到，社会工作者在设计服务介入目标时，只关注服务对象的学习，只注重服务对象学习方面能力的调动和发挥。这样设计的服务介入目标虽然能够满足服务对象及其父母亲的要求，但是很难充分调动服务对象的兴趣爱好。如果社会工作者希望服务介入目标能够真正切合服务对象的日常生活，就需要问自己：服务对象的学习方面的困扰是怎样影响他（她）的日常生活的？怎样协助服务对象安排好日常生活？服务对象学习方面的改善一定会影响生活的其他方面，只有保持各方面要求的平衡，才能充分发掘和调动服务对象的能力。服务对象的生活永远是一个整体。

以服务对象的发展为主导并不是排斥周围他人的要求；相反，与周围他人进行积极的互动交流恰恰是服务对象健康发展不可缺少的一部分。在实际生活中，服务对象的改变总会影响周围他人，周围他人的改变也会影响服务对象。让两者形成积极的互动关系是制定合理的服务介入计划的关键。我们来看一看下面案例中社会工作服务介入目标的设计，注意分析社会工作者是如何体现以服务对象的发展为主导的原则的。

案例3.34

由于服务对象的性格与父母亲以及爷爷之间的互动交流方式密切相关，社会工作者在设计服务介入目标时，强调在家庭成员的沟通交流过程中开展服务介入活动。

（1）改善服务对象与父母亲、爷爷之间的沟通交流方式，帮助服务对象的父母亲和爷爷树立服务对象会改变的信心，降低服务对象的恐惧和担心程度，改善服务对象遇到困难就向他们哭闹、要脾气的情况；

（2）鼓励服务对象的父母亲和爷爷在吃饭以及其他独立生活能力的培养方面对服务对象进行有效的引导，加强对服务对象的鼓励和支持，减少负面消极的交流方式（如奚落、打骂等），从而增进整个家庭成员之间的沟通交流。

仔细分析案例3.34可以发现，社会工作者在设计服务介入目标时，为了既照顾到服务对象的需要，又能关注服务对象的父母亲和爷爷等周围他人的要求，把改善服务对象与父母亲和爷爷之间的沟通交流方式作为服务介入的焦点，一方面改善服务对象"遇到困难就向他们哭闹、要脾气的情况"，另一方面加强周围他人"对服务对象进行有效的引导"，以改进整个家庭成员之间的沟通交流状况。这样设计服务介入目标，只是为了保证服务对象与周围他人之间不发生冲突，表面上似乎顾及到了服务对象和周围他人双方的意愿，但实际上，社会工作者只是按照自己认为的好的家庭沟通交流方式来要求服务对象和周围他人，既没有投入到服务对象的处境中理解服务对象的要求，也没有转换到周围他人的角度发掘周围他人的发展愿望。

三　设计清晰、具体的目标

设计清晰、具体的服务介入目标看上去很容易，但在实际的专业实践活动中就会发现，它远不像看上去那么简单，需要有准确的需要评估、明确的服务介入切入点以及合理的服务介入策略和步骤为基础。我们来分析一下下面案例中的服务介入目标，找一下哪些服务介入目标的设计不够清晰、具体。

案例 3.35

服务对象是小学三年级的男生，和爸爸、妈妈、姐姐住在一起。社会工作者进入服务对象的家庭之后，首先开展了需要评估，接着制定了如下服务介入目标。

（1）协助服务对象克服学习上的困难，增强其对学习的信心，并且通过重要他人对服务对象的鼓励和肯定，强化服务对象学习的动力；

（2）扩展服务对象的兴趣爱好，提高服务对象的自信心；

（3）增强服务对象与父母亲以及姐姐之间的沟通交流，使他们之间的相互支持能够得到增强。

在案例3.35中我们可以发现，社会工作者的服务介入目标的设计不够清晰、具体。例如，在第（1）项目标中，社会工作者提出"协助服务对象克服学习上的困难"。至于什么方面的学习困难，社会工作者并没有说明。在第（2）项服务介入目标中，社会工作者把"扩展服务对象的兴趣爱好"作为具体的服务介入目标。但是，没有明确解释把什么方面的兴趣爱好作为服务介入的目标。在第（3）项服务介入目标中，也存在类似的情况，社会工作者没有具体说明增强服务对象与父母亲和姐姐什么方面的沟通交流，也没有进一步解释在什么方面增强相互之间的支持。这样的服务介入目标在实际的专业实践活动中会遇到困难，社会工作者不仅不知道在什么具体方面开展服务介入活动，而且也不知道服务介入活动朝什么方向发展。

服务介入目标的不明确不仅表现在服务介入的内容上，而且还表现在服务介入效果的程度上，即没有具体说明达到什么程度的改变。常见的表达方式有"适当"、"一定"、"基本"等，这些词无法准确地告诉社会工作者或者服务对象具体的程度。这样，当专业实践活动结束时，无论服务对象还是社会工作者，都很难判定是否实现了服务介入目标。好的服务介入目标要让人一看就明白，通过社会工作服务介入活动能够获得什么改变。我们来看一看下面这个案例，注意分析怎样保证社会工作服务介入目标清晰、明确。

案例 3.36

服务对象是小学一年级的女生，8岁，表现出来的主要困难是学习成绩差，学习习惯不好；而服务对象的父母亲平时忙着做生意，无法指导和监督服务对象的学习。社会工作者根据服务对象的实际需要制定了如下服务介入目标。

（1）帮助服务对象学会自主学习，养成基本的独立思考的习惯；

（2）促使服务对象的学习成绩有一定的进步，尤其是数学和语文成绩；

（3）改善服务对象与父母亲的沟通交流状况，为服务对象的改变和发展提供更有力的社会支持。

在案例3.36中，社会工作者根据服务对象的具体情况制定了服务介入的目标。但是，这些服务介入目标不够清晰、具体。例如，在第（1）项服务介入目标中，社会工作者强调"帮助服务对象学会自主学习，养成基本的独立思考的习惯"。除了"自主学习"的内涵不清晰以外，"基本的独立思考的习惯"也不具体，不知道怎样才算养成了"基本的独立思考的习惯"。在第（2）项服务介入目标中，社会工作者提出"促使服务对象的学习成绩有一定的进步"。"一定的进步"到底指什么程度，恐怕没有人能够说清楚。在第（3）项服务介入目标中，社会工作者希望"改善服务对象与父母亲的沟通交流状况，为服务对象的改变和发展提供更有力的社会支持"。可惜的是，社会工作者没有明确说明什么样的社会支持才算是"更有力的社会支持"。为了保证服务介入目标清晰、具体，社会工作者在设计好服务介入目标之后，需要问自己：这样的服务介入目标是否能够明确地告诉别人做什么？实现什么样的改变？

　　在实际的专业实践活动中，社会工作者经常面临这样的处境：服务对象需要面对很多困难，需要发掘的能力和资源也有很多，如果把这些内容都作为服务介入的目标，显然不现实，不仅时间不允许，而且也会让社会工作者不知道怎样取舍。面对这样的情况，社会工作者在制定服务介入目标时，就需要有所侧重，选择容易改变的作为服务介入活动的焦点，并且围绕服务介入的焦点确定服务介入的重要目标和次要目标。通常，一个案例设计 1～2 个服务介入焦点比较理想。尤其对于初次参加社会工作专业实践活动的社会工作者来说，服务介入焦点多了容易导致服务介入活动散乱。我们来看一看下面案例中社会工作服务介入目标的设计，注意体会社会工作者是如何制定各项服务介入目标的。

案例 3.37

　　服务对象是小学一年级的男生，7 岁。社会工作者在评估服务对象的需要过程中发现，无论是服务对象的父母亲还是老师都反映，服务对象在语文书写方面的能力比较薄弱，做作业比较磨蹭，上课经常迟到，不爱发言，而且个人卫生习惯不好。根据服务对象的具体情况，社会工作者制定了如下服务介入目标。

　　（1）协助服务对象改变不良的学习习惯。例如，早晨及时起床，按时上学，在规定的时间内完成作业，上课注意听讲，主动发言，不懂的及时问老师或者同学。

（2）帮助服务对象养成良好的生活习惯。例如，培养服务对象讲卫生的良好习惯，提高服务对象的自理能力、动手能力以及独立自主的精神，鼓励服务对象以积极的方式和态度应对日常生活中的压力和困难。

在案例 3.37 中，社会工作者把服务介入的目标放在"改变不良的学习习惯"和"养成良好的生活习惯"上。很明显，这两方面涉及的内容很多，包括"早晨及时起床"、"按时上学"、"在规定的时间内完成作业"、"上课注意听讲"、"主动发言"、"不懂的及时问老师或者同学"、"培养服务对象讲卫生的良好习惯"、"提高服务对象的自理能力、动手能力以及独立自主的精神"以及"鼓励服务对象以积极的方式和态度应对日常生活中的压力和困难"等。要在每次服务介入活动中都顾及这些目标不太容易；而且更为重要的是，这些服务介入目标之间缺乏连接，没有聚集的焦点，不利于社会工作者在实际场景中开展专业服务。如果社会工作者把"按时上学"和"在规定的时间内完成作业"作为服务介入的焦点，就可以根据这两个焦点安排其他各项目标，使目标一目了然，而且便于操作。当然，也可以把其他服务介入目标作为服务介入的焦点。关键是，这样的服务介入目标不仅容易实现，而且能够和其他不同的服务介入目标连接起来，使服务介入活动形成一个整体。

四 关注社会支持关系的建立和扩展

服务对象的改变离开周围他人的支持，是很难维持的。让周围他人给予服务对象更多、更有力的支持，不是简单地让周围他人加强对服务对象的肯定和鼓励，而是同时兼顾服务对象和周围他人的不同发展要求，调动服务对象和周围他人的能力。简单地说，就是用一种多个行动者的角度设计服务介入的目标。我们来看一看下面的案例，注意区分服务介入目标制定中的多个行动者的原则。

案例 3.38

服务对象是小学四年级的男生，11 岁，与父亲的关系比较紧张。父亲总觉得孩子不懂事，学习不用功，做作业拖拖拉拉，而且每次期末考试总是班级倒数第一，让他丢尽面子。社会工作者了解了服务对象及其父亲的要求后，制定了如下服务介入目标，希望能够改善服务对象与父亲之间的相互支持关系。

（1）让服务对象的父亲看到服务对象在日常生活中的能力和优势，如服务对象比较懂事，服务对象不需要监督就能够自行完成一些事情，增加服务对象父亲的信心，降低他对孩子教育方面的担心；

（2）鼓励服务对象的父亲在一些微小的方面做出调整，改变对服务对象的教育方式，让他尽量用孩子的眼光来看待孩子的成长，而不是用在公司中指导员工的方式教育孩子。

分析案例3.38可以发现，社会工作者在设计社会工作服务介入目标时，把增强社会支持理解为以服务对象的改变为中心，推动周围他人（父亲）给予服务对象更多的支持。显然，这样的服务介入目标的设计只有一个中心——服务对象，周围他人只是服务对象改变的外部支持条件。如果希望把以服务对象为中心的服务介入目标转变成多个行动者的服务介入目标，社会工作者就需要避免急于给服务对象的父亲布置"增强对服务对象的社会支持"的任务，而是转到服务对象的父亲的角度，了解服务对象的父亲在教育服务对象的过程中遇到了什么困难、他是怎样应对这些困难的，并且和服务对象的父亲一起总结成功的经验和需要面对的困难，让服务对象的父亲带领社会工作者。

在设计多个行动者的服务介入目标的过程中，初学的社会工作者经常把服务对象与周围他人的互动关系作为服务介入的焦点，要求双方做出相应的调整，增进相互之间的沟通交流。例如，"增加服务对象、父母亲和老师三方之间的交流和配合，建立良好的社会支持关系"。在这项服务介入目标中，社会工作者把服务对象、父母亲、老师三方沟通交流状况的改善作为建立和加强社会支持关系的核心。这样做虽然维持了三方沟通交流的平衡，但忽视了沟通交流中不同人的想法和感受。当然，也很难谈得上社会支持关系的建立和加强。

服务介入目标是社会工作者借助具体的服务介入切入点，通过运用服务介入的策略，经过服务介入的不同步骤后，希望达到的理想结果。它与服务介入计划其他三部分的内容紧密相联，是一个有机的整体。任何成功的社会工作专业服务介入活动都需要有一个清晰、明确的服务介入计划作为指导，否则，服务介入活动就会像断了线的风筝，走到哪里算哪里，很难谈得上"专业"。

第四章
服务介入的启动

制订好了服务介入计划，社会工作者就要把计划的内容熟记在心，知道这个案例从什么地方着手（服务介入的切入点）、调动什么方面的能力和资源（服务介入的策略）、通过哪几个步骤（服务介入的步骤）、达到什么目标（服务介入的目标）。然后，社会工作者就需要把服务介入计划放在一边，让自己全身心地投入到对方的处境中和对方一起面对和处理面临的困难和挑战。这就是服务介入的启动阶段，它是真正意义上的社会工作者直接影响服务对象或者周围他人、开展专业服务介入活动的初始阶段。

第一节 迅速融入服务对象的日常生活

走进实际的服务场景，社会工作者常会遇到的第一个难题是：怎样迅速融入服务对象的日常生活中？实务场景中经常出现与服务介入计划不一样的意外情况，是选择坚持服务介入计划，还是放弃服务介入计划？实际上，要选择的不是服务介入计划，而是怎样走进服务对象的日常生活，理解服务对象的要求，找到推动服务对象改变的真正起点。

一 投入服务对象现在的生活

社会工作者不像心理咨询师，很多时候需要主动走入服务对象的实际生活场景开展专业服务。因此，在约定见面的时间和地点时，需要特别留意服务对象日常生活的节奏，避免打乱服务对象日常生活安排。这样安排不仅有利于与服务对象迅速建立相互信任的合作关系，而且也便于社会工作者观察和了解服务对象在日常生活中的要求，以服务对象现在的生活为

起点开展专业服务活动。我们来看一看下面这段社会工作者与服务对象的
见面记录。

案例 4.1

　　服务对象是小学三年级的女生，9 岁。社会工作者在与服务对象及其家
人约定家访的时间时，只说了一个大致的时间，没有明确说明几点。

　　社会工作者走进服务对象的家门，发现服务对象不在家，就与服务对象
的母亲寒暄了几句。服务对象的母亲很热情地招待了社会工作者，还赶紧叫
正在外面玩的服务对象回家。在母亲的一再催促下，过了一会儿，服务对象
很生气地走进家门，开始拨弄电视的遥控器，根本不在意社会工作者的来访。

　　在案例 4.1 中，我们看到了打乱服务对象日常生活安排的直接结果是：服
务对象很生气，排斥社会工作者，不想和社会工作者合作。当然，更为重要
的是，这个时候社会工作者很难走进服务对象的日常生活，了解服务对象在
日常生活中的真实要求。如果确实遇到因社会工作者的疏忽而产生不愿意合
作的现象，社会工作者就可以给服务对象一定的时间安静下来，让服务对象调
整自己的情绪。不过，从根本上说，社会工作者在安排第一次面谈时需要放弃
这样的念头：社会工作者是为服务对象提供帮助的人。实际上，对服务对象而
言，最有效的帮助是社会工作者协助服务对象安排好他们自己的日常生活。

　　有时，实务场景中会出现一些意外的情况，甚至与预先设计好的服务介
入计划正好相反，妨碍专业服务活动顺利展开。在这样的处境下，对任何社
会工作者来说都是一次考验。由于事先缺乏准备，社会工作者很容易按照预
先设计好的服务介入计划的要求，把服务对象拉回到原先的改变轨道上。但
是，这样的策略费时费力，而且很容易导致与服务对象的对立和冲突。我们
来看一看下面这个案例，社会工作者遭遇了与预先设计好的服务介入计划不
同的实际情况。

案例 4.2

　　服务对象是就读于小学四年级的男生，11 岁。根据服务对象的需要评
估，社会工作者预先设计好了服务介入计划：与服务对象一起在客厅玩游
戏，增强服务对象的人际沟通能力。

　　社会工作者来到服务对象的家中，服务对象主动给社会工作者开了门，

但开门之后又马上跑回堂哥的房间，与堂哥一起玩电脑。

社会工作者：你好！哥哥姐姐（社会工作者）来了。

（社会工作者进门后，也跟着服务对象走进服务对象堂哥的房间，发现服务对象正和堂哥玩电脑，不愿意和社会工作者说话。）

社会工作者：你好吗？记不记得上次哥哥姐姐走的时候给你布置了什么任务（社会工作者让服务对象整理自己的书架）？

服务对象：记得啊。

（服务对象跑去打开自己的房门，向社会工作者展示自己整理的书架。）

社会工作者：哇，好整齐啊！做得真好。是你自己主动整理的吗？

服务对象：是的。

社会工作者：哦，真不错！你把书架整理得这么整齐，妈妈有没有表扬你？

服务对象：没有。

（说完，服务对象又跑回堂哥的房间，接着和堂哥一起玩电脑。）

整个服务介入活动基本是在电脑旁完成的，社会工作者一直努力将服务对象的注意力从电脑上转移过来，但发现很困难，没能完成计划所要求的任务。

分析案例 4.2 就可以发现，社会工作者在开展服务介入活动中感觉非常吃力，是因为从服务介入活动一开始，开展服务的场景就与他们预想的不同——不是在客厅，而是在服务对象堂哥的电脑旁。于是，整个服务介入活动就在关注怎样将服务对象的注意力从电脑上转移过来，从而陷入与服务对象的角力中，无法完成预先制定的任务。如果社会工作者能够放弃自己的服务介入计划，以服务对象目前的实际处境为关注的焦点，主动融入服务对象的日常生活，整个服务介入活动就会出现完全不同的情况。例如，社会工作者可以把服务介入活动开展的场景移到服务对象堂哥的电脑旁，和服务对象一起玩会儿电脑，看一看服务对象喜欢什么游戏、怎样与堂哥交流，把预先设计好的游戏的目标放在当时的活动中。一旦实务场景中出现意外情况，社会工作者需要提醒自己：计划只是一种手段，社会工作者可以放弃服务介入的计划，但不能放弃对服务对象现实生活的理解和投入。

社会工作者与服务对象之间有点儿像陪伴者与被陪伴者的关系，不管环境怎样变换，社会工作者总是跟随服务对象的步伐，站在服务对象的身旁，与服务对象一起面对生活中的困难和挑战。让服务对象带领社会工作者，这是社会工作者迅速投入服务对象日常生活的关键。我们来分析一下下面这个案例，看一看社会工作者可以怎样让服务对象带领自己走进他（她）的生活。

案例 4.3

下面是社会工作者与一位小学三年级的男生在初次见面时的一段对话。

社会工作者：（对着服务对象）你想不想去另一个英语培训班看看？

服务对象：（沉默，没有说话。）

社会工作者：你看，爸爸妈妈对你的英语很关心。你一年级没有学过英语，所以现在可能会比其他同学稍微落后一些。想不想赶上他们，跟其他同学一样会读那些字母，会用英语交谈呢？

服务对象：（低着头在玩什么，沉默。）

社会工作者：你看，姐姐（社会工作者）只能来几次，不可能给你系统地辅导英语。如果在培训班的话，会有很多小朋友陪你学习，而且也有老师手把手地教你。这样，在学校你就能慢慢赶上大家了，很快能和他们一样。而且，你现在数学已经很好了，语文又是你喜欢的，我们可以慢慢来，一起学。如果英语能提高上来，那你作业也会写得更快一些，可以有更多的时间玩，是不是？

服务对象：（继续摆弄自己手里的东西，时而在听，时而不在听，没有回答。）

在案例4.3中，社会工作者竭力劝说服务对象，希望服务对象能够去英语培训班学习。在对话的一开始，社会工作者就提出，"你想不想去另一个英语培训班看看"，没有给服务对象充分的表达空间。服务对象沉默之后，社会工作者先从服务对象父母亲的角度解释，接着再从社会工作者的角度加以说明，让服务对象感觉到更大的压力。显然，让服务对象带领社会工作者，挑战的不仅仅是技术和方法，更是基本的服务理念。不转变服务的理念，社会工作者是很难静下心来倾听服务对象的故事的。如果恰巧服务对象比较沉默、不善于表达，就需要社会工作者更加耐心。社会工作者可以先从简单的事情开始。先问"平时看什么英语书"，然后再追问"喜欢其中的什么内容"。如果服务对象主动回答，就可以继续问下去："喜欢怎样安排英语学习？"如果服务对象沉默不说话，社会工作者就需要放慢脚步，慢慢观察服务对象的兴趣和要求。

二　保持开放的态度

如果希望让服务对象带领，社会工作者就需要保持开放的态度，不管服务对象的想法和行为怎样不同，社会工作者都需要保持不评价的态度，把服务对象视为与自己一样具有不同喜好的人，走进服务对象的内心了解他们的真实想法和感受。[①] 我们看一看下面几段对话，注意思考社会工作者可以怎样保持开放的态度。

案例 4.4

场景一

社会工作者：他（服务对象）这次期中考试有进步吗？

服务对象的母亲：我还不知道，他把试卷拿给他爸看了，他不敢拿给我看。

社会工作者：不敢拿给你看？

服务对象的母亲：对，我会骂他。

社会工作者：哦。

场景二

服务对象的父亲：不过这孩子（服务对象）比较有孝心。昨天母亲节，他送给他妈妈一份礼物。

社会工作者：是啊，刚才他还跟我们说了这件事，说妈妈特别高兴。他还说，父亲节的时候，他会送爸爸一个公文包。

服务对象的父亲：（笑，点头。）

场景三

服务对象：（很小声地说）以后我下去玩的时候，你们不准跟着我去。

社会工作者：为什么呀？不喜欢姐姐和你们一起玩吗？

服务对象：总之，我就是不要你们和我下去玩。记住了没有？

---

① Anderson, H. & Goolishian, H. (1992). "The Client Is the Expert: A Not-knowing Approach to Therapy." In S. McNamee & K. J. Gerge, *Therapy as Social Construction* (pp. 23 – 58). London: Sage Publications, p. 28.

社会工作者： （若有所思）

服务对象： 今天要玩什么游戏？

社会工作者： 嗯，今天等你把作业做完，我们就一起来玩游戏，好吗？

在案例4.4的场景一中，社会工作者想了解服务对象的期中考试情况，于是问服务对象的母亲："他（服务对象）这次期中考试有进步吗？"这样的提问明显包含了偏好，希望看到服务对象的进步，使服务对象母亲的回答很容易限于"有进步"或者"没有进步"，忽视服务对象自身的努力和感受。如果社会工作者把提问变得更开放一些，例如，问服务对象的母亲"这次期中考试怎么样，难不难"，就能推动母亲关注服务对象自身的感受和面临的困难。在案例4.4的场景二中，服务对象的父亲首先提出，服务对象"比较有孝心"。社会工作者顺着父亲的思路指出，"父亲节的时候，他会送爸爸一个公文包"。在这里，社会工作者没有把表达的空间留给服务对象的父亲。如果社会工作者把提问改为"他还有哪些有孝心的表现"，服务对象的父亲就能根据自己的理解表达自己的想法和感受。在案例4.4的场景三中，面对服务对象不准社会工作者跟他下去玩的要求，社会工作者的回答是："为什么呀？不喜欢姐姐和你们一起玩吗？"这样的回答把服务对象的要求直接与社会工作者对立起来。如果社会工作者把提问改为"能告诉姐姐原因吗"或者"姐姐跟着是不是妨碍你们玩了"等，就可以避免与服务对象的对立。而面对服务对象提出"玩什么游戏"的疑问时，社会工作者可以顺着服务对象的要求，问服务对象喜欢玩什么游戏，然后，再邀请服务对象完成作业后一起玩。保持开放的态度除了用心倾听之外，还需要运用宽松的提问方式，让服务对象和周围他人有尽可能大的空间表达自己的想法和感受。

初次参加专业实践活动的社会工作者在与服务对象接触时，难免有些紧张，担心自己的提问不够专业，不够清晰，常常想在一句话中把什么都说清楚。这样，一句话中就可能有多个提问。例如，"你去看电影了？是学校组织看的，还是用这张票到电影院看的？用这张票可以便宜些吗？"我们看到，在这句话中有三个提问："去看电影了"、"是学校组织看的还是用这张票到电影院看的"、"用这张票可以便宜些吗"。面对这样的提问，服务对象一定不知道怎样回答，因为有太多的选择。更为重要的是，几个问题之间是有联系的，将几个问题合在一起，必然会引导服务对象回答"标准的答案"。一句话中同时包含三个提问并不多见，但是把两三个提问放在一起却常常可以见到。例如，"你上周的日记写得怎么样了？两篇都写完了吗？"这样的提问没有给服务对象留下充分的表达空间。如果把这个提问拆成两个——"你上周的日记写得怎么样了"和"两篇都写完了吗"，等问完第一个问题听了服务对象的回答之后，再确定问第二个问题，这样，社会工作者就可以放慢自己的脚步，保持开放的态度。

"遵守学校纪律的学生才是好学生"，"父母亲应该爱自己孩子"……在日常生活中，我们习惯于对某种行为、想法或者事件进行概括和判断。在这些概括和判断中，包含了我们自己的看法和偏好。如果不对此保持警觉，就可能妨碍社会工作者走入他人的世界中倾听、理解他人的感受和想法。我们来看一看下面案例中的对话，注意社会工作者是怎样回应对方的感受和想法的。

案例 4.5

社会工作者和服务对象的母亲在讨论教育孩子的方法。下面是社会工作者与服务对象的母亲的一段对话。

服务对象的母亲：我教育孩子的方法和他（服务对象的父亲）不同，希望孩子能够有自己的兴趣，有兴趣才能有学习的动力。而且，不能总是打骂孩子，孩子也需要尊重。

社会工作者：嗯，我觉得您很有一套自己的方法，这就是西方的教育孩子的方法。您教育孩子的方法很前卫啊！

服务对象的母亲：对啊，我的思想就是比较前卫，我希望可以和孩子一起学习。我们现在也还有很多东西要学，学了才能充实自己的生活。

分析案例 4.5 的这段对话就可以发现，在服务对象的母亲讲述了自己教育孩子的方法之后，社会工作者把服务对象母亲的教育方法概括为"西方的教育孩子的方法"，"很前卫"。这样，服务对象的母亲和社会工作者就会沿着"前卫"的教育方式展开讨论，忽视服务对象母亲在实际的日常生活场景中教育孩子的具体经验和困难，甚至可能加剧父母亲因教育孩子方式的不同而导致的紧张关系。如果社会工作者让服务对象的母亲概括自己的教育方式，例如，"你觉得你教育孩子的最大特点是什么"，或者"你刚才讲了那么多，核心的想法是什么"，就能帮助服务对象的母亲把关注的焦点转向实际的日常生活，并且根据自己的实际日常生活经验充分表达自己的想法和感受，避免概念上的无谓的争论。

三　回应服务对象的感受

要让自己融入服务对象的日常生活中，社会工作者就要用心去体会服务对象在日常生活中的喜怒哀乐，在感受层面和服务对象交流，让服务对象体会到一种被人关注、被人尊重的感受。这就是社会工作经常说的"同感"。我们来看一看下面这个案例，注意体会社会工作者是怎样回应服务对象的要求的。

案例 4.6

社会工作者与服务对象讨论上一周的学习情况，下面是社会工作者与服务对象的一段对话。

服务对象：上周五我值日，老师说，我们组完成得最好，因为其他组在打扫卫生时都没有把桌子摆好。完成得好能得到一个本子，最好的话，还有一支铅笔。

社会工作者：是哪个老师奖励你的？班主任吗？

服务对象：是。

社会工作者：班主任叫什么名字？

服务对象：王老师。

社会工作者：你喜欢王老师吗？

服务对象：有时候喜欢，有时候不喜欢。

社会工作者：什么时候喜欢？什么时候不喜欢？

服务对象：不知道。

社会工作者：是老师经常表扬你，还是老师对同学都很好？

服务对象：老师对同学都很好。

社会工作者：老师对同学们好在哪里？

服务对象：不知道。

社会工作者：那什么时候不喜欢老师呢？

服务对象：不知道。

在案例4.6中，当服务对象讲述了自己因值日负责而得到一个本子的时候，社会工作者的回应更多停留在理性层面："是哪个老师奖励你的？班主任吗？"如果改成感性一点的方式，例如，"太好了，拿来让我看看"，服务对象的反应就会不同，能够和社会工作者产生"共鸣"。接下来，社会工作者的提问，如"班主任叫什么名字"、"你喜欢王老师吗"、"什么时候喜欢"、"什么时候不喜欢"、"是老师经常表扬你，还是老师对同学都很好"、"老师对同学们好在哪里"、"那什么时候不喜欢老师呢"等，都让人有一种距离感，更像理性分析，没有走进服务对象的内心。

运用简短的句子回应服务对象的要求，是比较有效的回应感受的方式。句子一长，难免容易陷入理性的分析。在日常生活中我们都有这样的体会，两个人交流得越深入了，用的句子就越短，包含的情感就越丰富，有时甚至还需要借助身体语言来表达。我们来看一看下面这个案例中的对话，注意体会社会工作者的回应方式。

案例 4.7

社会工作者与一位离了婚的妇女谈论未来的生活安排，下面是社会工作者与这位妇女的一段对话。

社会工作者：你一个人又要照顾孩子又要上班，真的很辛苦啊！

服务对象：是啊，你看我现在，婚姻失败了，自己也不可能带两个小孩再去嫁人，所以现在能把孩子照顾好，就已经尽到自己的义务了。

社会工作者：又要管孩子的学习又要管孩子的生活已经很不容易了！

服务对象：把孩子照顾好，自己苦点，也就这样了吧。

分析案例 4.7 可以发现，虽然社会工作者对服务对象的生活压力做了回应，"你一个人又要照顾孩子又要上班，真的很辛苦啊"以及"又要管孩子的学习又要管孩子的生活已经很不容易了"，但是因为回应的句子太长，情绪的投入不够，很难和服务对象产生情感上的共鸣。如果把句子变得短一些，例如，"一个人真的很辛苦"或者"真不简单"，效果就会不同，服务对象的感受就会成为关注的焦点。在实际的专业实践活动中，社会工作者往往同时面对服务对象和周围他人，不仅需要回应服务对象，同时也需要回应周围他人，否则，就会出现强调一方的要求而忽视另一方的要求的情况，导致双方关系紧张或出现冲突。我们来看一看下面这个案例，在这个案例中，社会工作者同时与服务对象以及其母亲进行对话交流。

案例 4.8

因为逃课，母亲惩罚了服务对象，母亲向社会工作者抱怨服务对象不听话。下面是社会工作者和服务对象的母亲的一段对话。

社会工作者：老师说他最近表现怎么样？

服务对象的母亲：他那天逃课了，和另外两个同学跑到公园玩。那天，我正好路过他们学校。

社会工作者：哦，是这样。

服务对象的母亲：我到他们学校门口，想了解孩子的情况，就和老师通了电话。她问我现在在哪，我和她说就在学校门口。她让我上去，说刚好有事。我上去后才了解到，他逃课了！我真的很生气，从小到大他都没有逃过课，那天是第一次。我就当着老师和同学的面打了他，左右至少十巴掌。老师说我真的很凶。

社会工作者：（看着服务对象）当时怎么想要出去玩呢？

服务对象：（低着头，没有说话。）

社会工作者：有没有向妈妈、老师承认错误？

服务对象的母亲：有。那天，他向班主任还有我保证以后不会了。我说，你只要好好的，我一点儿都不会动你。

社会工作者：听到了吗？只要好好的，就不会打你了！

服务对象的母亲：那天之后，我就不让他和那两个同学玩了。每天早上叫他早一点起床，然后我送他上车，不让他和那两个同学一起上学。

社会工作者：你看，妈妈为了你，这几天那么早就要起床，晚上还要上班，是不是很不容易啊？

仔细分析案例 4.8 这段对话就可以发现，社会工作者在几次的对话回应中只关注服务对象的母亲，例如，当服务对象的母亲说了自己的想法——"你只要好好的，我一点儿都不会动你"——时，社会工作者的回应是："听到了吗？只要好好的，就不会打你了！"完全站在了服务对象母亲的位置上。而当服务对象的母亲说了这几天的安排后，社会工作者则只是回应了母亲的感受："你看，妈妈为了你，这几天那么早就要起床，晚上还要上班，是不是很不容易啊？"显然，这样的回应方式只会加剧服务对象与母亲之间的对抗。如果社会工作者将这样的只关注一方的回应方式转变为同时回应双方要求的方式，就能促进双方的沟通交流。例如，可以把"听到了吗？

只要好好的，就不会打你了"转换成："妈妈很着急，希望你能好好读书。当时你怎么想要出去玩呢？"这样，既能肯定服务对象母亲的要求，又能给服务对象表达的空间。

第二节　从服务对象能做的开始

借助投入服务对象现在的生活、保持开放的态度以及回应服务对象的感受等不同的方法，社会工作者就能够在服务介入的启动阶段迅速融入服务对象的日常生活，从服务对象的角度体会他们的发展要求，帮助服务对象寻找向前发展的起点。

一　明确困难

通常，可以从两个方面——面临的困难和拥有的能力——寻找服务对象发展的起点。我们先来看一看第一个方面——面临的困难。很多时候，服务对象虽然被"问题"所困扰，极力想摆脱面临的困难，但是要让他们具体说出困难是什么的时候，却不一定能够说得清楚。他们经常会说"我就是比较懒"、"我从小就是这样的"，或者把原因概括为没有办法改变的外部环境——"我父母就这样的"、"这样的环境有什么办法"等——给出一个一般、抽象的解释。当然，这个时候就需要社会工作者协助服务对象将困难具体化，了解服务对象或者周围他人具体担心的是什么。我们看一看下面案例中的两段对话，注意分析怎样将服务对象或者周围他人提出的困难具体化。

案例 4.9

服务对象是小学四年级的学生，不喜欢读书。为此，父母亲感到很无奈。以下是服务对象的母亲与社会工作者的一段对话。

场景一

社会工作者：他（服务对象）看上去不是很喜欢读书，是什么原因？

服务对象的母亲：他从小就是这样，读书不自觉、不认真。我们说他多少次了，没有用。打也打了，骂也骂了，也不改。

社会工作者：是吗，你们也花了不少心思！

服务对象的母亲：他就是不认真，我们也不知道为什么。我有一个表兄，他女儿就很听话，学习很好！平时根本不用管她，自己会认真写作业……

场景二

社会工作者：这个星期他表现怎么样？

服务对象的母亲：还好！都能完成作业。

社会工作者：平时除了让他完成自己的作业之外，您怎样安排他的学习的，或者说是怎样监督他学习的？

服务对象的母亲：也没怎么安排。我们自己的知识有限，没办法给他很好的辅导。作业完成得早了，我会让他写一写生字。然后有时间的话，就让他听写一下；如果没时间，也就算了。但是，他也不听话，不想写。有时，我就让他看一看课外书，多认识一些生字。

社会工作者：那数学呢？

在案例 4.9 的场景一中，服务对象的母亲把孩子不喜欢读书的原因归结为"他从小就是这样"，甚至认为"我们也不知道为什么"。面对服务对象母亲的疑问，社会工作者除了需要回应她的感受、体会她的压力和担心之外，同时还需要将她的困难具体化。例如，社会工作者可以这样回应："是啊，您也很希望他有一个好的未来。不过，需要一步一步来，他的基础不是很好。目前，他在学习方面的困难是什么？"从而将服务对象母亲的关注焦点集中到服务对象面临的具体困难上，寻找服务对象进一步改变的基础。在这个案例的场景二的对话中，社会工作者的表现就与场景一中的不同，而是注意围绕服务对象母亲的具体生活安排展开提问，像"您怎样安排他的学习的"等。不过，社会工作者还需要在此基础上协助服务对象的母亲找到面临的具体困难。实际上，服务对象的母亲在对话中已经提到面临的困难了，例如，"但是，他也不听话，不想写"。可惜，社会工作者没有继续朝这个方面问下去。

怎样才算具体化？就是服务对象或者周围他人讲的故事能够真正打动社会工作者，让社会工作者能够"看到"、"感觉到"他们在故事中的表现，切身体会到他们在当时场景中的具体行为、表情及其含义；如果不能，社会工作者就需要继续追问下去，直到能够真正"感觉到"为止。我们来看一看下面这个案例中的两段对话，注意分析可以怎样将"问题"具体化。

案例 4. 10

服务对象是小学三年级的男生，平时总爱欺负同学。下面是社会工作者与服务对象的父母亲的一段对话。

场景一

服务对象的父亲：他（服务对象）不喜欢出门，就待在家里玩电脑，他也就是喜欢玩电脑。

社会工作者：为什么不喜欢出门呢？是没有伙伴，还是没人带他出去？

服务对象的父亲：我们是想带他出去的，但他不喜欢。其实，他是很喜欢和其他小朋友一起玩的。关键是那些小朋友都不喜欢和他一起玩，他会侵犯别人。

社会工作者：您也不要太过担心。小孩子不懂事，吵吵闹闹的，也没什么关系吧。

场景二

社会工作者：叔叔平时喜欢什么？

服务对象的父亲：好像没什么特别的。

社会工作者：全都忙于工作了。

服务对象的父亲：我很随便的。

服务对象的母亲：是啊，他很随便的，什么都无所谓。家里做什么，他就吃什么。

社会工作者：对两个孩子有什么希望吗？

服务对象的母亲：唉，就希望两个孩子乖一点、听话一点就好了。

服务对象的父亲：是啊，听话一点就好了。

在案例 4. 10 的场景一中，服务对象的父亲提到，小朋友不喜欢和服务对象玩是因为"他会侵犯别人"。"侵犯别人"具体指什么？如果社会工作者能够抓住这一点继续问下去，就能了解服务对象面临的具体困难以及服务对象的父亲在帮助服务对象的过程中面临的具体困难。在案例 4. 10 的场景二的对话中，服务对象的母亲和父亲表达了各自的愿望：两个孩子"听话一点就好了"。服务对象的父母亲所说的"听话一点"指的是什么？社会工作者如果不了解服务对象的父母亲的具体要求，就无法找到相互合作的基础。

有些时候，服务对象和周围他人非常清楚自己面临什么困难，但是不知道怎样解决，找不到解决的途径。在见到社会工作者后，他们就会把这些"问题"抛给社会工作者，希望社会工作者能够告诉他们解决的方法。我们来看一看下面的案例，注意体会服务对象面临的具体困难。

案例 4.11

服务对象是小学三年级的男生，学习比较困难，做作业拖拖拉拉。母亲整天为孩子的学习和做作业发愁。下面是服务对象的母亲与社会工作者之间的一段对话。

服务对象的母亲：我每天为他的作业发愁，他写作业的速度很慢，晚上一直拖到很晚。

社会工作者：他一般晚上要写到几点？

社会工作的母亲：一般都要写到 11 点多吧。有时候他看着自己的作业，就靠在书桌上睡着了。

社会工作者：11 点多，阿姨您真的是很辛苦啊！如果您不一直看着他写作业，行不行？

服务对象的母亲：有时候我离开一下，他们俩兄弟就一直不停地讲话，不写作业。有时周末我一整天不在家，他们俩兄弟就一点作业都不写了。真是没办法！

分析案例 4.11 就可以发现，服务对象的母亲了解自己面临的困难：服务对象做作业拖拉，自己必须时刻监督；如果不监督，情况就会更糟。面对这样的"问题"，谁也没有办法一下子解决。社会工作者可以将这个复杂的"问题"简单化，把导致做作业拖拉的具体因素和环节分成不同的部分，从中选择容易改变的部分作为尝试的重点。明确困难所在是为了避免因为过分关注困难而夸大"问题"，或者因为忽视困难而导致出现更大的"问题"。困难永远是生活中不可忽视的一部分，重要的不是有没有困难，而是怎样面对和处理困难，明确"问题"、面对困难是个人成长过程中不可缺少的经验。

二　发掘能力

除了明确困难之外，社会工作者还可以从另一个方面寻找服务对象发展的起点：拥有的能力。正像困难一样，能力也是每位服务对象都拥有的。不过，能力经常和困难混在一起，需要社会工作者把自己投入到服务对象的处境中，仔细倾听服务对象的故事，用心体会服务对象在困难面前的尝试和努力。我们来看一看下面案例中的对话记录，注意寻找隐藏在困难中的能力。

案例 4.12

服务对象是小学三年级的女生，学习比较困难。据老师和家长反映，服务对象学习不用功、粗心、记忆力不好。下面是服务对象的母亲与社会工作者的一段对话。

场景一

服务对象的母亲： 这孩子不知怎么了，比如"仔细"这两个字，教她多少遍她都不会认。我看每次考试基本上都要考这两个字，就教了她，结果她还是不认得。后来，我就让她多抄几遍。

社会工作者： 那效果呢？

服务对象的母亲： 还是那样啊。第二天你问她她还记得，再过一两天你再问她，她就忘了。教多少遍都是这样。

社会工作者： 做妈妈的真不容易啊！除了这些不太容易记住的，有没有一些相对容易记住的？

服务对象的母亲： 有是有，不过也要教好几遍。你说，让她记住一些东西就那么难吗！

（服务对象的母亲一边说一边摇头）

社会工作者： 每个人都有自己的学习方式。对她来说，哪些相对容易些？

场景二

服务对象的母亲： 其实这孩子呀，真正让她静下心来学的时候，能把你出的题都算出来，而且还能做对。平时就是不能静下心来好好学，题目扫一遍就开始做，敷衍了事。

社会工作者： 那看来还是有静下心来的时候。阿姨，您能不能具体讲一下她什么时候能够静下心来呢？

服务对象的母亲： 那就要老师给她布置作业，我在家守着她做，老师一星期给她检查一次。她就听老师的话。

社会工作者： 那很好呀！这是一个有效的办法。

在案例 4.12 的场景一的对话中，服务对象的母亲一直强调服务对象记了就忘的特点，还例举了"仔细"这个词。但是，社会工作者并没有因此只盯着服务对象的问题，而是寻找被问题掩盖的能力："有没有一些相对容易记住的？"在案例 4.12 的场景二的对话中，服务对象的母亲无意间说到服务对象的能力："其实这孩子呀，真正让她静下心来学的时候，能把你出的题都算出来，而且还能做对。"社会工作者及时抓住了这样的对话机会，问服务对象的母亲："您能不能具体讲一下她什么时候能够静下心来呢？"从而协助服务对象的母亲深入了解服务对象在困难面前所拥有的能力。

更为直接的对能力的感受来自服务对象对成功经验的描述，例如，某件事情完成得很出色受到表扬，或者和朋友、家人交流得很愉快，或者认为自己某段时间生活得很愉快，等等。服务对象在这样的经历中能够体会到自己的价值以及被别人认可、关爱和尊重等积极感受。我们来看一看下面这个案例，注意分析怎样发掘服务对象的积极经验。

案例 4.13

服务对象是小学二年级的女生，她在和社会工作者的交流中讲到了自己在这周的愉快经历。下面是社会工作者与服务对象的一段对话。

服务对象： 我这周得了一个本子和一支铅笔。

社会工作者： 哇，好棒啊！是老师奖励的吗？

服务对象： 嗯。

社会工作者： 老师为什么要奖励你本子和铅笔呢？

服务对象： 因为我劳动很积极。

社会工作者： 你是这周什么时候得到奖励的？

在案例 4.13 中，服务对象主动提到自己这周的愉快经历："我这周得了一个本子和一支铅笔。"社会工作者立刻给予积极的回应："哇，好棒啊！"接着，社会工作者进一步提问："是老师奖励的吗？""老师为什么要奖励你本子和铅笔呢？""你是这周什么时候得到奖励的？"希望能够继续发掘这一资源。不过，这些提问太理性了一些，很难帮助服务对象重新经历和体会当时的愉快经验和感受。如果把提问变得更为感性一些，直接关注服务对象当时愉快的经历，例如问服务对象"老师怎样向同学宣布你获奖的"，或者"你能不能说一说当时你怎样上台领奖的"，服务对象就能重新体验当时愉快的经历。当然，让服务对象维持自己的兴趣爱好，也能使他们拥有积极愉快的经验。我们来看一看下面这个案例，注意分析在对话过程中服务对象表现出来的兴趣爱好。

案例 4.14

服务对象是小学二年级的女生，学习成绩一般。在服务介入的开始阶段，社会工作者希望能够调动服务对象自身的发展动力。

社会工作者：我们按老师的要求把这篇课文背一下，好吗？

服务对象：好的。

（说着，服务对象拿起桌上的书背了起来，声音不是很大。）

社会工作者：好的，这篇课文背对了。你在课文边给自己画个笑脸，好不好？

（还没等社会工作者说完，服务对象在语文书的文章旁边画了一面小红旗。）

服务对象：我爱画红旗。平时，老师都是这样要求的。

社会工作者：嗯，没事，红旗更好。我们来攒红旗好不好？每次你背书或者读书表现好的话，就画一面小红旗。我们把红旗攒起来，攒到一定数量，就能得到一份奖励，好不好？

服务对象：什么奖励？！

社会工作者：先不告诉你，到时你就知道了。

分析案例 4.14 可以发现，服务对象并没有按照社会工作者的要求画笑脸，而是根据自己的兴趣爱好画了小红旗。对于服务对象的这一兴趣爱好，社会工作者给予了及时的肯定："嗯，没事，红旗更好。"接着，社会工作者调整了自己的服务介入计划，根据服务对象的兴趣爱好提出新的方案："我们来攒红旗好不好？每次你背书或者读书表现好的话，就画一面小红旗。我们把红旗攒起来，攒到一定数量，就能得到一份奖励，好不好？"这样，就能把服务对象的兴趣爱好融入服务介入计划中，作为服务对象发展的起点，推动服务对象发生积极的改变。

需要特别留意的是，服务对象的发展起点既可以是面临的困难，也可以是拥有的能力，甚至可以同时是面临的困难和拥有的能力。实际上，在实际的专业实践活动中经常同时涉及困难和能力两个方面。重要的不仅是能够将这两个方面区分开来，而且能够跟随服务对象的发展步伐将这两个方面整合起来。如果服务对象希望解决面临的"问题"，就从困难着手，同时让服务对象看到困难中隐藏的能力；如果服务对象希望提升自己的发展空间，就从能力着手，同时让服务对象面对发展中遇到的困难。

三　从已经做到的开始

无论就服务对象面临的困难而言，还是就拥有的优势来说，从服务对象已经做到的开始，才能将改变变成轻松易行的学习过程。如果围绕着服务对象的"问题"进行分析，从"应该怎样"着手，就会忽视服务对象改变的现实基础。我们来看一看下面这个案例，注意观察和寻找服务对象已经能做的是什么。

案例 4.15

服务对象是小学三年级的女生，学习成绩不好。母亲为此伤透了脑筋，抱怨服务对象学习不用心，喜欢偷懒。下面是社会工作者与服务对象以及其母亲之间的一段对话。

社会工作者：早读课她会自己读课文吗？

服务对象的母亲：哪里会！如果老师不在旁边监督着的话，她根本不读。老师不在身边，她就把书本这样倒放着，谁知道她在干吗？

社会工作者：（对着服务对象）你有没有晨读？

服务对象：有时候有，有时候没有。

社会工作者：不晨读，那你做什么？

服务对象：（没有说话，摇摇头。）

在案例 4.15 的对话中，服务对象的母亲关注的是服务对象的"问题"："如果老师不在旁边监督着的话，她根本不读。老师不在身边，她就把书本这样倒放着，谁知道她在干吗？"而当服务对象回答"有时候有"晨读的时候，社会工作者只是关注到没有晨读的信息。如果社会工作者能够转换角度，首先关注服务对象已经开始的晨读，就能发现服务对象改变的起点，接着可以追问："如果要保持现在这样晨读，可以怎样做？"这样，社会工作者就能协助服务对象充分运用自己的能力面对和处理学习中的困难。

所谓从已经做到的开始，是指以服务对象能够做到的作为改变的起点。服务对象的判断和社会工作者不同，在社会工作者看来是简单的事情，但对服务对象来说，可能不那么简单。尤其当服务对象处于情绪困扰中时，情况更是如此。我们来看一看下面案例中的对话，注意体会服务对象面临的压力，并且设想一下社会工作者可以怎样找到服务对象已经能够做到的。

案例 4.16

服务对象是小学四年级的插班生，感到学习的压力比较大，尤其是写日记和作文，觉得没有办法应付，经常让妈妈说一句，自己写一句。下面是社会工作者与服务对象以及其母亲之间的一段对话。

（社会工作者首先让服务对象把上一周到公园玩的经历说了一遍）

社会工作者： 你可以按照刚才说的把它们写下来，那样就可以了！

服务对象： 我不知道怎么写？妈妈你教我怎么写。

服务对象的母亲： 让姐姐（社会工作者）教你写吧。

服务对象： 姐姐说的我不懂。

社会工作者： 你刚才不是说得很好吗？就把你刚才说的写下来就可以了。

服务对象：（拿着笔发愣，眼睛看着社会工作者。）

在案例 4.16 中，服务对象与社会工作者在怎样写日记上发生了冲突。在社会工作者看来，服务对象只要把自己讲的到公园玩的经历写下来就是日记了，很简单；可是服务对象仍然感到很困难，不会写，因为以前写日记的时候，都是母亲说一句，他写一句。社会工作者的要求显然超出了服务对象处理困难的习惯方式。面对这样的处境，社会工作者可以转到服务对象的角度问服务对象："你希望我们怎样教你写日记?"从服务对象已经做到的开始，逐渐在接下来的几次服务介入中增加学习的任务和要求，让服务对象慢慢适应独立完成写日记的学习要求。

从服务对象已经做到的开始，还包括尊重服务对象做事情的方式。每个人完成事情的方式是不同的，甚至同一个人在不同的时间和环境下做事情的方式也会有所不同。让服务对象按照自己喜欢的方式寻找面对和解决困难的具体方式，就能够给服务对象充分的发展空间发挥自己的能力。我们来看一看下面这个案例，注意分析怎样给服务对象充分的空间寻找解决困难的方法。

案例 4.17

服务对象是小学二年级的女生，最近学习有了一些进步，并且开始按时完成家庭作业。为了更好地帮助服务对象学习，社会工作者希望能够加强服务对象与同学之间的相互支持。下面是社会工作者与服务对象之间的一段对话。

社会工作者： 你同桌是班长，是吗？

服务对象： 是的。

社会工作者： 她的成绩应该不错吧？

服务对象： 当然，要不然选不上班长。

社会工作者： 她成绩那么好，你如果有不懂的地方，可以问她。

服务对象： 没有问过。

社会工作者： 为什么？

服务对象： 不敢问。

社会工作者： 她会骂你吗？

服务对象： 不会。

社会工作者： 那你至少可以看一看她怎么学的。以后有不懂的，也可以问问她。

在案例 4.17 这段对话中，当社会工作者建议服务对象如果有不懂的地方，可以问她的同桌时，服务对象的回答是"没有问过"。显然，在这段对话中社会工作者忽视了服务对象自己解决学习困难的方式，眼睛只盯着服务对象与同伴之间的支持，并且努力劝说服务对象接受自己的建议。这样的建议自然很难有什么效果。如果社会工作者在提出建议之前先问一问服务对象他（她）遇到这样的困难，喜欢怎样解决，那么，社会工作者就能够找到服务对象喜欢的学习方式，并且把它用于服务活动中。

第三节　与服务对象一起尝试

借助明确困难、发掘能力、从已经做到的开始等具体方法，社会工作者就能协助服务对象找到发展的起点。但是，有了发展的起点还不够，它只是告诉服务对象或者周围他人接下来需要做什么，并不能真正给他们带来具体的改变。因此，社会工作者还需要与服务对象一起尝试具体的行动，在行动中学习如何发挥和运用自身的能力和资源，面对和处理具体的困难。

一　关注服务对象的行动

面对服务对象或者周围他人的改变要求，社会工作者很容易直接提出改进的建议，希望服务对象或者周围他人了解正确的做法是什么。实际上，这样的做法在生活中很难奏效。如果服务对象或者周围他人不去亲身经历，那么他们的想法和行为方式是很难改变的。我们来看一看下面这个案例，注意体会社会工作者提出建议的方式。

案例 4.18

服务对象是小学二年级的女生，学习比较困难，平时上课不认真听老师讲课，做作业拖拖拉拉。母亲尝试过很多办法，包括打和骂，但没有什么效果。为此，母亲感到很无奈。下面是服务对象的母亲与社会工作者的一段对话。

（社会工作者看着服务对象的"家校联系表"，问服务对象的母亲。）

社会工作者：老师在这里写着"注意听讲"是什么意思？

服务对象的母亲：就是她上课不认真听讲，爱开小差。

社会工作者：哪节课不认真呢？

服务对象的母亲：语文课。

社会工作者：是什么原因呢？

服务对象的母亲：不知道，反正注意力不集中。

社会工作者：可以让她（服务对象）的同桌提醒一下。上课听讲是很重要的，这样可以减少很多回家的复习任务。

服务对象的母亲：没错，这孩子上课就是不认真。

社会工作者：也许可以拜托老师多关照一下。

分析案例 4.18 的对话可以发现，当服务对象的母亲遇到了"问题"——服务对象"上课不认真听讲"——时，社会工作者立即给出自己的建议："可以让她（服务对象）的同桌提醒一下"、"也许可以拜托老师多关照一下"。显然，社会工作者提建议太快，没有首先问一问服务对象的母亲：面对服务对象"上课不认真听讲"这个"问题"，她平时是怎样处理的。只有了解了服务对象的母亲处理困难和压力的具体方法时，社会工作者才能从中发现哪些行为是有效的、哪些是无效的，并在此基础上提出具体的行动建议。这样的建议才能符合服务对象母亲的实际生活处境，发挥她的能力。提建议的目的不是为了提供解决问题的"标准"答案，而是在有效的行为方式基础上提出具体的行动计划，推动服务对象在行动中学习新的经验。

在实际的专业实践活动中，社会工作者经常遇到这样的情况：服务对象的"问题"看起来非常复杂，一个"问题"缠着另一个"问题"，似乎没有解决的方法，让周围他人都感到头痛。如果社会工作者也希望提供解决"问题"的答案，就会发现左右为难。我们来看一看下面这个案例，案例中的社会工作者就遭遇了这样的困境。

案例 4.19

服务对象是小学三年级的男生，学习成绩不理想，经常受到老师的批评。而他的哥哥上初中，在各个方面都很优秀，学习成绩也非常好。服务对象的母亲喜欢把兄弟俩做对比，责怪服务对象学习不用功。下面是社会工作者与服务对象的母亲之间的一段对话。

社会工作者：他可能是感到压力太大了，才选择逃避的方式，所以做作业拖沓，不愿意上学。您以后可能要稍微注意一下，别在他面前太夸他哥哥了。

服务对象的母亲：我也很难做啊。他哥哥一有进步，就会跑来跟我讲，当然我就会夸奖他哥哥。大的考好了，夸奖大的，小的就不高兴；不夸呢，大的又不高兴；夸奖小的时候呢，大的又不高兴，很麻烦啊！

（服务对象的母亲无奈地摇摇头，笑了笑。）

社会工作者：是啊，这样真的很难。看来两兄弟间的竞争真的很激烈。

服务对象的母亲：是啊。

社会工作者：这样的话，无论谁输了都会不高兴的。尤其他哥哥的成绩那么好，他一定感到压力很大。

在案例 4.19 中，社会工作者希望服务对象的母亲"别在他（服务对象）面前太夸他哥哥了"。实际上，这并不能解决母亲的苦恼，不在服务对象面前夸奖他哥哥也会导致兄弟俩之间的冲突。服务对象的母亲非常清楚自己的困境，夸也不是，不夸也不是。面对服务对象母亲的苦恼，如果社会工作者转变服务介入的策略，放弃提供解决"问题"的标准答案，而是关注服务对象的母亲平时处理这些困难的具体行动，情况就会有所不同。例如，社会工作者可以问服务对象的母亲："面对孩子因为压力大选择逃避的现象，您是怎样处理的？"和服务对象的母亲一起探讨具体的应对方式，并且从中选择服务对象的母亲能做到的作为改变的起点，与服务对象的母亲一起尝试。在尝试中，逐渐帮助服务对象的母亲积累解决孩子学习困难的经验。关注服务对象的行动，说起来容易，做起来并不简单，因为我们在平时的生活中习惯于辨别谁对谁错。我们来看一看下面这个案例，注意观察社会工作者是怎样与服务对象的父母亲交流的。

案例 4.20

服务对象是小学一年级的男生，在学校学习生活适应方面存在一些困难。服务对象的父母亲均受过良好的教育，对服务对象的健康发展有自己的想法和教育原则。下面是服务对象的父母亲与社会工作者之间的一段对话。

社会工作者：叔叔，您能否总结一下教育孩子的一些成功经验？

服务对象的父亲：成功经验，怎么说呢？我就是做我能够做的事情。我就是希望他能够更好地成长。他吃饭的时候总是挑食，我就跟他姑姑说，以后放学的时候不要给他吃零食，只能给他喝牛奶或者豆奶，其他什么都不能吃。你看，现在他回家吃饭，就能够吃得更多了，不再挑食。

社会工作者：嗯，对！您这点做得很好，我也发觉他有了很大的改进。

服务对象的父亲：我们平时一直在做，希望他能够逐步养成一种好的习惯。现在我们还能管得动他，等他上初中、高中以后，我们也都老了，那时就没有办法管他了。我们这个时候要让他养成好习惯。

社会工作者：我发现您很有长远的眼光。我相信，他一定能够慢慢养成您想培养的好习惯。

服务对象的母亲：还需要坚持。

社会工作者：对，贵在坚持。

分析案例 4.20 的这段对话就会发现，当服务对象的父亲讲了自己教育孩子的想法和做法之后，社会工作者的回应停留在了观念层面上，例如，"您这点做得很好，我也发觉他有了很大的改进"，以及"我发现您很有长远的眼光"等，沟通的焦点集中在想法的对和错上，并没有将服务对象父亲的教育原则和他的具体行动连接起来。如果社会工作者改变一下沟通交流的关注焦点，把服务对象父亲的教育原则与他的实际行动连接起来，如问一下服务对象的父亲"按这样的原则教育孩子，如果孩子不愿意听，您怎么办"，这样，社会工作者就能找到服务对象的父亲在应对困难的过程中的有效方法以及困难所在。而如果沟通交流集中在谁对谁错上，不仅服务对象的父亲的成功经验得不到挖掘，而且遇到与服务对象的父亲的想法不同时，社会工作者就会和服务对象的父亲发生激烈的冲突。

二　提供具体的行动计划

每一位参加过专业实践活动的社会工作者都有这样的体会，带动服务对象改变的有效途径是向服务对象提供具体的行动计划。这个行动计划不是简单地告诉服务对象做什么，而是让服务对象了解怎样做、具体做的过程和方法。有时为了让服务对象掌握具体做的方式，社会工作者甚至还会向服务对象演示整个行动的过程。我们来看一看下面这个案例，注意分析社会工作者是怎样提出自己的建议的。

案例 4.21

服务对象是小学三年级的男生，刚从农村转入城市就读，在学校生活的适应上有点困难。下面是社会工作者与服务对象以及服务对象的姐姐之间的一段对话。

（服务介入活动进行到一半，服务对象的姐姐走了进来。）

社会工作者：你自习刚结束是吧？

服务对象的姐姐：对。

社会工作者：是这样的，前几次帮助他（服务对象）复习功课发现，他的英语虽然有了一点进步，但基础不好。不知道你对这个问题有什么想法？

服务对象的姐姐：我们老家的小学没有英语课。我开始到这里读书的时候也这样，英语跟不上。之后每天花几个小时读英语课文，背英语单词。

社会工作者：你蛮有毅力的！

服务对象的姐姐：没有办法，和同学差距比较大，他们从一年级就开始学英语。

社会工作者：（对着服务对象）对了，你每天可以多花一点时间学英语，就像你姐姐一样，以后一定能够赶上去的。

在案例 4.21 中，社会工作者在听了服务对象姐姐的经验介绍之后，向服务对象提出建议："你每天可以多花一点时间学习英语"。显然，这样的建议太抽象，没有告诉服务对象每天怎样学习英语、花多长时间、达到什么效果等。如果建议不可以操作，就需要进一步具体化，直到服务对象能够把建议转化为行动。当然，这并不是说社会工作者要像对待机器一样对待服务对象，为服务对象设计好行动的每一个具体步骤，而是说社会工作者要和服务对象一起协商如何行动，将建议转变成在日常生活中可以做出来的行动计划。

如果服务对象知道怎么做，并且对自己的行动有具体的安排，则可把焦点放在效果评估上。例如，我们在社区开展社会工作专业实践活动的过程中就遇到过这样的案例。当社会工作者问服务对象准备怎样安排自己的学习时，服务对象告诉社会工作者："我打算今天下午做 4 项作业，明天做 3 项。"遇到这样的场景，社会工作者很容易这样回答："你都计划好了，要按照计划做啊！"这样的建议很难对服务对象的改变发挥促进作用，社会工作者可以把行动计划的焦点放在完成效果的评估上，例如，什么时候完成、达到什么要求、怎样检查监督等，不仅让服务对象了解自己完成的情况，而且也让社会工作者能够准确地评估服务对象的状况。不过，需要注意的是，评估服务介入计划完成的情况只是为了确定服务对象进一步改变的起点，并不是简单地对照服务介入计划看是否达到了要求。

让社会工作者感到苦恼的是，有时即使社会工作者制订了详细的行动计划，服务对象仍会找一些借口推脱，如"没有时间"，或者"做不了"，等等，让社会工作者不知所措。面对这样的情况，社会工作者可能需要检查一下已经制订好的服务介入计划，看服务介入是否选择了微小的改变作为起点。我们来看一看下面这个案例，注意分析怎样才能保证社会工作者的建议具体有效。

案例 4.22

服务对象是小学三年级的男生，平时不喜欢学习，成绩也不理想。母亲为此伤透了脑筋，希望社会工作者能够帮助她解决这个难题。下面是社会工作者与服务对象以及服务对象的母亲之间的一段对话，目的是希望激发服务对象的学习动力。

（服务对象讲了自己所知道的有关动物的自然科学知识）

社会工作者：你很厉害啊！知道得很多，有一些我们都不了解。还有其他的吗？

　　服务对象：（兴致很高地说）眼镜蛇的头可以变得很大，它们通常用这种方式吓唬对方，保护自己……

　　（服务对象一边说，一边模仿眼镜蛇的样子。）

　　社会工作者：（笑了一下）你知道的真多啊！都可以当我们的老师了！平时有没有讲给妈妈听一听？

　　服务对象的母亲：有！他只要一看这些东西，就会着迷。

　　社会工作者：是吗？这些知识很有趣。这样的节目每天都有吗？

　　服务对象：天天都有，在云南台。

　　社会工作者：嗯，那你以后看了之后可以到学校和老师、同学讲，就像今天这样讲给我们和妈妈听一样，当一当老师！

　　服务对象：（看着社会工作者，没有说话。）

　　在案例4.22中，当社会工作者了解到服务对象对自然科学知识有浓厚的兴趣，而且愿意给妈妈讲这方面的知识时，提出看了节目之后"可以到学校和老师、同学讲"，"当一当老师"。显然，这样的建议在实际生活中做起来并不容易，还涉及与老师和同学的配合。为了减轻服务对象的压力，社会工作者在建议中可以选择微小的改变作为起点，例如，首先让服务对象每周给社会工作者和母亲讲一次，接着再给服务对象的好朋友讲，一步一步地逐渐展开。服务介入计划也需要有轻重缓急，尤其在社会工作专业实践活动的初始阶段，服务对象的改变愿望很容易遭受挫折，从微小改变开始就能够比较顺利地绕开不利处境的挑战。[①]

三　通过行动带动服务对象

　　提出了具体的行动建议之后，社会工作者就需要放下建议者的角色，走近服务对象，和服务对象一起面对日常生活中的压力，一起寻找解决困难和发挥能力的方法，并且给服务对象必要的情感支持，让服务对象切实感受到社会工作者就在身边。我们来看一看下面这个案例，注意分析社会工作者是怎样处理提出行动建议之后遇到的意外困难的。

---

　　① O'Hanlon, W. H. & Weiner-Davis, M. (1989). *In Search of Solution: A New Direction in Psychotherapy.* New York: W. W. Norton & Company, pp. 41 – 42.

案例 4. 23

服务对象是小学二年级的男生，在学习上存在一些困难，尤其是作文写作，经常让父亲帮助完成。社会工作者希望服务对象能够学会独立完成作业。下面是社会工作者与服务对象的一段对话。

（社会工作者首先给服务对象讲了一个故事，接着让服务对象复述一下刚才讲的故事的内容。）

社会工作者： 你给我们说一下刚才我们讲的故事，好吗？

服务对象： 妈妈离开了孩子，孩子很想妈妈，很难过。奶奶不应该赶走妈妈……

社会工作者： 啊，挺聪明的，你都记得了。你把这些记下来，写在本子上，这就是今天的日记作业了。

服务对象： 好！

（服务对象开始认真写日记，写完之后，把它递给社会工作者。）

社会工作者： 嗯，不错！我们把这个故事念给爸爸和姐姐听一下，好吗？

服务对象： 我不会！

社会工作者： 我们试一试，就是把你写的一句一句地念给爸爸和姐姐听一听。

（服务对象开始不愿意，但是在社会工作者和服务对象父亲的再三鼓励下，服务对象最后还是答应了，而且读得很好。）

分析案例 4. 23 就可以发现，社会工作者为培养服务对象的独立性，让服务对象把记在本子上的故事念给父亲和姐姐听，这看上去很简单、很容易，但对服务对象来说却是第一次，需要面对很大的压力。在压力面前，服务对象就会出现摇摆，需要社会工作者"再三鼓励"。通过具体的行动，社会工作者就能给服务对象以必要的支持和鼓励，与服务对象一起完成念故事这项任务。当然，在这个过程中，社会工作者需要随时提醒自己：社会工作者只是协助者，不能包揽服务对象的责任，他所能做的是尽可能地为服务对象创造充分运用能力的空间和机会。

虽然社会工作者知道自己只是协助者和支持者，但服务对象和周围他人并不这样认为，有时他们急于希望社会工作者能够代替他们解决面临的困扰，把自己的生活责任转移给社会工作者。遇到这样的情况，如果社会工作者直接拒绝，就没有办法与服务对象建立基本的信任合作关系，接下来的服务介入活动就很难开展；如果直接接受，又违背社会工作的基本伦理原则，增强服务对象的依赖性。我们来看一看下面这个案例，注意分析社会工作者是怎样回应服务对象和周围他人的要求的。

案例 4.24

服务对象是位下岗工人，平时在家负责孩子的学习。由于自己受教育水平不高，发现很难指导孩子完成作文，于是请求社会工作者的帮助。以下是服务对象与社会工作者之间的一段对话。

社会工作者：这星期孩子的作业做得怎么样？

服务对象：做得差不多了。前天刚期中考试，没有布置很多作业，就让写一篇电影《世上只有妈妈好》的观后感。（转身拿出一张作文卷）这是学校布置的一项作业，老师要评一、二、三等奖。他不会写，我也不会教，就让他先把其他作业写完，作文留到了今天，让你们来教。来，坐这，你们说一句，他写一句。

社会工作者：（稍微愣了一下）哦，这样啊，叔叔你别着急，我们先看一下作文要求。

服务对象：他们这种二年级的作文，对你们来说应该很容易。来！

服务对象的孩子：（突然很大声地说）要评奖的，有一等、二等、三等。

服务对象：呵呵，老师说写得好可以得到小飞机。呵呵，他很想要这个奖品。

服务对象的孩子：（感到有点不好意思）嗯。

社会工作者：（看着服务对象的孩子）你想写好拿奖，很好！我们一起来看一看有什么困难，一起想办法把这篇作文写好。你先说一下这篇作文老师有什么要求，好吗？

分析案例 4.24 可以发现，服务对象希望孩子能够在作文比赛中获胜，得到他想要的奖品。因此，希望社会工作者能够给予直接的指导，向社会工作者提出："你们说一句，他写一句。"社会工作者并没有直接回应这个要求，因为并不希望代替孩子完成作业，这样不利于孩子和家长能力的发掘和调动。社会工作者采取的策略是，与孩子和父亲一起面对困难，给孩子和父亲必要的支持和帮助，"我们一起来看一看有什么困难，一起想办法把这篇作文写好"。在建议中，既希望孩子和父亲能够承担起自己的责任，发挥自己的能力；又包含社会工作者的支持和肯定，发挥了社会工作者的协助作用。

实际上，在整个社会工作专业实践活动中，社会工作者都会面临怎样确定自己的协助者角色的任务。服务对象面临"问题"的困扰，会表现在人际交往方面，常常引起周围他人甚至社会工作者的不满，但社会工作的价值观却要求社会工作者对服务对象采取"无条件地接纳"的态度。两者之间就会产生一定的张力。我们来看一看下面这个案例，注意分析社会工作者是怎样回应服务对象的要求的。

案例 4.25

服务对象是小学五年级的女生，不喜欢学习，与同学的交往也存在困难。平时，父母亲由于忙于工作，忽视了对孩子的教育。以下是社会工作者第二次进入服务对象家庭开展服务介入活动的一个情境。

（社会工作者刚坐下，打算接着辅导服务对象的学习。这时，服务对象开始大声说话。）

服务对象：哎呀，我想出去。坐在家里就像坐牢似的，我都快憋死了。你们等我一下，我去跟我妈说。

（社会工作者还没来得及反应，服务对象就已经跑到客厅，跟她妈妈说了想出去玩的想法。）

服务对象：妈，我想出去，现在！

服务对象的母亲：（正在打麻将）哎呀，不要在这里添乱，快给我进房间去，让姐姐（社会工作者）教你学习。

服务对象：我叫姐姐陪我去，行不行？

服务对象的母亲：那你要问他们。不要在这里给我添乱。

（社会工作者从服务对象的房间里走出来）

服务对象：你们同意了，是不是？

社会工作者：（点了点头，但没有说话。）

服务对象：妈，你看，姐姐同意了。

（服务对象一边换鞋子，一边拉着社会工作者往门口走。）

社会工作者：等一下，我们还没说要求呢。想玩可以，但回来之后要完成我们布置的作业，写"愿望盒"。

服务对象：什么"愿望盒"？

社会工作者：就是这个星期你把自己想做的事情写在纸条上，一张纸条写一个愿望，写好后放在盒子里。下个星期我们来的时候看。

服务对象：这很容易。

从案例4.25中可以看到，服务对象在没有征得社会工作者的同意之前，就自作主张地要求社会工作者陪她出去玩。如果社会工作者直接拒绝服务对象的要求，就可能造成社会工作者、服务对象以及服务对象的母亲三者之间的尴尬，接下来的专业服务介入活动也会遇到麻烦。因此，社会工作者没有直接拒绝服务对象的要求，而是在接受服务对象的建议时，加上了自己的要求："回来之后要完成我们布置的作业"。不要小看这个要求，它除了可以帮助社会工作者了解服务对象的愿望和要求，为下一次服务介入活动做准备之外，更为重要的是，可以让服务对象了解社会工作者的立场：社会工作者是服务对象发展的协助者和支持者，不是替代者和包揽者。这样的服务关系是促进服务对象成长的重要条件。

第四节　关注服务对象自身的发展

借助关注服务对象的行动、为服务对象提供具体的行动计划以及通过行动带动服务对象等方法，社会工作者就能与服务对象一起尝试新的行动。有了新的行动，社会工作者接着就需要协助服务对象总结行动中的经验和感受，调整服务对象的生活方式，帮助服务对象在行动中学习如何发掘和调动自身的能力和资源，选择更有效的发展策略和方法。

一　聚焦发展

在尝试过程中，服务对象会出现一些差错，常常达不到周围他人或者社会工作者的要求。如果遇到这样的情况，社会工作者是否应该直接指出来？参加过专业实践活动的社会工作者都有这样的体会：直接指出服务对象的不足，并不一定能够促进服务对象的改变，很多时候，服务对象反而不领情，从而导致与社会工作者之间的直接冲突。我们来看一看下面这个案例中的对话，注意观察和体会社会工作者是如何帮助服务对象认识到自己的不足的。

案例 4. 26

服务对象是小学三年级的女生，比较好动，注意力不容易集中，学习成绩不理想。服务对象的父母亲由于忙于工作，无法指导服务对象的学习。下面是社会工作者在帮助服务对象学习语文过程中的一段对话。

（社会工作者看到服务对象在抄写语文课文时写着"孤苏……"，就开口说。）

社会工作者：你说姑苏的姑是哪个字啊？是姑姑的姑呢，还是孤独的孤？

（社会工作者把字写在纸上给她看，因为她抄的是孤独的孤。）

服务对象：老师写的就是这个。

社会工作者：真的吗？老师真的这样写吗？

服务对象：是真的。

社会工作者：那你上学时问一下老师，说有一个姐姐说，姑苏的姑不应该是那个字，应该是姑姑的姑。你让老师帮你查一下。我敢打赌，一定是我赢了。

在案例 4. 26 中，社会工作者发现服务对象在抄写语文课文时出现的错误之后，直接指了出来："你说姑苏的姑是哪个字啊？是姑姑的姑呢，还是孤独的孤？"但是，服务对象并不领情，坚持说："老师写的就是这个。"于是，社会工作者要求服务对象"上学时问一下老师"，以证明自己的正确。实际上，推动服务对象改变并不是直接指出对与错那么简单，而是先要让服务对象在情感上接受改变的要求。例如，社会工作者可以先站到服务对象的角度说一说服务对象哪些方面有进步、哪些方面做得好，然后再转向不足之处，并且和服务对象一起想办法解决。这样做不是为了讨好服务对象，而是为了加强服务对象对改变的期望，让服务对象的关注焦点集中在怎样发展上。服务对象的改变愿望需要社会工作者悉心呵护。

当服务对象有了一些进步的时候，社会工作者总是希望周围他人能够及时发现，并且给予必要的肯定和支持，这样就能维持服务对象的改变愿望。而实际上，很多时候周围他人并不像社会工作者希望的那样能够及时发现服务对象的改变。我们来看一看下面这个案例，注意分析社会工作者怎样做才能更好地让周围他人发现和肯定服务对象的进步。

案例 4. 27

服务对象是小学二年级的女生，学习接受能力比较差，记忆力不好。服务对象的父母亲经常抱怨服务对象学习不用心。下面是社会工作者与服务对象的父亲之间的一段对话。

（社会工作者把服务对象的语文课本合起来）

社会工作者：刚才我们讲的生字怎么写的？

服务对象：（歪着脑袋想，没有说话。）

服务对象的父亲：和你们说过，她读书一点儿都不用心。你看，现在不记得了吧！你现在教给她了，一会儿就会忘记。她就这样。

服务对象：（看了一眼父亲，没有说话。）

社会工作者：（继续耐心地引导服务对象）生词的左边像什么……

服务对象的父亲：没用的，一会儿准忘。她就是不用心。

社会工作者：叔叔，她学习不是不用心，老师今天多次给我们提到她学习很用心，主要是基础比较差一点，我们要慢慢来，不能太着急。在学汉字方面，小孩子是比较容易忘的，只要我们耐心一点，多教她几遍，她就会记住的。您上次也说，有一次您去午托班发现她写错了字，老师说都已经教过她 5 遍了还是出错，结果老师再让她好好写 5 遍，她不是写对了吗？所以，只要我们耐心地教她，她就能学会的。

服务对象的父亲：（点了点头，但没有说话。）

仔细阅读案例 4. 27 就可以发现，社会工作者对服务对象的看法和服务对象父亲的看法不同：社会工作者认为服务对象只要多学几遍就能学会；而父亲却强调，服务对象学习不用心，学过后一会儿就忘。为了帮助服务对象的父亲看到服务对象的能力，社会工作者努力寻找生活中的各种"证据"，希望能够改变服务对象父亲的想法，让服务对象能够获得家人的更多支持。这是初学的社会工作者经常采取的行动策略，但效果却并不好。要想改变服务对象父亲的想法，首先要接纳他的改变愿望，站在他的立场上和他一起寻找解决困难的方法。例如，可以问服务对象的父亲："你有什么方法帮助她（服务对象）解决学东西容易忘这个困难？"与服务对象的父亲一起总结教育服务对象的经验，把服务对象父亲的关注焦点转到如何协助服务对象改变上，而不是争论谁对谁错。

服务对象和周围他人都是很"大方的"，只要服务对象有一点明显的进步，他们就会直接夸奖、感谢社会工作者，而社会工作者通常也会客气地回答："没什么，我们也没做多少。"其实，对于服务对象来说，这是很好的进一步改变的机会。如果社会工作者能够抓住这样的机会，将服务对象和周围他人的注意焦点转到怎样发展上，就能把服务对象的微小进步转化为进一步改变的动力。例如，社会工作者可以这样回应服务对象和周围他人："服务对象有进步就是我们最大的高兴，你觉得哪些方面可以做得更好一些？"显然，关注服务对象的发展比一般的夸奖更为有效。

二　了解困难中的压力

在实际的社会工作专业实践活动中，经常见到这样的场景：服务对象在社会工作者面前答应得好好的，但没有任何行动。这让社会工作者感到非常沮丧，怀疑自己的服务介入计划和能力。我们来看一看下面这个案例，注意分析社会工作者可以怎样处理服务对象面临的困难。

案例 4.28

服务对象是小学四年级的女生，学习成绩不好，性格内向。父母亲希望服务对象能够上课认真听讲，不懂的及时问老师和同学。下面是社会工作者与服务对象以及服务对象的母亲之间的一段对话。

（社会工作者在上周服务介入活动结束的时候给服务对象留了作业，要求服务对象在这周内把不会做的题问一问老师或者同学。）

社会工作者：上周姐姐（社会工作者）留给你的作业记得吗？让你问老师的题问了没有？

服务对象：（低着头，不说话。）

服务对象的母亲：（摇头）没有。

社会工作者：为什么呢？

服务对象的母亲：她哪里会去问！

社会工作者：你上周不是答应过姐姐的吗？你可以等老师单独辅导你的时候问她呀！

服务对象的母亲：她不会问的，她怕老师。

社会工作者：那也可以问你的同桌。

分析案例 4.28 可以发现，社会工作者给服务对象布置了作业，要求服务对象把不会做的题问一下老师。但服务对象并没有按照要求去做，既没有问老师，也没有问同学。面对这样的情况，社会工作者最想了解的是原因——"为什么"。显然，这样的提问策略只关注服务对象没有做到这件事，只会使服务对象更加害怕和担心。如果社会工作者改变一下自己的提问策略，首先把自己投入到服务对象的处境中，不是指责她为什么没有做到这件事，而是体会她面临什么样的压力，服务介入的效果就会明显不同。例如，社会工作者可以问服务对象："做这件事是不是有一些困难？"然后和服务对象一起商讨面临的具体困难，确定可以实现的微小改变。

一旦服务对象有了进步，尤其在社会工作服务介入活动的初始阶段，社会工作者就会热切希望看到服务对象的改变，很容易不自觉地过分强调服务对象的进步，并且希望周围他人也给予服务对象更多的肯定和支持。在这种急切的心情下，社会工作者很容易夸大服务对象成功的方面，忽视服务对象面临的困难和压力。我们来看一看下面这个案例中的对话，注意体会社会工作者在发现服务对象进步之后是怎样回应服务对象母亲的要求的。

案例 4.29

服务对象是小学四年级的女生，学习基础比较差。社会工作者在进入服务对象的家庭开展第二次入户辅导时发现，服务对象在刚结束的单元小测试中有了一些进步。下面是社会工作者与服务对象的母亲之间的一段对话。

社会工作者：她上次说这周有考试，考完了吗？

服务对象的母亲：考完了。但考得不好（面无表情）。

社会工作者：我可以看一下她的试卷吗？

服务对象的母亲：这是她的考卷。

社会工作者：哇，87＋1，进步好大（平时，服务对象只能考60分左右）！

服务对象母亲：哪里，考得不好。

社会工作者：这次考了88分，她以前从来没有考这么高过。真棒！

（冲着服务对象竖起了大拇指，服务对象则朝社会工作者做了个鬼脸。）

服务对象的母亲：（轻描淡写地说）这只是小考。

社会工作者：是单元考吧？

服务对象的母亲：对。

社会工作者：那也不容易。毕竟是一次单元考试，除了半期考以外这就是最大的考试了。

在案例 4. 29 中，社会工作者发现服务对象在单元小测试中有了进步，从原来的 60 分左右提高到这一次的 88 分。但是，服务对象的母亲并不这样认为，她觉得服务对象"考得不好"。从社会工作者与服务对象母亲的这段对话中可以发现，社会工作者始终希望能够说服服务对象的母亲，让母亲看到服务对象的进步。实际上，进步也好，"问题"也好，都是要帮助服务对象更好地应对面临的压力。即使服务对象有进步，也不可以忽视其中的困难。就像上面案例 4. 29 中的情况，社会工作者可以跟随服务对象母亲的步伐，问服务对象的母亲："您觉得哪些方面不好？可以怎样改进？"接着，可以进一步问母亲："这次考试您女儿有没有一些进步？"帮助服务对象的母亲更准确地认识和了解服务对象，把关注的焦点集中在服务对象本身的发展上。

三　发掘进步中的成功经验

服务对象的改变总是从微小之处开始的，通过微小的改变逐渐积累成大的改变。[①] 因此，作为社会工作者需要培养自己的这种能力：能够及时、敏锐地发掘和肯定服务对象的任何进步。哪怕是极微小的进步，对于服务对象都有重要的意义，是服务对象学会如何发掘和运用自己的能力和资源的过程。我们来看一看下面这个案例中的两段对话，注意观察和分析社会工作者是怎样及时发现服务对象的进步的。

案例 4. 30

服务对象是小学二年级的男生，学习基础不扎实，性格比较内向。服务对象的父亲不仅希望服务对象的学习成绩能够有所提高，同时也希望他的性格能够变得开朗一些。下面是社会工作者在第二次进入服务对象的家中开展社会工作专业服务时与服务对象父亲的对话。

场景一

服务对象的父亲：上次你们（社会工作者）回去后，我跟他说，对人要礼貌一点，哥哥姐姐来了要叫哥哥姐姐。刚才你们敲门的时候，他还主动去开门。后来听到你们说话的声音，就要让我开门。他还是有点不好意思。我坚持让他开门，最后他还是开了。（转向服务对象）快说哥

---

① O'Hanlon, W. H. & Weiner-Davis, M. (1989). *In Search of Solution: A New Direction in Psychotherapy.* New York: W. W. Norton & Company, pp. 41 – 42.

哥姐姐好。

服务对象：（声音很轻、很模糊）哥哥姐姐好。

社会工作者：你好！真不错，比第一次勇敢多了。

场景二

服务对象：现在，你们可以考我了。

社会工作者：刚才讲的你都记住了吗？

服务对象：记住了，我都会了。你们考吧！

社会工作者：那好，我们开始了。

（上次服务对象不会写的几个生字这次都会写了，但是英语单词还是记不住，只会照着书本抄。）

社会工作者：这次有进步，能够记住不会的生字了。我们再努力一下，争取记住英语单词。

服务对象：嗯！

在案例4.30的场景一中，当社会工作者第二次来到服务对象的家中时，服务对象有了微小的改变：主动去开门，而且能够直接跟社会工作者打招呼。当然，如果从"问题"的角度来看，服务对象似乎还有很多"问题"：听到社会工作者的说话声后不敢开门；打招呼的声音模糊不清。如果社会工作者能够把服务对象的"问题"暂时放下，及时肯定服务对象的微小改变，服务的效果就会很不一样。我们来看一看社会工作者的回答："你好！真不错，比第一次勇敢多了。"在社会工作者的支持下，服务对象的进步才有可能逐渐积累起来，扩展成大的、明显的改变。在案例4.30的场景二中，服务对象虽然没有全部记住所要求的生字和英语单词，但确实有了一些进步，能够记住以前不会的生字。因此，社会工作者给予了及时的肯定："这次有进步，能够记住不会的生字了。"并且进一步要求服务对象："我们再努力一下，争取记住英语单词。"事实上，"问题"和进步经常混杂在一起，作为社会工作者需要培养自己学会在"问题"的包裹中及时发掘服务对象的改变和进步。不同的社会工作者肯定服务对象进步的方式是不同的，什么样的方式才能比较好地调动服务对象的改变动力呢？我们来看一看下面这个案例，注意分析社会工作者在服务对象取得明显进步的时候是怎样处理的。

案例 4.31

服务对象是小学四年级的男生，由于缺乏家长的监督和指导，在学习方面存在明显的困难，学习成绩不理想。下面是社会工作者与服务对象以及服务对象的母亲之间的一段对话。

（服务对象跑到自己的房间，抱着自己的书包开始翻找东西。）

服务对象：嗯，数学老师又给我们做了一次测验。

（服务对象一边说着，一边从自己的书包中拿出数学卷子。）

社会工作者：是吗，那你考得怎么样？

服务对象：（服务对象只是笑，没有说话，递给社会工作者一张数学试卷，一脸开心的样子看着社会工作者。）

社会工作者：哇，这次考得很不错啊！85 分，进步很多。

服务对象：（服务对象一直笑着，没有说话。）

（服务对象的母亲正好从厨房出来，走进服务对象的卧室。）

社会工作者：阿姨，你知道吗，他这次数学考试考得很好，进步很大。

（服务对象的母亲很开心地笑，看着服务对象。）

服务对象的母亲：嗯，这次是有进步。我给了他 50 块钱作为奖励，让他去买自己喜欢的东西。

社会工作者：是吗？（对着服务对象）妈妈给你奖励了，你都买了些什么呀？

（服务对象很高兴地冲出自己的卧室去拿他新买的玩具给社会工作者看）

分析案例 4.31 可以看到，社会工作者在发现服务对象在数学测验中有了进步之后，立刻给予积极的肯定："这次考得很不错啊"、"进步很多"。细心的读者会发现，社会工作者关注的是服务对象取得的成绩，就像服务对象的母亲拿出 50 元钱奖励服务对象的进步一样。这样的肯定方式并没有关注服务对象在进步中的成功经验和方法，无法提高服务对象运用自己资源的能力，也很难维持服务对象的改变动力。从长远来看，如果服务对象只关注取得的结果，则意味着将面临更大的失败的威胁。事实上，社会工作者所关注的不是服务对象是否进步这个结果，而是怎样取得进步这个过程。因此，社会工作者可以和服务对象一起分析这次数学测验中哪些部分做得比较顺利、哪些部分仍有困难，以及平时怎样学才能达到测验的要求等，帮助服务对象总结取得进步的成功经验和方法。

通常情况下，服务对象的进步首先会由社会工作者察觉到，而周围他人往往要慢一些。这样，社会工作者与周围他人之间就会形成一定的张力。社会工作者不仅需要帮助服务对象总结进步中的成功经验，同时还需要协助周围他人了解服务对象的成功经验。我们来看一看下面这个案例，注意观察和分析社会工作者是怎样让周围他人认识到服务对象的进步的。

案例 4.32

服务对象是小学三年级的女生，平时不喜欢读书，做作业拖拖拉拉。服务对象的母亲尝试了各种方法，包括打和骂，希望服务对象能够认真学习，但发现没有什么效果。社会工作者进入服务对象的家庭开展社会工作专业服务介入活动，在第二次服务介入活动中发现，服务对象有了一些改变。下面是社会工作者与服务对象的母亲之间的一段对话。

社会工作者：嗯，她（服务对象）已经愿意把作业拿给我们看了。对了，我们刚看了她这周的语文作业，很不错，都是 A。最近有进步。

服务对象的母亲：作业我倒是没去看。（不好意思地笑笑）几次都想着要检查她的作业，可是每天晚上下班回来要做饭，做菜，洗碗，洗衣服。做完这些很累了，就直接去睡觉了。每次说要看她的作业，都没看，她也不会主动拿来给我检查。

社会工作者：阿姨您是太忙了。她最近的作业完成情况很不错。您以后可以偶尔检查一下，然后多鼓励她。

服务对象的母亲：她做得好的话，我会鼓励她，会带她出去玩，或者给她买东西。

在案例 4.32 中，社会工作者首先观察到服务对象取得了一些进步：主动拿作业给社会工作者看，而且这周的语文作业都得了 A。但是，由于服务对象的母亲比较忙，没有时间检查服务对象的作业，也没有发现服务对象在学习方面的进步。这样，社会工作者就面临一项任务：让服务对象的母亲了解服务对象取得的进步。直接说服显然没有什么效果。如果让服务对象的母亲真正看到、感觉到服务对象有了进步，就能改变她对服务对象的认识。例如，在案例 4.32 中，社会工作者在发现服务对象有了进步之后，可以问一问服务对象的母亲：服务对象最近学习有没有什么变化？如果服务对象的母亲回答"没有"，就再把服务对象的进步展现在服务对象的母亲面前，可以把服务对象最近的语文作业拿给母亲看一看，也可以让服务对象主动汇报自己的学习情况，让母亲能够真实地感受到服务对象取得的进步。

四　关注事件中人的成长

在开展专业实践活动中，社会工作者经常需要借助表格等方式记录服务对象在行为、想法、情绪等方面的变化和进步，例如，作业完成情况记录表、心情晴雨记录表、行为表现记录表等，这些是社会工作者在帮助青少年时常用的记录表格，不仅可以让服务对象了解自身的变化，而且也可以让社会工作者以及周围他人看到服务对象的改变。设计了记录表格之后，如果服务对象不按照社会工作者的要求行动，怎么办？我们来分析下面这个案例，看一看社会工作者是怎样处理这样的"问题"的。

案例 4.33

服务对象是小学三年级的女生，平时不爱学习，做作业拖拖拉拉，学习成绩不理想。为了改变服务对象的学习习惯，社会工作者与服务对象以及服务对象的母亲一起设计了作业完成情况记录表，帮助服务对象逐渐养成良好的学习习惯。下面是作业完成情况记录表实施一周之后，社会工作者与服务对象的母亲一起察看服务对象的作业完成情况。

（社会工作者指着作业完成情况记录表中星期一一栏下的四颗星，与服务对象的母亲进行了下面这段对话。）

社会工作者：星期一的作业好像完成得不错啊！都是她（服务对象）自己做的吗？

服务对象的母亲：是的。星期一的作业比较简单一点，基本上都是她自己做的。

社会工作者：那很不错啊！

服务对象的母亲：（笑）难点的就不会了，星期二就做得不好。

社会工作者：没关系，慢慢来，急也急不来的。但是这个记录表只记到了星期二，后面怎么没有继续下去呢？

服务对象的母亲：感觉她每天都差不多，做作业时不自己思考，而且速度也很慢。所以，也就没有接着记录了。

社会工作者：哦，看来这些要求对她有点高。您看一看哪些项目需要调整？

服务对象的母亲： 一个星期获得 15 颗星星才能得到奖励，对她来说有点难，能不能降下来一点？

社会工作者： 是的，我也觉得对她的要求有点高。降到多少合适呢？

服务对象的母亲： 10 颗星星吧！

社会工作者： 可以。是不是要把作业完成的速度也作为一项标准？

服务对象的母亲： 要！这样她写作业才能快一点。

社会工作者： 我们待会儿和她商量一下，看看怎样做她更有动力一些。

分析案例 4.33 可以发现，服务对象的母亲希望通过作业完成情况记录表监督服务对象的学习。但是，实际上，服务对象做作业时仍旧"不自己思考"，"速度也很慢"，并没有出现预期的结果。面对服务对象母亲的困惑，社会工作者接着问母亲："您看一看哪些项目需要调整？"希望通过调整作业完成情况记录表，让服务计划更能切合服务对象的实际需要，调动服务对象的改变动力。当服务对象的母亲提出能不能把获得奖励所需要的星星数降低一点时，社会工作者并没有给予直接的回答，而是问服务对象的母亲"降到多少合适"，以便调动母亲的动力。在社会工作者眼里，作业完成情况记录表只是一个工具，借助这个工具可以帮助服务对象和周围他人更好地了解自己的要求，发挥自己的能力。

为了激发服务对象的改变动力，社会工作者经常运用对比的方式，例如，"你画得比妹妹好看"、"你比我（社会工作者）做得还要好"等。这样比较虽然能够肯定服务对象取得的进步，但也容易让服务对象更加关注结果，更加希望得到别人赞扬。如果社会工作者在称赞服务对象时，把关注的焦点集中在服务对象自身的能力和资源的发挥上，例如，"你这样画很好看"或者"你这样做很有效率"等，就能让服务对象看到自己的能力和成功经验。

借助聚焦发展、了解困难中的压力、发掘进步中的成功经验和关注事件中人的成长等方法，社会工作者就能够帮助服务对象总结行动中的成功经验，学习发掘和调动自身的能力和资源，真正促进自身的成长和发展。

第五章
服务介入的扩展

迅速融入服务对象的日常生活，从服务对象能做的开始，与服务对象一起尝试，关注服务对象本身的发展，这些服务介入的方法和策略能够帮助社会工作者在服务介入的启动阶段迅速找到服务介入的切入点，推动服务对象发生微小的改变。接着，社会工作者就会进入服务介入的扩展阶段，面临在服务介入的内容和范围上扩展服务对象改变的任务，即将服务对象某个方面的微小改变逐渐积累起来，延伸到其他不同的层面，并且将服务对象的改变与周围重要他人的改变连接起来，将改变从服务对象个人扩展到周围的重要他人。

第一节　应对场景变换

随着社会工作专业实践活动的深入，服务对象日常生活场景的不稳定性和流动性就会表现出来，社会工作者经常需要处理服务对象或者周围他人不在场的情况，甚至需要应对意外事件的发生。这就要求社会工作者能够根据服务介入场景的变换及时转换服务介入的切入点，调整预先制订好的服务介入计划，以应对服务介入活动中的意外情况，保证充分运用服务介入场景提供的机会和条件，逐渐将社会工作专业实践活动转变成与周围环境互动过程中的"舞蹈"。

一　转换服务介入的切入点

即使社会工作者在专业实践活动开展之前做了充分的准备，也会发现服务介入的场景与预想的不同，时常会出现服务对象或者周围他人不在场的情况。这样的场景，常常让初学的社会工作者不知所措，不知道怎样继续开展服务介入活动，甚至怀疑自己是否具有社会工作者的专业素质。我们来看一看下面这个案例，注意分析社会工作者可以怎样应对服务对象不在场的情况。

案例 5.1

服务对象是小学二年级的女生，9 岁，与母亲生活在一起。母亲是进城务工人员，在学校附近经营一家小商店，每天除了工作之外，还要监督服务对象学习，照顾服务对象的日常起居。社会工作者在初次开展了社会工作专业服务介入活动之后，约定下一次继续帮助服务对象辅导学习中遇到的问题。但当社会工作者入户之后却发现，服务对象不在家。以下是社会工作者在服务介入过程中的一段记录。

"我们本来是跟服务对象的母亲约好星期六下午过去的，可是等我们过去的时候，服务对象不在家，母亲也刚刚醒来，她不知道服务对象跑去哪里了。旁边商店的人说，是班主任老师带她去附近的公园玩了。这时，母亲很不好意思地说，自己中午的时候还和服务对象说我们要过去，让她在店里等我们，还一直要求她不要跑出去玩。顿时，我们心里感到某种失落和不满，脑子里空荡荡的，一下子失去了服务介入的方向，不知道该怎样应对这样的场景。于是，和母亲随便聊了一会儿，问母亲，服务对象的作业是不是已经做完了。母亲说，还有口算，因为觉得口算比较难，就让她等我们下午来的时候再辅导。不知道服务对象是不是因为这个原因才出去玩的，感觉她不愿意和我们讲学习上的事情。"

在案例 5.1 中，社会工作者与服务对象的母亲预先约定了见面的时间，并且对接下来的服务介入活动做了充分的准备，希望能够继续以服务对象为直接介入的对象，帮助服务对象解决在学习上遇到的"问题"。但是，服务对象并没有遵守约定待在家里，使社会工作者一下子失去了服务介入的方向，不知道在这样的场景中怎样继续开展有效的专业服务介入活动，只能与服务对象的母亲闲聊。实际上，像这样的意外情况在社会工作专业实践活动中并不少见，它确实向社会工作者提出了一个不小的挑战。面对这样的场景，社会工作者首先需要学会迅速放弃预先制订好的服务介入计划，转换服务介入的切入点，从服务对象的母亲着手开展专业服务介入活动。例如，可以和服务对象的母亲一起商讨怎样有效地帮助服务对象改善目前的学习状况，发掘和调动服务对象的母亲在指导服务对象学习过程中的成功经验，并且从服务对象的母亲面临的困难中选择其中最容易做的作为改变的起点，改善服务对象与母亲之间的支持关系。如果服务对象因为某种原因不能及时参与专业服务介入活动，社会工作者就可以先从服务对象的周围他人着手开展专业服务介入活动。等服务对象回来之后，就可以继续预先设计好的服务介入活动。因此，社会工作专业实践活动并不一定非要锁定在服务对象身上，它既可以从服务对象入手，也可以从周围他人开始。作为社会工作者，需要根据场景的变换选择最佳的服务介入切入点，充分运用服务介入场景提供的机会和条件。

与服务对象相比，周围他人不在场的情况更为常见。通常，周围他人白天需要工作，晚上又要忙于家务，很难额外抽出时间配合社会工作者的服务介入活动。而且周围他人常常认为，"问题"出在服务对象身上，只要服务对象到场就可以了。这样的状况不利于将服务对象的改变扩展开来。我们来看一看下面这个案例，社会工作者运用了写纸条的方式将服务对象的改变与周围他人紧密地联系起来。

案例 5.2

服务对象是小学三年级的女生，学习成绩比较差，而且和母亲的关系比较紧张。自父母亲离异后，母亲承担了所有的家务，包括照顾服务对象的日常起居，而且上班的时间比较长。因此，平时母亲没有多少时间指导服务对象的学习。社会工作者经过几次服务介入活动后发现，很难将服务介入的时间和服务对象的母亲的空闲时间协调起来，无法让母亲直接参与服务介入活动，了解服务对象的进步和改变。于是，社会工作者决定运用写纸条的方式加强与服务对象母亲之间的沟通交流。以下是社会工作者写给母亲的纸条。

"我们是厦门大学社会工作专业的学生，专门辅导 A 的学习。通过过去两周和 A 的接触和交流我们发现，A 是一个比较聪明、听话的孩子，只要我们多一点耐心，经常表扬和鼓励她，她就会很认真地学习。目前，A 已经开始主动向我们问问题，主动订正写错的题目，日记写得比以前长，而且字也写得比以前工整了。虽然孩子在学习中还面临一些困难，但我们觉得，这是一个很好的开端，需要我们一起给 A 更多的指导和鼓励。"

非常有意思的是，案例 5.2 中的服务对象的母亲在看到社会工作者留给她的纸条后，主动与社会工作者约定时间见面，一起商讨如何帮助服务对象。虽然服务对象母亲的工作依然非常忙，但是服务对象的进步以及社会工作者的支持给了她新的希望，她主动表示愿意承担起教育孩子的责任，改善教育孩子的方法。遇到周围他人不在场的情况，社会工作者通常会不自觉地给自己预先设定一个限制，认为服务介入的焦点只能放在服务对象身上，没有办法影响周围他人。实际上，周围他人不在场并不意味着周围他人不关心服务对象的生活，不与服务对象沟通交流，只是需要社会工作者细心地寻找周围他人与服务对象的日常沟通交流方式，并在此基础上改善和扩展周围他人与服务对象之间的社会支持。

二　调整服务介入计划

在专业服务介入活动开展过程中，社会工作者时常需要应对的另一方面的场景变化是服务对象或者周围他人要求的改变。这些新的要求有时是服务对象或者周围他人直接向社会工作者提出的，有时是社会工作者根据工作场景的变化发现的。不管是哪种方式，都需要社会工作者及时调整原来的服务介入计划，将这些新的要求结合到服务介入计划中，保证服务介入活动能够更好地回应服务对象或者周围他人的需要。我们来看一看下面这个案例，注意分析社会工作者可以怎样调整服务介入计划，将服务对象母亲的新要求融入服务介入计划中。

案例 5.3

服务对象是小学二年级的女生，8 岁，学习成绩不理想。在前两次的服务介入活动中，社会工作者与服务对象以及服务对象的母亲一起确定了服务介入活动的焦点：帮助服务对象增加学习的兴趣以及提高作文写作的能力。可是，在第三次服务介入时，服务对象的母亲向社会工作者提出了新的要求。下面是社会工作者在第三次服务介入活动开始时与服务对象的母亲之间的一段对话。

服务对象的母亲： 你们（社会工作者）来了，真是辛苦你们了。

社会工作者： 没什么。她最近学习怎么样？

服务对象的母亲： 有点进步，但口算很慢，字也写得不好看，还有标点符号也不懂。这孩子真是没办法。

社会工作者： 哦，是吗？前两次您没有提到这些方面。

服务对象的母亲： 昨天老师来家访，说孩子的口算不好，不会写标点符号，字也写得不好看。你说，老师都说了，我们做家长的哪有不注意的。

社会工作者：是的，老师每天和孩子接触，比较了解孩子。别着急，我们待会儿先看一看孩子目前的情况怎么样，然后再决定怎样把老师说的情况和孩子兴趣的培养以及作文写作能力的提高结合起来。

服务对象的母亲：好的。谢谢你们！

分析案例 5.3 可以发现，在第三次服务介入活动中，服务对象的母亲向社会工作者提出了新的要求：服务对象的"口算很慢"、"字也写得不好看"、"标点符号也不懂"。这与前两次服务介入活动的要求明显不同。此时，社会工作者需要暂时放下预定的服务介入计划，跟随服务对象母亲的步伐，用心倾听她的要求，并且及时回应她的感受："是的，老师每天和孩子接触，比较了解孩子。"这样，服务对象的母亲就能感觉到社会工作者的支持。然后，社会工作者就可以和服务对象的母亲以及服务对象一起修订原来的服务介入计划，把服务对象母亲的新要求结合进去。面对服务介入场景的变换，社会工作者需要提醒自己：服务介入计划只是工具，目的是保证社会工作者能够更好地回应服务对象以及周围他人的要求。

有时，虽然服务对象或者周围他人提出的要求与社会工作者的服务介入计划的内容一致，但他们关注的重点可能有所不同。服务对象或者周围他人最关注的是"问题"的消除，而社会工作者更强调增强服务对象应对"问题"的能力。这样，社会工作者就需要注意聆听和回应服务对象或者周围他人的要求，及时调整服务介入的计划，把当下的服务介入活动的安排与服务对象或者周围他人的要求结合起来，借助"问题"的解决过程，发掘和调动服务对象或者周围他人自身的能力和资源。我们来看一看下面这个案例，注意分析社会工作者是如何将服务介入活动的安排与服务对象或者周围他人的要求结合起来的。

案例 5.4

服务对象是小学二年级的男生，学习成绩不理想，最主要的困难是作文写作。在服务对象的需要评估阶段，社会工作者发现，服务对象喜欢背诵课文和古诗。因此，社会工作者制订了从背诵课文和古诗入手帮助服务对象提高作文写作能力的服务介入计划。经过社会工作者的几次服务介入活动，服务对象的其他困难像数学计算等得到了克服，数学成绩有了明显的提高。于是，服务对象的母亲希望社会工作者能够帮助服务对象迅速解决作文写作方面的困难。

服务对象的母亲：来来来，吃点饼干，你们吃过早饭了吗？

社会工作者：谢谢阿姨，我们都吃过了。我们先和他（服务对象）聊聊天，了解最近的情况。这些饼干一会儿再吃。

服务对象的母亲：好的。快把日记拿出来给哥哥姐姐（社会工作者）看。不知道为什么，他的日记老是写不好，你们帮忙看看吧。

社会工作者：我们知道。阿姨，您别着急，我们让他每个星期背课文和古诗，就是提高他的写作能力的一部分。接下来，我们还会让他摘抄"好句好词"。您觉得在作文写作方面他目前感到比较困难的是什么？

服务对象的母亲：我看他写日记的时候，不知道怎么写，拿着笔玩来玩去。你们都考虑好了，就按你们说的做吧。其实我也不知道怎么做，只是着急。

在案例5.4中，服务对象的母亲看到服务对象的作文写作水平没有明显改善，要求社会工作者"帮忙看看"，帮助服务对象迅速克服作文写作方面的困难。面对服务对象母亲的要求，社会工作者一方面给予及时的回应——"您觉得在作文写作方面他目前感到比较困难的是什么"——让母亲感受到社会工作者的理解和支持；另一方面仔细解释社会工作服务介入计划："我们让他每个星期背课文和古诗，就是提高他的写作能力的一部分。接下来，我们还会让他摘抄'好句好词'。"把服务对象母亲的要求与社会工作者的服务介入计划结合起来，减轻母亲的担心。当然，更为重要的是，要帮助服务对象的母亲学会在"问题"面前如何寻找解决的方法和途径，发掘和调动母亲的能力和资源。服务对象和周围他人提出新的要求时常常受当时场景的左右，而超越当时场景的要求与总体的服务介入的目标连接起来，则需要社会工作者的努力，这也是社会工作专业性的表现。如果服务介入计划仅仅关注服务对象或者周围他人在当时场景下的要求，就会使服务介入活动散乱无力；如果服务介入计划只关注服务的总体目标，又会使服务介入活动缺乏灵活性。

社会工作者在用心倾听服务对象和周围他人的要求时，也需要仔细观察服务场景的变化，捕捉其中出现的新的要求，并且及时调整服务介入计划以应对服务场景的变化。我们来看一看下面这个案例，注意识别服务场景的变化。

案例 5.5

服务对象是小学二年级的女生,学习兴趣不高,学习成绩也不理想。根据服务对象的学习情况,社会工作者与服务对象一起制订了学习计划,要求服务对象每完成一项学习任务就让父母亲画上五角星,接受父母亲的监督。下面是社会工作者在一次服务介入活动中与服务对象的一段对话。

社会工作者: 这个星期背课文有困难吗?

服务对象: 背了。每天早上起来就是读书,还背乘法口诀。

社会工作者: 有没有让爸爸妈妈画五角星?

服务对象: 都没有画,这个星期太忙了。

社会工作者: 早上起来可以背书给爸爸妈妈听,让他们画五角星。你表现好了就可以得五角星。

服务对象: 嗯。

在案例 5.5 中,虽然服务对象没有直接提出新的要求,但当社会工作者问服务对象时,服务对象的回答中却包含了服务场景的变化。服务对象在解释自己为什么没有让父母亲画五角星时说:"这个星期太忙了。"显然,服务对象的生活出现了一些新的变化,这些新的变化向服务对象提出了新的要求。可惜的是,社会工作者没有注意到,还是强调"背书给爸爸妈妈听","让他们画五角星",使服务介入计划反而成为服务对象发展的限制。

三 应对意外情况

在社会工作专业实践活动中,社会工作者时常会遇到一些意外的情况,这些意外的情况超出了社会工作者的预期,并且对服务介入活动产生了负面的影响。这样的意外情况对于社会工作者来说,是一个不小的考验。我们来看一看下面这个案例,注意分析社会工作者可以怎样有效地应对遇到的意外情况。

案例 5.6

服务对象是小学二年级的女生,从小患有甲亢,注意力很难集中,学习成绩在班里倒数。因为无法负担医药费,父母亲没有让服务对象接受及时的治疗。在前几次的服务介入活动中,服务对象的情绪比较稳定,学习状况逐渐改善。可是,在第三次服务介入活动中却出现了意外的情况:服务对象像是变成了另外一个人，拒绝与社会工作者说话，更不用说参与专业服务活动了。下面是社会工作者的一段记录。

"服务对象给我们开了门后，我们和服务对象打了招呼，但是她没有回应我们，而是自顾自地走进客厅，客厅里的电视机开着。这次和前几次不同，服务对象的父母亲不在家。服务对象坐在一张椅子上，眼睛盯着电视。我们说什么她都不理，只顾看电视。我们走到服务对象的身边，建议服务对象把电视关掉。"

社会工作者：告诉姐姐（社会工作者）你现在想做什么？

服务对象：看电视。

社会工作者：那我们到你房间去看电视好不好？

服务对象：（没有说话，摇摇头。）

社会工作者：那好吧，姐姐陪你在这里看会儿电视，看完这段我们就去读书好吗？

服务对象：（好像没有听到我们的话，没有任何反应，坐在那里，眼睛盯着电视。）

（于是，我们坐在旁边的凳子上陪服务对象看电视。电视节目是韩国十大商业电影预告，不是服务对象曾经告诉我们的她喜欢看的少儿节目。十个电影预告结束之后，我们再次走到服务对象身边，建议她关掉电视，可是她眼睛呆呆地盯着电视，没有任何反应。）

社会工作者：要不我们就再看 10 分钟的电视，然后学习好吗？

服务对象：（还是摇头，没有说话，目光呆滞地盯着电视。）

（我们只好又回到原来的位子上，等着服务对象的情况好转一点再说。可是，这个时候已经将近 15 点了，服务介入的时间过了一半，但我们什么都没有做，心里不免有点儿着急。）

分析案例 5.6 可以发现，社会工作者一走进服务对象的家门，就遭遇了与平时不同的意外情况。如果此时社会工作者想的是如何让服务对象按照预先制订好的服务介入计划行动，就会与服务对象形成直接的对抗。社会工作者不断地催促服务对象关掉电视，但服务对象没有反应，眼睛只是盯着电视，最终让社会工作者体会到"我们什么都没有做"的失败感。实际上，面对意外情况，最大的挑战是社会工作者自己，他（她）要学会把抓住服务介入计划的手放松一些，关注意外情况中的特殊处境。第一步需要处理的不是如何让服务对象回到预先计划好的服务介入活动中，而是评估服务对象的现状，防止或者减缓意外情况的恶化。以案例 5.6 为例，社会工作者刚走进服务对象的家里就发现服务对象与平时明显不同，接着就需要寻找服务对象的这些不同表现在什么方面以及主要的影响因素是什么，尽可能地减少或者控制负面因素的影响。如果服务对象在感觉、知觉、情绪等方面都与平时不同，就不能按照平时的方式与服务对象沟通交流。完成了第一步的评估工作之后，社会工作者再寻找服务对象的发展空间，把原来计划中的一些合适的内容放入当下的服务介入活动中。这是处理意外事件的第二步。至于加入原来服务计划中的什么内容、加入多少，完全取决于当时的服务介入活动的开展情况，千万不能操之过急。在处理完意外事件之后，社会工作者就需要开展第三步工作，把意外情况和以往的情况结合起来重新评估服务对象的状况，确定以后服务介入的方向。对案例 5.6 中服务对象的意外情况进行重新评估后，社会工作者发现，这种情况的出现非常偶然，是因为服务对象没有及时服药，而且缺乏父母亲的直接监督。这样，社会工作者在接下来的服务介入活动中就需要把及时服药和父母亲进行监督这两个因素考虑进去。

在意外事件中，由于"正常"生活遭到破坏，很容易让人的关注焦点集中在意外事件中的对和错上，盯着服务对象的不足之处，而忽视意外事件所呈现的新的要求。我们来看一看下面这个案例，注意分析社会工作者是怎样应对意外事件的。

案例 5.7

服务对象是小学四年级的男生，11 岁，上课经常迟到，不注意听讲，学习成绩不好，时常受到老师的批评。在社会工作者的帮助下，服务对象的行为表现有了明显的改善，学习成绩也有所提高。正当社会工作者希望通过进一步的服务介入活动扩展服务对象的改变时，服务对象的班主任打电话告诉社会工作者，服务对象这个星期出现了逃课现象，一个上午没来上课。以下是社会工作者与服务对象的一段对话。

社会工作者：这个星期过得怎么样？

服务对象：还是那样，没什么（表情有些不自然）。

社会工作者：这个星期二上午你去上学了吗？

服务对象：嗯……（声音含含糊糊）

社会工作者：老师说你和其他两个同学抓鱼去了，没有来上课，有这回事吗？

    服务对象：是的。

    社会工作者：为什么上课的时候去抓鱼？

    服务对象：是他们两个拉我去的。我在路上碰到他们，他们说上课没意思，到公园去抓鱼吧！我不去，他们硬拉我去的。

    社会工作者：你可以拒绝他们。

    服务对象：（沉默，没有说话。）

    在案例5.7中，服务对象突然出现了逃课现象，这让社会工作者感到措手不及，希望了解事情的原因。于是，社会工作者问服务对象："为什么上课的时候去抓鱼？"显然，社会工作者关注的是事情的对错，并没有注意分析逃课现象所显示的服务对象的要求，如服务对象与同伴之间的交往等。如果不把这些因素找出来并且放到服务介入计划中，服务对象就仍会出现逃课这样的意外情况。意外事件确实打乱了社会工作者原来的安排，但它同时也告诉社会工作者，原来的服务介入计划没有顾及服务对象日常生活中的一些要求，需要及时调整。在意外事件面前，社会工作者常常感到挫败和沮丧。实际上，服务介入的过程就是社会工作者不断发现服务对象的新的需要，完善服务介入计划的过程，以保证服务介入活动能够及时回应服务对象的要求。

第二节　延伸服务介入

    转换服务介入的切入点，调整服务介入计划以及应对意外情况，是社会工作者面对服务介入场景变化时常用的策略和方法，以保证社会工作服务介入计划在不断变动的服务对象的日常生活场景中顺利地得以实现。同时，在经历了服务介入的启动阶段之后，社会工作者需要将服务介入计划在服务对象的日常生活中扩展开来，使服务对象的改变延伸到生活中的不同方面。

一　把握好服务方向

    在服务介入的扩展阶段，社会工作者首先遇到的困难是如何把握好服务介入的方向，使服务介入活动能够稳步地向前推进。这项任务看起来容易，但实际操作起来并不简单，需要社会工作者在不断变化的服务场景中寻找和回应服务对象和周围他人的基本要求，在及时回应服务对象和周围他人的要求过程中把握好服务介入活动的方向。我们来看一看下面这个案例，注意分析社会工作者怎样才能把握好服务介入的方向。

案例 5.8

服务对象是小学二年级的女生，8 岁。据服务对象的母亲和老师反映，服务对象最主要的问题是容易分心，上课和做作业很难集中精力，学习成绩不理想。社会工作者在辅导服务对象学习的过程中除了注意调动服务对象的学习兴趣之外，还经常面临如何控制好服务方向的挑战。下面是社会工作者与服务对象之间的一段对话。

"我们（社会工作者）与服务对象一起玩了小白兔当家的游戏，然后鼓励服务对象把刚才玩的游戏记录下来变成日记。在我们的提示下，服务对象非常投入地写着日记。突然，服务对象转过头问我们"。

服务对象：为什么只有日本才有彩虹啊？（刚才描述的那个小白兔当家的游戏里有彩虹出现）

社会工作者：中国也有啊！下过雨之后，太阳一照，彩虹就出来了。

服务对象：我没有看见过彩虹。

社会工作者：那是因为它很快就消失了。

服务对象：哦！雨过天晴的彩虹哪里有啊？美国、日本？

社会工作者：只要雨过天晴，什么地方都有。

服务对象：我下过雨后出去，怎么就没有看到？

社会工作者：它消失得很快。

在案例 5.8 中我们可以看到，当服务对象提出 "为什么只有日本才有彩虹" 时，社会工作者回答："中国也有啊！下过雨之后，太阳一照，彩虹就出来了。" 这样的回答只回应了服务对象当下的要求，而没有很好地体现服务的发展方向——帮助服务对象学会控制自己的注意力。实际上，在服务介入活动中社会工作者处于两方面要求的平衡选择过程中，既需要及时回应服务对象当下的要求，又需要控制服务发展的方向，让每一次对服务对象当下要求的回应都能推进服务介入活动的展开。例如，社会工作者可以这样回应服务对象："中国也有啊！就像刚才我们玩的游戏那样，五颜六色。你打算怎样描写呢？" 在回应服务对象的要求中，与当下的服务介入活动进行连接。

　　无论服务介入计划制订得多么详细、周密，都会与实际处境存在一定的差距。如果社会工作者想把握好服务介入的方向，重要的不是预先制订详细、周密的服务介入计划，而是学会在服务介入计划中给自己留有充分的调整空间，关注服务对象的当下要求，并且将服务对象当下要求中的合理部分挖掘出来转换成服务介入计划的一部分。社会工作者给自己留的空间越大，就越能够及时回应服务对象的要求，把握服务对象的基本需要。我们来看一看下面这个案例，注意体会社会工作者是怎样回应服务对象的需要并且及时调整服务介入的节奏的。

案例 5.9

　　服务对象是小学四年级的男生，一年前跟随父母亲来到城市上学，由于之前在农村读书，学习基础不好，尤其是英语，只认识几个单词。根据服务对象的实际状况，社会工作者制订了服务介入计划，希望能够帮助服务对象克服学习中遇到的困难。下面是社会工作者在帮助服务对象学习英语的过程中的一段记录。

　　"接下来，我们（社会工作者）教服务对象学习第九课的英语单词。刚开始服务对象还是很专注的，但是由于这些单词对他来说的确有一点儿难度，服务对象渐渐变得很难集中精力，一会儿想上厕所，一会儿要点蚊香。于是，我们就调整了服务活动的安排，让他一个一个地排除，只要会读了就不用再读了。"

　　社会工作者：你看，这样好吗？我们今天的任务就是读对这些单词。

　　服务对象：好的！

　　社会工作者：你只要全部会读了，我们就在你的作业完成情况表上贴上一个贴图。等下次来了检查通过之后，可以再贴上一个（原先制订好的计划是会读并且通过听写检查之后才能贴上贴图），这样好吗？

　　服务对象：好的！（服务对象一下子直起腰，表情轻松了很多。）

　　社会工作者：那我们要加油！

　　服务对象：好的！

　　（接下来，我们会读一个，排除一个；最后，让服务对象从头到尾读了一遍。读完后，我们让服务对象选择一张他最喜欢的贴图贴在他的本子上。）

　　社会工作者：很棒啊！我们今天的任务完成了。

在案例5.9中，当社会工作者发现服务对象无法按照原先制订的服务介入计划的要求完成学习任务时，主动降低学习的要求，将服务介入活动拆成两部分：学会读第九课的单词和通过听写检查，并且采取会读一个排除一个的方法调动服务对象的学习积极性。这样的调整看上去并不复杂，只是对服务介入速度进行微调，但需要社会工作者不受服务介入计划的束缚，随时能够及时回应服务对象的要求，并且根据服务对象的实际状况迅速调整服务介入的节奏，把握好服务对象的发展要求。在实际的服务介入活动中，经常会出现比调整服务介入节奏更为复杂的情况，不仅预定的服务介入目标无法实现，而且预定的服务介入内容也需要做大幅度的调整。在这样的实际处境中把握好服务介入的方向，确实是一个不小的挑战。我们来看一看下面这个案例，注意分析社会工作者怎样才能在调整服务介入计划的过程中把握好服务发展的方向。

案例5.10

服务对象是小学二年级的男生，8岁。据老师和家长反映，服务对象在学习适应上存在困难，上课爱做小动作，很难集中注意力；情绪不稳定，脾气比较急躁；不会和同学交朋友，经常与同学发生冲突。由于服务对象的父母亲专门请了自己的亲戚负责服务对象的学习，社会工作者把服务介入的重点放在服务对象学习兴趣的培养和行为的调整上。为此，社会工作者设计了一系列游戏活动来发掘服务对象的兴趣爱好，改善服务对象的行为。可是，在第三次服务介入活动开展过程中，服务对象的父母亲要求社会工作者帮助服务对象把日记传到班级的博客上发表。以下是社会工作者对服务介入过程的一段记录。

"服务对象一直希望我们（社会工作者）直接替他打字，并且帮他把日记传到班级的博客网页上，说这是老师要求的。我们坚持这是他的功课，我们可以帮他，但不能代替他。服务对象显得有点不高兴。我们帮他打开要上传的网站，看到他们班级的博客，上面已经有很多同学发表了日记。于是，我们对着服务对象说。"

社会工作者：你看，这里有好多你们班同学写的日记，你要不要也写给大家看看呀？

服务对象：（撅着嘴，没有说话。）

（在劝说服务对象的过程中，我们真的有一种冲动要帮他打完。最后，服务对象很无奈地配合着社会工作者开始打字。服务对象打字打得很慢、很不熟练。于是，我们决定抓着服务对象的手臂一起边找字，边看着屏幕上显示的拼音慢慢完成。在这里，我们花了整整一个小时，根本没有其他时间穿插预先设计好的游戏。这是我们最失败的地方。）

分析案例 5.10 可以发现，社会工作者之所以感到这次服务介入活动那么失败，是因为预定的通过游戏活动发掘服务对象的兴趣爱好，改善服务对象的行为的计划无法实施，整个服务介入活动都纠缠在帮助服务对象打字上。从预先制定的服务介入目标和内容来看，这次服务介入活动确实没有实现预定的任务；但从服务对象自身的发展来说，学习打字更适合当时服务场景的要求。如果社会工作者能够从变化的服务场景着手，变通服务介入的内容和目标，不是把学习打字视为简单的技术问题，而是当作帮助服务对象学习怎样面对自己的困难、怎样寻找解决困难的方法以及怎样与别人合作交流，这些内容就能与社会工作者的预定目标——培养服务对象的兴趣爱好和改善服务对象的行为相一致。

服务介入活动的开展并不是直线式的，社会工作者需要在预定的服务介入计划和实际的服务场景之间不断地转换和调整。作为社会工作者，重要的不是制订与实际服务场景相一致的服务介入计划，而是学会放松自己，及时回应服务对象的要求，并且根据服务对象的要求调整服务介入的节奏和计划，把握服务发展的方向，最充分地运用服务场景提供的机会发掘和调动服务对象的能力。

二　关注当下的行动

服务对象的经验积累必须借助具体的行动，只有在具体的行动中，服务对象才能实现自己的想法，并且检查行动的实际效果，调整自己的行动策略，寻找更有效的应对周围环境要求的方法。[1] 可以说，关注当下的行动是延伸服务介入活动的关键一环。我们来看一看下面这个案例，注意体会社会工作者是怎样推动服务对象的当下行动的。

---

[1]　Reason, P. & Bradbury, H. (2001). "Inquiry and Participation in Search of a World Worthy of Human Aspiration." In P. Reason and H. Bradbury (ed.), *Handbook of Action Research: Participative Inquiry and Practice* (pp. 1 – 14). London: Sage, p. 9.

案例 5.11

服务对象是小学三年级的女生，9 岁，半年前由农村转到城市读书，感到学习压力很大，性格也逐渐发生改变，变得不爱说话，不主动与同学交往。社会工作者在前两次服务介入活动中针对服务对象的学习状况开展了相关的辅导，在开展第三次服务介入活动时正好遇到服务对象要单元考试，社会工作者希望能够运用单元考试的机会扩展服务介入活动。下面是一段社会工作者与服务对象之间的一段对话。

社会工作者：听说你们这一周有单元考试，是吗？

服务对象：是的，周二的时候考的。有好多地方我不会做。

社会工作者：不用着急，每个人都是学了之后才会做的。你把试卷拿出来我们一起看一看！

服务对象：（从书包里拿出一张数学试卷，递给社会工作者）这是数学试卷。

社会工作者：我们可以先看数学试卷，过一会儿再看其他的。来，坐过来我们一起看。

服务对象：（把凳子挪到社会工作者身边，眼睛盯着社会工作者。）

社会工作者：你先看一看，告诉我哪些题目比较容易？

服务对象：（用手指着试卷）这个，这个，还有这个……

社会工作者：不错，这些题你都会做了。

服务对象：这些简单，应用题我就不会做了。

社会工作者：好，我们来看一看这些应用题。

（接着，社会工作者把类似的应用题放在一起讲解，解出了一题之后，让服务对象自己尝试解决其他类似的应用题。这样，服务对象就能一边学习，一边练习。）

社会工作者：现在这些应用题你都会做了，很不错！接下来，我另外出几道应用题。你要动一动你的小脑袋瓜。

在案例 5.11 中，当社会工作者听到服务对象在周二的考试中"有好多地方"不会做时，不是停留在简单地总结对和错并告诉服务对象应该怎样做上，而是借助具体的试卷指导服务对象一道题一道题地练习，让服务对象在具体的行动中学习寻找解决困难的方法，积累成功的经验，培养和提高解决困难的能力。不要小看行动，它是服务对象调动自己以往的成功经验、运用自身资源的有效途径，它同时也是社会工作者将服务介入活动深入到服务对象日常生活中的有效方法，否则，社会工作者就只能根据自己的经验站在"客观"的立场上指导服务对象，很难使服务介入活动深入到服务对象的日常生活中。

需要特别注意的是，这里所说的行动与一般意义上的行动不同，不是指导服务对象一步一步地按预先制订好的计划行动，而是给服务对象提供行动的机会，鼓励服务对象运用自己的方法解决面临的困难，让服务对象在解决困难的过程中学会发掘和运用自身的能力和资源。我们来看一看下面这个案例，注意分析和体会社会工作者在推动服务对象行动的过程中的作用和位置。

案例 5.12

服务对象是小学四年级的男生，10 岁，在学习上存在不小的困难，尤其数学经常不及格。服务对象的父母亲因为工作很忙，对此感到很无奈，寻求社会工作者的帮助。社会工作者在服务介入过程中发现，服务对象在做数学计算题时总是粗心大意。下面是社会工作者与服务对象之间的一段对话。

社会工作者：（拿着服务对象的数学答题卷，仔细地看着）你看，真可惜！都是计算错了，公式都列对的。你很聪明，题你都理解了，也懂得怎样做，只是因为粗心大意，把最后的结果算错了。这样多可惜！

服务对象：（没有说话，看着社会工作者。）

社会工作者：现在遇到这些题目，你知道怎样计算了吗？

服务对象：（点点头，没有说话。）

社会工作者：好，我们来试两题。

（社会工作者从数学答题卷中选出两题，让服务对象当场算出来。一会儿，服务对象做完了数学题。）

社会工作者：都做对了。你是怎么不出差错地算出来的？

服务对象：计算的时候我用了笔做记号，这样就不容易出错。

社会工作者：这个方法挺好的。以后在遇到数学计算的时候，就用笔做记号，好不好？

服务对象：嗯。

社会工作者：你可要记住，下次我们来的时候，要检查你做的数学题的。

服务对象：好的。

分析案例 5.12 可以发现，当社会工作者遇到服务对象在数学计算方面因为粗心大意出错的时候，并没有简单地指出服务对象的不足，然后建议服务对象改进；而是把它作为服务对象在学习上面临的一个困难，提供机会让服务对象尝试："我们来试两题"，并且紧接着帮助服务对象总结尝试之后取得的成功经验。之后，社会工作者又为服务对象尝试新的做法提供行动的机会，建议服务对象"以后在遇到数学计算的时候"，"就用笔做记号"。可见，让服务对象关注当下的行动不是要求服务对象按照社会认可的"标准"行动，而是给服务对象充分运用自身能力的机会和空间，让服务对象学会运用自己的成功经验，采用自己喜欢的方式应对和处理面临的困难与挑战。

让服务对象在行动中回应"问题"的挑战，这样的行动就不仅包括行动的要素，同时还涉及怎样准确判断周围环境提出的要求，怎样管理好自己的情绪，怎样调动以往有关的成功经验，怎样及时、有效地回应周围环境的挑战，等等。尤其当服务对象感到无法处理面临的困难寻求帮助时，行动还意味着挫折情绪的调整、面对困难的勇气以及持续尝试的决心等。我们来看一看下面这个案例，注意分析社会工作者怎样才能推动服务对象关注当下的行动。

案例 5.13

服务对象是小学三年级的男生，平时比较好动，很难静下来集中精力学习，学习成绩不理想。为此父母亲专门请了家教辅导服务对象的学习，但是服务对象的学习并没有因此而有明显的改观。特别是语文作文，服务对象总是找各种理由逃避；如果实在没有办法回避，就马马虎虎地写几句混过去。社会工作者希望服务对象能够勇敢地面对困难，找到克服学习困难的方法。为了推动服务对象行动，社会工作者与服务对象进行了下面这样一段对话。

（辅导完了其他学习内容之后，社会工作者拿起服务对象的日记本。）

社会工作者：我们还有最后一项：写日记。来，把你的日记本打开。

服务对象：我不会写，我不会写，你（社会工作者）写吧。

社会工作者：这可是你的作业，老师批评是批评你的。

（服务对象开始哭闹，坚持说自己不会写。）

社会工作者：不会写没关系，谁都是从不会开始的。写好日记不容易，来，让我们一起给自己加加油。加油！

服务对象：嗯，可是我不会写。

社会工作者：我们一起来，别害怕！对了，你上个星期天不是跟爸爸上公园玩了吗？你想一想，那天天气怎么样，有没有下雨？

服务对象：没有下雨……

（服务对象很高兴地描述着星期天和父亲上公园玩的情景。接着，社会工作者和服务对象一起把描述的内容写了下来，完成了一篇日记。）

在案例 5.13 中，社会工作者在推动服务对象行动的过程中遇到的第一个困难是服务对象的排斥，担心自己不会写日记。这个时候，社会工作者并没有抽象地向服务对象讲道理，要求服务对象怎样做，而是在情感上给服务对象以必要的支持，如："写好日记不容易，来，让我们一起给自己加加油。加油！"接着，社会工作者和服务对象一起面对困难："我们一起来，别害怕！"当服务对象愿意面对自己学习上的困难时，社会工作者又运用了将复杂问题简单化的服务技巧，保证服务对象能够顺利地运用自身的能力和资源应对面临的困难。

三　在行动中提出"问题"和要求

到了服务介入的扩展阶段，服务对象已经有了行动尝试。这个时候，社会工作者就可以把服务介入目标的决定权交给服务对象，协助服务对象总结行动中的经验，并且提出具体需要面对和解决的"问题"和要求，让服务介入的目标扎根于服务对象的行动中，并进而与服务对象的日常生活紧密连接起来。对社会工作者来说，能够跟随服务对象的行动节奏并且协助服务对象及时提出下一步行动需要解决的"问题"和要求，是保证社会工作专业服务深入服务对象日常生活的基本方法和技巧。我们来看一看下面这个案例，注意分析社会工作者在服务对象的行动中可以怎样提出"问题"和要求。

案例 5.14

服务对象是小学四年级的男生，学习成绩不理想，尤其数学考试经常不及格。社会工作者在帮助服务对象的过程中发现，服务对象在做数学计算的时候喜欢心算，容易出差错。下面是社会工作者在辅导服务对象的数学时与服务对象的一段对话。

社会工作者：我发现你在做数学计算的时候很容易出错，为什么？

服务对象： 我也不知道。可能因为我在心算的时候，把进位记在心里，有时候会忘了进位，这样就会算错了。

社会工作者： 哦，是这样！

服务对象： 有时候和同学说了话，就忘了进位了。有时候，我也会用手比划，但是只要和同学一说话，就会忘了。

社会工作者： 你是说忘了手上比划的手指是什么意思吗？

（服务对象看着自己的手，把比划着"一"的食指收了回去。）

社会工作者： 嗯，我知道了。是不是跟同学说着说着，就会把手指收回来，是吗？

服务对象： 有时候会看着自己的手指发呆，想不起是什么意思。

（服务对象看着自己的手指做吃惊的样子）

社会工作者： 是啊，心算很容易出错。那你遇到计算的时候，有什么方法保证不出错或者少出错呢？

服务对象： 不知道。

社会工作者： 我们一起想一想，怎样做些记号不容易出错？

（服务对象歪着头想了一会儿）

服务对象： 对了，可不可以用笔做记号？我们班有些同学就是这样做的。

社会工作者： 好啊！我们一会儿试一试。

仔细阅读案例 5.14 可以发现，服务对象在数学计算中运用心算方法，很容易出错。面对这样的情况，社会工作者并没有直接告诉服务对象解决的办法——用笔做记号，而是提出服务对象在做数学计算中需要面对的"问题"："那你遇到计算的时候，有什么方法保证不出错或者少出错呢？"让服务对象的关注焦点集中在接下来需要面对和解决的"问题"上，调动服务对象的改变动力。实际上，明确"问题"、面对"问题"以及解决"问题"的过程正是社会工作者协助服务对象学习发掘和运用自身能力和资源的过程。如果社会工作者直接给了服务对象解决"问题"的答案，就会使服务对象更加依赖社会工作者，而且这样的方法更多依赖的是社会工作者自身的成功经验。虽然这样的方法在短时间内可以帮助服务对象解决面临的困难，但从长远来看，很容易导致服务介入目标与服务对象的实际生活相脱节，忽视服务对象自身的能力和资源。

　　有时，服务对象在行动过程中可能遇到多个"问题"，而这些"问题"又没有办法一起解决。这个时候，社会工作者不仅需要协助服务对象明确面对的"问题"，而且还需要帮助服务对象确定其中容易解决的"问题"，并且选择其中一两个最容易解决的"问题"作为进一步行动的目标，因为目标多了容易分散精力。我们来分析一下下面这个案例，看一看社会工作者是如何协助服务对象明确需要进一步通过行动来解决"问题"的。

案例 5.15

　　服务对象是小学二年级的男生，由于学习基础差，再加上缺乏父母亲的监督和指导，各科的学习成绩都不理想。社会工作者根据服务对象的学习状况制订了具体的服务介入计划，希望能够一步一步地改善服务对象的学习状况。社会工作者发现，服务对象需要改善的地方有很多，很多时候，确定下一步行动需要解决的"问题"都很困难。

　　（这个星期服务对象参加了期中考试，社会工作者希望借此机会了解服务对象面临的困难，推动服务对象进一步改变。）

　　社会工作者：你刚才说期中考试很多题不会做，具体有哪些？

　　服务对象：很多。语文组词、反义词；数学时间不够，没做完。

　　社会工作者：数学什么比较难？

　　服务对象：应用题都不会做，口算容易一些。

　　社会工作者：好。我们先来看一看数学试卷的口算部分。你把数学试卷拿出来。

　　服务对象：好的。

　　（服务对象从书包里挑出数学试卷递给社会工作者）

　　在案例 5.15 中，服务对象面临很多困难：语文的组词、反义词、数学的应用题、口算以及做题的速度等。要同时解决这么多困难，对谁来说，都会感到有很大的压力，很容易产生害怕、畏缩的情绪。案例 5.15 中的社会工作者看到了这一点，因此选择了其中让服务对象感到相对容易一些的口算作为进一步行动的目标，把服务对象的注意力集中到这个容易解决的"问题"上，以便调动服务对象的改变动力。

　　很多时候，虽然社会工作者的提问都是指向服务对象面对的"问题"，但有时候也可以指向服务对象的兴趣爱好。与"问题"一样，兴趣爱好也是拉动服务对象进一步行动的有效方法，特别是当服务对象和周围他人拥有共同的兴趣爱好时，调动服务对象的兴趣爱好也意味着调动周围他人的兴趣爱好。不过需要注意的是，发掘兴趣爱好不是要求服务对象怎样做，而是调动服务对象的发展愿望，给服务对象发挥自己的能力提供行动的机会。我们来看一看下面这个案例，注意分析社会工作者是怎样根据服务对象和周围他人的兴趣爱好提出要求的。

案例 5.16

服务对象是小学四年级的男生，除了学习成绩不好之外，还有欺骗行为，常常让母亲感到很失望。母亲一年前离了婚，独自一个人带着孩子，工作和生活的压力很大。平时母亲除了上班、照顾服务对象之外，就是上教堂做礼拜。社会工作者在帮助服务对象的过程中发现，服务对象也爱读像《圣经赞美诗》这样的读物。

（社会工作者看到服务对象的桌子上放着一本《圣经赞美诗》，于是与服务对象进行了下面的对话。）

社会工作者： 你也读赞美诗什么的吗？

服务对象： 嗯，有时候。

社会工作者： 可不可以读一段给我们和妈妈听？

服务对象的： 好的。

（服务对象拿起桌上的《圣经赞美诗》，开始给我们读上面的一些内容，读得很流利，看得出平时经常读。服务对象的母亲在一旁听得很认真，脸上露出满意的表情。）

社会工作者： 读得很好，很流利！你看，妈妈听得多认真。平时，读给妈妈听过吗？

服务对象的母亲： 他哪会！书读好就不错了。

服务对象： 没有，都是跟妈妈一起上教堂时学的。

社会工作者： 如果妈妈在家里也想听的话，有什么办法吗？

服务对象： 我可以读给妈妈听。

在案例 5.16 中，当社会工作者发现服务对象和母亲都具有共同的兴趣爱好——读《圣经赞美诗》时，首先邀请服务对象在社会工作者和母亲面前读一段，以增强服务对象与母亲之间的交流，了解双方沟通交流的状况。

在此基础上，社会工作者又进一步提出："如果妈妈在家里也想听的话，有什么办法吗？"在这里，社会工作者并没有直接建议服务对象做什么、怎样做，而是提出进一步发展的要求，让服务对象自己决定怎样实现这样的要求。显然，这样的方式比直接提建议更能够调动服务对象的能力。

四　在行动中总结成功经验

有了新的行动，也就有了新的经验和感受，需要及时总结。实际上，行动和经验总结是分不开的，这里只是为了解释的需要，才将它们拆开来加以说明。经验总结之所以重要，是因为服务对象的能力和信心建立在自己日常生活的成功经验之上。离开这一基础，服务对象很难向前迈进。不过，这里所说的经验总结有两个方面的要求：①它是行动经验的总结，即不是告诉服务对象什么是对的、什么是错的，而是把服务对象放到特定的处境中，协助服务对象理解运用什么方法回应周围环境的要求是有效的；②它是服务对象自身行动经验的总结，即让服务对象自己总结日常生活中的行动经验，切身感受到其中的道理，而社会工作者只是协助者。我们来看一看下面这个案例，注意社会工作者是如何协助服务对象总结行动中的成功经验的。

案例 5.17（承接案例 5.16）

社会工作者给服务对象布置了每周至少给母亲读两次《圣经赞美诗》的任务，准备这个星期检查服务对象和母亲之间的沟通交流状况。社会工作者入户开展服务介入活动的时候，服务对象的母亲正好不在家。下面是社会工作者与服务对象之间的一段对话。

社会工作者：上周说的读《圣经赞美诗》读了吗？

服务对象：读了！

社会工作者：怎么样？

服务对象：没什么，还是那样。

社会工作者：妈妈爱听吗？

服务对象：爱听。但没说读得好。

社会工作者：下次等妈妈在家的时候，我们问问她读得怎么样。对了，你刚才说妈妈爱听，这也说明你读得好啊！对不对？之前你给她讲故事，她不怎么爱听；现在你给她读赞美诗，她听了！这就是进步。你要加油！

服务对象：好的。

仔细分析案例 5.17 就能发现，社会工作者对服务对象的进步是比较敏感的，能够及时发现服务对象行动的效果：妈妈变得爱听服务对象读《圣经赞美诗》了。但是，在协助服务对象总结行动中的成功经验的时候，社会工作者却显得过于着急，极力劝说服务对象，让服务对象相信自己所取得的进步，没有把这个机会留给服务对象，让服务对象自己总结行动的成功经验。如果社会工作者能够把提问的焦点改变一下，例如，问服务对象"妈妈爱听什么"，"你怎么做到让妈妈爱听的"，就能推动服务对象自己总结行动中的一些有效方法，学会在行动中发掘和调动自身的能力和资源。

其实，协助服务对象总结行动中的成功经验的最好方式不是只停留在语言上，而是布置新的行动任务，让服务对象在不同的处境和要求下尝试，扩展成功的经验。初学的社会工作者常常把成功经验视为某种"定律"，认为只要服务对象认识到了这些"定律"，就能应对面临的困难。事实上，生活要比"定律"复杂得多，总是处于变化之中，成功经验只是进一步学习的基础。因此，社会工作者需要协助服务对象学习的不是掌握成功经验中的某种"定律"，而是坦然面对生活中的变化并且学会充分运用自身的能力和资源。如果能够将服务对象行动中的成功经验与新的行动任务连接起来，就能为服务对象提供进一步学习运用自身能力和资源的机会。我们来看一看下面这个案例，注意分析社会工作者可以怎样将服务对象成功的行动经验与新的行动任务连接起来。

案例 5.18

服务对象是小学三年级的男生，学习成绩一般。虽然服务对象的父母亲很用心地指导服务对象，但是由于教育水平的限制，很多时候，服务对象的父母亲感到力不从心，尤其是英语，更是束手无策，因为自己从来没有学过。社会工作者在服务介入活动中发现，服务对象对英语很感兴趣。于是，社会工作者尝试改变服务对象的父母亲的教育方式，不是直接指导服务对象学习英语，而是负责检查他的英语作业的完成情况。下面是社会工作者与服务对象以及服务对象的母亲之间的一段对话。

社会工作者：（对着服务对象的母亲）我们上周给他（服务对象）布置了作业，让他每天中午听英语磁带。他听了吗？

服务对象的母亲：我不大清楚，这几天没时间在家里，听他爸爸说，他好像是听了。

服务对象：听了，听了，我每天中午都在听。

服务对象的母亲：听是听了，不知道有没有什么效果？

社会工作者：每天都听了，这是个好习惯，真不错！妈妈希望你每天都能有进步。接下来，我们要增加难度了。能不能把每天听的翻译一下，告诉爸爸妈妈它们的中文意思？

服务对象：好的。

社会工作者：太好了！这样爸爸妈妈也能学习了。

分析案例 5.18 可以发现，社会工作者在发现服务对象开始"每天中午听英语磁带"之后，首先肯定服务对象的进步："每天都听了，这是个好习惯，真不错！"接着，进一步将服务对象的进步与接下来的行动任务连接起来，要求服务对象在坚持每天听英语磁带的基础上把中文意思翻译给父母亲听。这样，服务对象就能根据新的要求进一步学习运用自身的能力和资源，将成功经验坚持下去。另外，在给服务对象布置新的行动任务时，还有一点非常重要：明确对服务对象行动效果的检查和反馈。在案例 5.18 中，由于服务对象的父母亲没有学过英语，所以，社会工作者就让服务对象把每天听到的英语翻译成中文，便于服务对象与父母亲沟通交流。只有坚持对行动进行监督和反馈，才能让服务对象及时了解周围环境的要求以及周围环境的要求与自己的行动之间的差距，不断总结行动中的成功经验，形成行动—反馈—总结—再行动的良性循环。

五　在行动中发掘和维持服务对象的发展愿望

服务介入活动的扩展离不开服务对象持久行动的动力，这就需要社会工作者不断发掘和维持服务对象的发展愿望，放下评价的态度，站在服务对象的角度理解他们的要求，即不评价服务对象的发展要求是否符合社会的标准，而是把这些要求放回到服务对象与周围环境的互动交流中去理解，看一看这样的要求是否有利于服务对象有效地回应周围环境的要求。如果对服务对象有效地回应周围环境的要求是有利的，就是合理的，否则，就是不合理的。也就是说，把发掘和维持服务对象的发展愿望与服务对象的具体行动连接起来，在行动中调动改变的动力，学习运用自己的能力克服面临的困难。我们来看一看下面这个案例，注意分析社会工作者是怎样在具体的行动中发掘服务对象的发展愿望的。

案例 5.19

服务对象是小学三年级的女生，9 岁。据服务对象的父母亲反映，服务对象的行为有点儿怪，虽然平时不爱说话，但有时会自言自语，说的东西周围人都不好理解。社会工作者在帮助服务对象的过程中就遇到了类似的情况。

（服务对象看上去有点儿兴奋，指着窗户上贴的一个图片。）

服务对象： 这是"神舟六号"，你们（社会工作者）知道"神舟六号"是什么吗？

社会工作者： "神舟六号"啊，我不知道是什么，你给姐姐说说那是什么，好吗？

服务对象： "神舟六号"是火箭。

社会工作者： 哦，火箭啊。那这个火箭是干什么的？

服务对象： 是中国航空的。

（还没等社会工作者说话，服务对象又接着说起来，看上去有点兴奋。）

服务对象： 我还坐过火箭呢，我坐过两次。

社会工作者： 是吗？你和谁一起坐的？

服务对象： 哎呀，我爸的朋友，做警察的。我坐了两次火箭，我在火箭上看到了月球上的嫦娥，还看到了火星爆炸，我还看到了女神……

社会工作者： 哦，挺有意思的！你能不能拿支笔，把你看到的画一画？姐姐也很想看一看。

服务对象： 好的，画什么呢？

社会工作者： 先画月球上的嫦娥吧。

（服务对象嘴里一边说着什么，一边开始画。）

在案例 5.19 中，服务对象在对话中说了一些似乎"不好理解"的东西，像坐火箭、看到嫦娥、火星爆炸、女神等。如果从常理的角度来看，这是一些不实际的想法和愿望，甚至可能被视为"不正常"。但社会工作者并没有直接评价服务对象的想法和要求，而是跟随服务对象的步伐提问："你和谁一起坐的？"给服务对象充分表达自己愿望和想法的空间。接着，社会工作者又继续紧随服务对象的步伐，并且把服务对象的愿望与具体的行动连接起来，让服务对象把自己看到的画下来。这样，不仅不会与服务对象产生直接的对立，而且还能把看似"不好理解"的发展要求转化为学习行动的动力，扩展服务介入活动。

　　服务对象的发展愿望有时会以一些不同寻常的形式表现出来，而这些形式可能不是社会工作者所熟悉的。要在这些不熟悉甚至可能讨厌的形式中迅速发掘背后所隐藏的发展要求并且将它们转变为行动的动力，这对社会工作者来说，确实是一个不小的挑战。我们来看一看下面这个案例，注意分析社会工作者是怎样回应服务对象的发展要求的。

案例 5.20

　　服务对象是小学五年级的男生，11 岁，平时爱说爱动，但是学习成绩不理想，尤其是语文作文，经常受到老师的批评。为了提高服务对象的语文写作能力，社会工作者设计了让服务对象给母亲讲故事的服务介入方式。下面是社会工作者在服务介入过程中与服务对象的一段对话。

　　社会工作者：这个星期你给妈妈讲了什么故事？

　　服务对象：《魔幻手机》，我在图画书上看到的，很好玩。

　　（接着，服务对象开始讲《魔幻手机》的故事。）

　　2060 年，手机已经拥有了遥控、自卫、重组基因等先进功能。这一天，一种穿梭多维空间的新功能问世了，科学家将这种功能植入一款名叫"傻妞"的手机中。在试验中，真人模式的傻妞穿梭时空回到唐朝，帮助孙悟空制服了黄眉。可是傻妞能量耗尽，科学家紧急将傻妞召回 2060 年。没想到黄眉大王拉着傻妞的衣服不肯放手，而科学家也把 2060 错打成了 2006，于是傻妞和黄眉来到了 2006 年，两人在时光隧道中失散。掉落的现代手机傻妞被主人公陆小千捡到了。小千是个很有侠义心肠但胆子很小的人，对社会上的各种不平之事深恶痛绝，却没有胆量去管，碰到不平的事情也不敢出头。魔幻手机的出现改变了小千的性格，勇于和反一号游所为作斗争。游所为本来是遵守现代社会法规的好青年，也是魔幻手机改变了他的性格，他为了得到魔幻手机不择手段，干出了很多令人不齿的事情。最后，在陆小千、孙悟空、猪八戒等好朋友的努力下，魔幻手机和黄眉大王都被送回了原来的地方，游所为又恢复成奉公守法的好公民，而陆小千也不像原来那么胆小了……

　　（服务对象越讲越起劲，声音也慢慢变大了。但社会工作者听到这里，觉得有些糊涂，这种魔幻荒诞的题材不是社会工作者所喜欢的。因此，社会工作者打断了服务对象的讲述。）

社会工作者：妈妈喜欢这个故事吗？

服务对象：不是很喜欢。我讲的时候，她都不怎么认真听。

社会工作者：我也觉得不好理解。

认真分析案例5.20中的这段对话可以发现，服务对象讲的故事是魔幻荒诞题材的，这正好不是社会工作者喜欢的主题，两者的要求出现了冲突。于是，社会工作者打断服务对象的描述，质疑服务对象讲的故事："我也觉得不好理解。"这样的回应方式显然没有尝试了解服务对象在讲述魔幻荒诞故事中所表现出来的兴趣爱好和发展要求，而是根据自己的兴趣爱好判定服务对象的发展要求是否合理。如果社会工作者能够把自己投入到服务对象的处境中，和服务对象一起探讨怎样修改故事让母亲更容易明白，如问服务对象"我们怎样才能让妈妈更容易明白一些"，就能充分发掘和调动服务对象的发展愿望，把服务对象的发展愿望转变成行动的动力，拓展发展的空间。

在实际的专业服务活动中，社会工作者经常运用惩罚和奖励的方式调动服务对象的改变愿望。达到了服务介入计划的要求，就给予奖励；没有达到，就给予惩罚。这样的奖励方式固然能够影响服务对象的改变动力，甚至可能产生明显的效果，但也隐藏着危险——忽视服务对象自身的发展要求。我们来分析一下下面这个案例，注意观察社会工作者是如何运用奖励的方式来激发服务对象的改变要求的。

案例5.21

服务对象是小学四年级的男生，在前几次服务介入活动中取得了明显的进步，于是社会工作者购买了奖品，决定奖励服务对象，鼓励服务对象进一步改进。

社会工作者：对了，这次姐姐（社会工作者）给你准备了一份礼物，是为了奖励你这次语文课能够积极发言。你想知道是什么礼物吗？

服务对象：（很不好意思地看着社会工作者）不知道。

社会工作者：要不要先给你看一下？

服务对象：好啊，好啊！

（社会工作者把买好的礼物拿出来递给服务对象）

社会工作者：喜欢吗？

服务对象：（很认真地翻看社会工作者给他买的书，没说话。）

社会工作者：可不可以把书名念给妈妈听一听？

服务对象：嗯。

（服务对象把书合起来，让书的封面朝上，对着母亲念着书名。）

服务对象：书名是"八十……"，哦，前面写的是"影响孩子一生的好故事——八十天周游世界"。

服务对象的母亲：你要怎么感谢姐姐们呀？姐姐送给你礼物，你打算送她什么？

服务对象：（没说话，眼睛看着书。过了一会儿，抬起头）我也不知道。

服务对象的母亲：以后就要在语文课上多发言，做好预习。这是给姐姐的最好礼物。

服务对象：嗯，知道了。

在案例 5.21 中，社会工作者购买了《影响孩子一生的好故事——八十天周游世界》一书奖励服务对象，肯定服务对象"语文课能够积极发言"。服务对象的母亲也要求服务对象能够"语文课上多发言"、"做好预习"，以回报社会工作者。虽然这样的奖励能够调动服务对象学习语文的积极性，但是也很容易出现强迫服务对象接受社会工作者的喜好的现象。从长远来说，会给服务对象造成很大的压力，妨碍服务对象的发展。如果社会工作者在奖励服务对象时，不是依据自己的标准，而是关注服务对象自身面对和处理困难的能力的提高，例如，社会工作者在奖励服务对象时，可以强调"这次姐姐给你准备了一份礼物，是为了奖励你能够勇敢面对语文学习上的困难，并且自己主动想办法解决，像上课积极发言等就是很好的表现"，那么，奖励就能与行动结合起来，鼓励服务对象在行动中勇敢面对自己生活中的困难和压力。

六　合理处理服务对象的情绪

随着服务介入活动的开展，服务对象与社会工作者以及服务对象与周围他人之间的冲突就会逐渐增多，服务对象的情绪问题就会成为社会工作者在扩展阶段无法回避的问题。如果不及时处理，或者处理不妥当，将直接导致服务介入活动难以开展，甚至出现被迫中止服务介入活动的现象。社会工作者作为外来人进入服务对象的日常生活并且与服务对象建立相互信任的服务关系，其间必然会出现各种碰撞和冲突。我们来看一看下面这个案例，注意观察社会工作者是如何避免服务对象的对立情绪出现的。

　　案例 5.22

　　服务对象是小学三年级的男生，平时比较好动，注意力很难集中，考试经常不及格。虽然服务对象的父母亲受教育程度不低，也非常关心服务对象的学习，但是脾气比较急躁。只要服务对象完成不了作业，就会大声训斥服务对象。社会工作者在一次服务介入活动中就遇到了这样的场景。

　　（服务对象完成作业的速度很慢，遭到父亲的大声训斥。为了舒缓服务对象的压力，社会工作者建议休息十分钟。由于服务对象平时喜欢绘画，社会工作者提议和服务对象一起画画。）

　　社会工作者： 我们一起画画，怎么样？

　　服务对象： 我最喜欢画企鹅。

　　社会工作者： 那我们今天画企鹅，好不好？

　　服务对象： 你先画，你画好了之后，我再来画。你画好了，我看一看像不像。如果像，我再画。

　　社会工作者： 好啊！

　　（于是社会工作者拿起画笔，并且递给服务对象一支，开始画画。）

　　社会工作者： 那企鹅是什么颜色的呀？

　　服务对象： 是黑白色的。

　　社会工作者： 什么地方黑？什么地方白？

　　服务对象：（指着自己的腹部）这里是白色的，其他都是黑色的。

　　社会工作者：（画了几笔之后）唉，我画得不像，你能不能帮我？

　　服务对象： 好。

　　（接下来，服务对象很认真地教社会工作者画画。）

　　仔细阅读案例 5.22 就可以发现，在对话的开始阶段，服务对象的情绪比较对立，要求社会工作者："你画好了，我看一看像不像。如果像，我再画。"这个时候，如果社会工作者坚持要一起画，就会加剧服务对象的对立情绪。案例 5.22 中的社会工作者选择了自己先画然后吸引服务对象加入的策略，问服务对象"那企鹅是什么颜色的呀"、"什么地方黑"、"什么地方白"等问题，增加与服务对象的沟通交流，舒缓服务对象的对立情绪。在对话的结尾，社会工作者提出了自己的"困难"："唉，我画得不像，你能不能帮我？"这样一来，就能推动服务对象参与与社会工作者的互动交流。将相互冲突的沟通方式转化为合作互动的沟通方式，是消除服务对象对立情绪的关键。

对于社会工作者来说，最难忍受、最不容易处理的是服务对象的敌对情绪。面对服务对象突如其来的怀疑、抱怨、指责，甚至嘲讽，社会工作者往往会感到不知所措。既不能和服务对象直接对抗，又很难维持心理的平衡。我们来看一看下面这个案例，注意体会社会工作者所面临的困难和压力。

案例 5.23

服务对象上小学二年级，学习成绩在班里倒数第一，经常受到老师的批评和父母的责骂。在前几次服务介入活动中，社会工作者与服务对象建立了相互信任的合作关系。可是，就在第四次服务介入活动快要结束的时候，社会工作者与服务对象之间发生了意外的冲突，让社会工作者不知道怎样处理。

（时间已经到了 16：30，这次服务介入活动临近结束。于是，社会工作者就和服务对象很快地把纸板粘贴在墙壁上，以结束这次服务介入活动。在准备离开之前，社会工作者把服务对象叫到客厅安排一些事情。但是服务对象到了客厅和社会工作者一起收拾东西的时候，突然拿着透明胶与社会工作者进行了下面的对话。）

服务对象：我知道这个胶布是谁的。

社会工作者：是我的呀！

服务对象：根本不是你的，你还说是你的。我记得上次我买了一个，但不见了。

（说这句话的时候，服务对象用眼睛白了社会工作者好一会儿。）

社会工作者：是我的呀！

（社会工作者当时就呆住了，不知道该怎么解释，心里觉得特别委屈，明明是自己的，又没有办法和服务对象争辩。）

在案例 5.23 中，社会工作者遭遇了服务对象突如其来的怀疑：偷拿了她的透明胶，而且服务对象还用眼睛白了社会工作者好长时间。可以想象，社会工作者当时的处境，除了尴尬之外，心里觉得特别委屈。经历了这样的处境，很容易使社会工作者产生愤怒、沮丧的情绪，甚至产生放弃服务介入的念头。面对这样的场景，受到挑战最大的是社会工作者自己，看社会工作者是否能够消除服务对象的敌对情绪，理解这种敌对情绪背后所反映的服务对象的要求。在案例 5.23 中，如果社会工作者能够看到服务对象敌对情绪背后的无助和不安，就能理解服务对象这样的行为表现，当然，也就不会只盯着自己的感受，而能够更为理性地处理与服务对象的冲突。

服务对象的情绪会随着服务介入活动的开展起伏不定。当服务对象的情绪处于低谷时，如果社会工作者希望借助加快服务介入的节奏推动服务对象跟上服务介入活动的节拍，或者避免服务介入活动陷入冷场，这样做正好事与愿违，不仅不能帮助服务对象摆脱情绪的困扰，甚至可能直接给服务对象造成更大的压力。在情绪低谷中，服务对象回应周围他人要求的能力会下降，如果服务介入节奏加快，服务对象只会变得越来越被动。面对这样的处境，社会工作者首先要做的是放缓服务介入节奏或者停止预先制定好的服务介入活动，减轻服务对象的压力，给服务对象充分的空间调整、表达、舒缓自己的情绪。无论是服务对象对社会工作者怀有对立情绪还是服务对象处于情绪低谷中，社会工作者要做的是理解服务对象面临的生活压力，保证服务对象有充分的空间表达自己的情绪，舒缓心理压力，同时把握好服务对象情绪发展的方向，避免服务对象陷入极端的情绪中。

七　运用服务面谈之外的时间

对社会工作者来说，服务面谈方法的运用只是服务介入活动的一部分，它是社会工作者通过直接与服务对象以及周围他人进行沟通交流推动服务对象发生改变。此外，还有服务面谈之外时间的运用，这也是社会工作者的重要资源。实际上，一项好的服务介入活动既需要把服务面谈内的效果延伸到服务面谈之外，让服务对象的改变扎根于日常生活中，同时也需要把服务对象在日常生活中的改变引入到服务面谈之内，保证服务对象的成功经验能够得到不断总结和深化。我们来看一看下面这个案例，注意观察和分析社会工作者是怎样处理服务面谈之内和服务面谈之外的安排的。

案例 5.24

服务对象是小学二年级的女生，在语文学习中存在一些明显的困难。为此，社会工作者精心设计、组织了几次辅导活动，希望能够帮助服务对象克服语文学习中的困难。下面是社会工作者在服务介入活动中与服务对象的一段对话。

　　社会工作者：我们来玩一个游戏，好不好？我说一个词，你就回答它的反义词，怎么样？

　　服务对象：好！

　　社会工作者：远。

　　服务对象：近。

　　社会工作者：快。

　　服务对象：慢。

　　社会工作者：进。

　　服务对象：嗯，远。

　　社会工作者：哦，不是"近"，是"进"。（社会工作者拿笔在纸上写了"进"字，递给服务对象看。）

　　（服务对象想了一会儿，还是想不出来。）

　　社会工作者：我们来比个动作吧。你看，"进"就是用手指前进，它的反义词就是这样向后的。

　　（社会工作者一边说，一边比划着动作。但是，服务对象还是一脸茫然。）

　　社会工作者：来，跟姐姐（社会工作者）一起比动作。看，前进（手指前进），后退（手指后退）。所以"进"的反义词就是"退"呀，还有"快"就是手指动得很快，"慢"就是放慢一下速度。记住了没有？

　　服务对象：嗯，记住了。

　　社会工作者：好，你这周在读语文课文的时候，找一下反义词。我们下个星期来的时候，看一看你找到了多少反义词，好不好？

　　服务对象：好的。

　　在案例5.24中，社会工作者首先通过服务面谈中的游戏活动让服务对象理解反义词的内涵，然后再将这样的要求延伸到服务面谈之外——服务对象的日常生活中，让服务对象在这周读语文课文的时候"找一下反义词"。这样的安排不仅能够加深服务对象在服务面谈内获得的对反义词的理解，为服务对象提供更多的练习机会，而且也能够进一步把服务对象在日常语文学习中遇到的困难带入服务面谈中，提高服务介入活动的效果，让服务面谈内的活动和服务面谈外的活动相互促进，逐渐深入到服务对象的日常生活中。

这样，社会工作者在设计服务介入计划时就不能只盯着服务面谈内的安排，而需要用一种整体的视角来看待服务对象的日常生活，统筹服务面谈内和服务面谈外的安排，并且让两者相互促进。

在实际的服务介入活动中，社会工作者经常遇到这样的情况，虽然社会工作者做了明确的指导，要求服务对象把在服务面谈内学到的成功经验运用到日常生活中，但服务对象并没有按照要求行动，反而找出各种理由推托。我们来分析一下下面这个案例，注意观察和体会服务对象为什么没有在服务面谈之外按照社会工作者的要求行动。

案例 5.25

服务对象是小学三年级的女生，上课经常走神，学习成绩不理想。经过社会工作者的几次服务介入活动后，服务对象开始在语文课上主动发言，受到班主任语文老师的表扬。社会工作者希望借助服务对象对成功经验进行总结的机会，进一步推动服务对象发生积极的改变。下面是社会工作者与服务对象的一段对话。

（服务对象很高兴地告诉社会工作者，这个星期因为她上课积极举手发言，语文老师当着全班同学的面表扬了她。）

社会工作者：哇，太好了！那我们现在想一想，怎么才能在语文课上多发言？

服务对象：要好好预习课文。

社会工作者：对啊，预习课文能够帮助我们更好地理解课文的内容。你打算怎么预习呢？

服务对象：就是要好好读书。

社会工作者：嗯，对。以后每堂语文课之前，你都提前预习一下课文，好不好？

服务对象：好！

（一个星期之后，社会工作者在检查服务对象的学习情况时发现，服务对象并没有按照上个星期的要求预习课文。面对这样的困难，社会工作者不知道该怎么办。）

仔细分析案例 5.25 就可以发现，服务对象虽然有很高的积极性，希望能够获得语文老师的表扬，而且在社会工作者的帮助下也总结了进步中的成功经验，但是并没有按照社会工作者的要求行动。如果我们转到服务对象的角度就会发现，社会工作者的指导不够具体，并没有明确怎样才算是"好好预习课文"，更不用说演示给服务对象看，让服务对象知道具体怎样做。因此，服务对象只有模糊的想法："就是要好好读书。"一旦转到实际生活中，服务对象只能按照原来的方式学习。有了具体的要求，而且让服务对象知道怎样做，这样的安排只关注服务面谈内的活动对服务对象日常生活的影响，而忘了服务对象的日常生活也会影响服务面谈内的服务活动。这就要求社会工作者采取双向互动的视角制订服务介入计划，留出充分的空间让服务对象把在日常生活中的要求和能力呈现出来，并以此调整服务面谈内的服务介入活动。我们来看一看下面这个案例，注意观察社会工作者是怎样制订服务介入计划的。

案例 5.26

服务对象是小学四年级的女生，11 岁。在老师眼里，服务对象是一位性格内向、文静的学生，学习基础比较差。为了改变服务对象的学习状况，社会工作者与服务对象以及服务对象的母亲一起商讨、制订了日常学习计划，要求服务对象在日常生活中按照计划的要求行动。下面是社会工作者与服务对象以及服务对象的母亲之间的一段对话。

（社会工作者拿着服务对象制订好的学习计划给服务对象的母亲看，让她提出自己的看法。）

服务对象的母亲：中午 12：30 回家，太晚了。她总是拖拖拉拉的，还要在学校玩一会儿。

社会工作者：12 点回家可以吗？以后放学的时候，尽量快点儿走回来，别让妈妈担心。有什么事，提前跟妈妈说一声。好吗？

（服务对象没有说话，慢慢地点点头表示同意。接着，社会工作者把中午回家的时间改成"12：00"。）

社会工作者：好，阿姨再看一看，还有没有什么不太合适的地方？

服务对象的母亲：我看差不多可以了。

社会工作者：（对着服务对象）你呢？你有什么想改的？

服务对象：（没有说话，摇摇头。）

社会工作者：好。那我们以后先按这个计划执行一周，看一看可以怎样做得更好。

服务对象：（点点头，没有说话。）

服务对象的母亲：对，有计划就要做，不能只说不做。

社会工作者：（对着服务对象的母亲）如果她在做的过程中遇到什么困难，还需要您的支持和提醒。尤其开始的时候，有您的支持很重要。

服务对象的母亲：我会尽力的，只要她能够按照计划学习就好了。

在案例 5.26 中，社会工作者与服务对象以及服务对象的母亲一起制订了日常的学习计划，但是并没有立刻要求服务对象按照制订的计划行动，而是建议"先按这个计划执行一周"，"看一看可以怎样做得更好"，希望给服务对象充分的空间呈现在执行计划的过程中遇到的困难和挑战，并以此来确定下一次服务面谈的活动安排，使学习计划的执行和调整过程成为发掘服务对象的能力和资源的过程。如果要求服务对象完全按照在服务面谈中制订的学习计划行动，就会把服务面谈与服务面谈之外的日常生活对立起来，妨碍服务介入活动深入到服务对象的日常生活中。

第三节　运用周围他人的资源

在服务介入的扩展阶段，社会工作者不仅需要通过把握好服务方向、关注当下的行动，在行动中提出"问题"和要求、总结成功的经验、发掘和维持服务对象的发展愿望，合理处理服务对象的情绪以及运用服务面谈之外的时间等策略，将服务介入活动延伸到服务对象的日常生活中，而且也需要将服务对象的改变扩展到周围他人，充分运用周围他人的资源，让服务对象的改变不只局限于服务对象个人。

一　调动周围他人的能力

服务对象生活在特定的生活场景中，他（她）的改变只有与周围环境的改善联系在一起时，才能持久。但是，充分发掘周围他人的能力却不是一件容易的事，周围他人与服务对象不同，通常不会认为自己有责任需要改变，而是要求社会工作者帮助他们指导服务对象进行改变。因此，在实际的专业实践活动中，社会工作者时常遇到这样的情况：当社会工作者要求或者建议周围他人改变时，他们会找出各种理由拒绝这样的改变要求。我们来看一看下面这个案例，注意观察社会工作者是怎样回应服务对象的母亲的要求的。

案例 5.27

服务对象是小学二年级的女生。据老师反映，服务对象的学习基础比较差，学习习惯不好，而且缺乏家长的监督和指导。而服务对象的父母亲则认为，他们来到城市打工，工作比较忙，没有时间去管孩子的学习。社会工作者在帮助服务对象改善学习状况的过程中，也希望服务对象的父母亲能够尝试给服务对象更多的支持。下面是社会工作者在劝说服务对象的母亲给予服务对象更多支持时的一段对话。

社会工作者：这几次我们（社会工作者）过来，让她讲故事，讲得很有条理、很生动。

服务对象的母亲：是吗?! 以前我没有听她讲过故事。（服务对象的母亲有点儿吃惊，也有点儿高兴。）

社会工作者：讲得很不错！我们希望她每天睡觉之前也讲给你听一听。她很高兴地答应了。

服务对象的母亲：我没有时间。每天下班回到家就晚上六七点钟了，回来后还要做饭、烧菜、洗衣服、整理家务，忙完也就晚上十点了，孩子早就上床睡觉了。

社会工作者：是啊！确实挺辛苦。您也知道，她现在最主要的困难是语文作文，如果每天能够听她讲一个小故事，花 5 分钟，就能让她慢慢积累，语文作文就能赶上去，语文基础就能改善，学习兴趣就能提高。

服务对象的母亲：好吧，我试试看。但我不知道怎么做？

社会工作者：没关系，我们会和语文老师联系，然后给她布置一些故事，让她讲给你听。不知道这样可不可以？

服务对象的母亲：好的。谢谢你们！

分析案例 5.27 就可以发现，服务对象的母亲确实非常忙，当社会工作者建议她抽出些时间听服务对象讲故事的时候，母亲拒绝了社会工作者的要求："我没有时间。"如果社会工作者停留在这里，不进一步推动服务对象的母亲做一些改变，服务对象的改变就会失去家庭的支持，很难维持。实际上，即使社会工作者不提出改变的建议，服务对象的母亲也会根据服务对象的要求对自己的生活安排做一些调整，只不过这样的调整不能超出母亲的承受能力。因此，社会工作者向周围他人提出的改变要求应当尽可能地小，像上面案例 5.27 中的社会工作者，只要求服务对象的母亲每天"花 5

分钟"时间听故事。这样，就能保证周围他人愿意接受改变要求并将其予以实现。

周围他人对服务对象的改变往往有自己的想法和要求，但是这些想法和要求并不一定都能够实现出来。怎样将周围他人的要求明确化并且能够在专业服务介入活动中实现，是调动周围他人能力的关键。它包括两个方面的基本要求：一是将周围他人的要求具体化；二是将周围他人的具体要求转化为可以直接行动的要求。我们来看一看下面这个案例，注意体会社会工作者是怎样明确周围他人的要求并进行聚焦的。

案例 5.28

服务对象是小学三年级的学生，学习成绩很好，但是有一些不受同学欢迎的行为，经常受到老师的批评。为此，服务对象的父母亲感到很苦恼，尤其服务对象的母亲非常担心孩子的成长。在服务介入活动中，社会工作者希望能够发掘服务对象母亲的能力，推动服务对象发生进一步的改变。下面是社会工作者与服务对象的母亲之间的一段对话。

社会工作者：他（服务对象）最近的学习怎么样？

服务对象的母亲：唉，他现在最大的问题不是学习，是行为习惯要改。他刚上一年级的时候，在课堂上就会跑到别的同学课桌边借橡皮，不懂课堂纪律。后来，上课的时候喜欢碰碰前后左右的同学，老师就说他影响同学上课。所以从一年级开始，老师就一直把他一个人安排在最后一排，再加上他有时完不成作业，因此老师经常放学之后让他留下来。这样，时间一长，他在同学们心目中就成了坏孩子。你也知道，学校的学生就会把老师的话当成金口玉言，老师说这个学生不好，其他同学就不和他玩；老师表扬了哪个同学，其他同学就争着和他玩。后来有一次，我实在看不下去了，写了一封很长的信给他的班主任，说这孩子不应该总是被安排单独坐在最后，他总不是最坏的孩子，即便班上有一个单独的座位，那也不应该是这孩子的"专属"。那样的话，孩子就会觉得太寂寞，会被孤立。

社会工作者：您的意思是说，他目前最大的困难是改变行为习惯。而要做到这一点面临老师的影响、同学的影响、班级气氛的影响等。如果我们现在着手做的话，您觉得可以从哪些方面开始？

服务对象的母亲：首先要改变老师的观念，不要把他当作坏孩子。

社会工作者：嗯，可以做些什么让老师的观念能够改变一些呢？

在案例 5.28 中，服务对象的母亲提出服务对象最大的问题是"行为习惯要改"，但是这样的要求不够具体明确，没有说明什么方面要改、怎样改。因此，社会工作者接着问服务对象的母亲："您觉得可以从哪些方面开始？"希望将服务对象的母亲的要求具体化。虽然服务对象的母亲提出的"改变老师的观念"的要求已经比较明确，但是只要仔细分析就会发现，这样的要求是针对老师的，不是针对服务对象的母亲自己的。因此，她的这个要求也没有办法实现。所以，社会工作者接着进一步提问："可以做些什么让老师的观念能够改变一些呢？"把针对老师的要求转变成针对服务对象的母亲自己的要求，保证母亲能够直接将要求付诸行动。

周围他人也像服务对象一样有自己观察生活的视角，并且在处理因服务对象的"问题"而产生的困难的过程中学习积累自己的成功经验。如果社会工作者把周围他人简单地视为服务对象改变的外部资源，要求周围他人围绕着服务对象提供各种帮助，就会忽视周围他人的要求，无法充分调动周围他人的能力和资源，甚至可能导致服务对象与周围他人之间的对立和冲突。我们来看一看下面这个案例，注意分析社会工作者可以怎样调动周围他人的能力和资源。

案例 5.29

服务对象是小学三年级的男生，10 岁。由于服务对象的学习基础比较差，再加上缺乏父母亲的有效监督和指导，服务对象的学习成绩不理想。经过几次针对服务对象的服务介入活动之后，社会工作者决定发掘和调动周围他人的能力和资源。下面是社会工作者与服务对象的父亲之间的一段对话。

社会工作者：他（服务对象）目前在学习中感到最困难的是什么？

服务对象的父亲：他就是比较懒。数学还好，语文比较困难，尤其拼音跟不上。

社会工作者：对了，叔叔，我听他说，您有时候帮他辅导拼音，是吗？

服务对象的父亲：是的。不过最近比较忙，没有给他辅导了。以前都是我写汉字，让他写拼音。

社会工作者：那很好呀！叔叔，我有一个想法，就是找一个小黑板，那种推动一下就可以擦掉的。您早上起来的时候，他不是已经走了吗，您就可以把汉字写在上面，等他回来看到的时候，就可以写了；然后晚上您回来的时候，他不是已经睡了吗，您就可以大概地改一下，这样应该比较方便吧！

服务对象的父亲：好是好，但是他自己在家的时候，会去翻书，不会自己做的。这孩子不是很自觉，比较懒。

在案例5.29的对话中，服务对象的父亲已经意识到服务对象在语文的拼音方面存在困难，但是因为自己工作太忙，无法对服务对象进行及时的辅导。了解了这些情况后，社会工作者立即向服务对象的父亲提出建议：运用小黑板辅导服务对象学拼音。可惜的是，社会工作者没有站在服务对象父亲的角度帮助他总结指导孩子学习的经验，而是依据自身的经验提出建议，这样的建议并没有关注服务对象父亲的要求。遇到这样的情况，如果社会工作者不急着提出自己的建议，而是把能力发挥的空间留给服务对象的父亲："有什么办法可以提高孩子的语文拼音的水平"，帮助父亲发掘自身的能力，这样，社会工作者就能像调动服务对象一样，调动周围他人的能力和资源。

二 同时回应服务对象和周围他人

在实际的专业服务活动中，服务对象的改变总是与周围他人联系在一起的，回应服务对象的感受时常涉及周围他人的要求；同样，回应周围他人的感受又会与服务对象的要求联系在一起。很难仅仅针对服务对象或者周围他人单个人进行感受回应。更为困难的是，在回应感受的过程中经常涉及服务对象与周围他人之间的冲突，很容易出现只关注一方的要求而忽视另一方的感受的情况。我们来看一看下面这个案例，注意分析社会工作者是如何同时回应双方的感受的。

案例5.30

服务对象是小学四年级的女生。据服务对象的父母亲反映，服务对象比较懒散，做作业拖拉，学习成绩不理想。社会工作者除了在学习上辅导服务对象之外，同时还鼓励服务对象整理自己的房间。在第四次服务介入活动中服务对象与母亲发生了冲突，下面是社会工作者与服务对象以及服务对象的母亲之间的一段对话。

社会工作者：今天过来之前给叔叔发短信，他说在打点滴。不舒服吗？

服务对象的母亲：对，他手上长了一颗瘤，昨天开刀，现在还在医院。

社会工作者： 严不严重？

服务对象的母亲： 没什么，休息一下就好了。这孩子，嗐，我们大人都忙成这样了，她还给我们添麻烦。昨天晚上我在医院陪了一夜，早上回家，一看满地都是糖果纸，不知道她怎么疯的。说她，她还顶嘴。我就打了她。

社会工作者： 阿姨两头都要跑，一定很辛苦。

服务对象的母亲： 是啊！你说，一回家看到房间里乱七八糟的，心里不火吗？让她整理还不整理。

社会工作者： 阿姨这几天一定很辛苦，要好好休息。（对着服务对象）妈妈累了，我们一起整理房间好不好？

服务对象： 好。

分析案例 5.30 可以看到，面对母女之间的冲突，社会工作者不仅站在母亲的角度回应她的感受："阿姨这几天一定很辛苦，要好好休息"；而且也回应了服务对象的感受："妈妈累了，我们一起整理房间好不好？"让母亲和服务对象关注怎样解决面临的困难，而不是抱怨对方的不足。如果社会工作者只回应一方的要求，关注谁对谁错，就会加深双方之间的冲突。同时，回应服务对象和周围他人的感受，并不意味着要做"和事老"，而是要充分发掘服务对象和周围他人的改变愿望，积极面对共同的困难。因此，社会工作者在同时回应服务对象和周围他人的感受时，需要将关注的焦点集中在怎样面对和处理面临的困难上。

实际上，即使服务对象不在服务介入活动的现场，他（她）与周围他人之间的冲突依然存在，只是没有在社会工作者的面前表现出来。因此，社会工作者在仔细倾听周围他人的描述时，不仅要看到看得见的东西，同时还需要通过周围他人感受服务对象的要求，及时回应服务对象和周围他人的感受。我们来看一看下面这个案例，注意体会社会工作者是怎样在服务对象不在场的情况下回应服务对象的要求的。

案例 5.31

服务对象是小学三年级的男生，除了学习不用心、做作业拖拉之外，还经常违反学校的课堂纪律，受到老师的批评。在一次服务介入活动中服务对象的母亲与服务对象发生了冲突，下面是社会工作者与服务对象的母亲之间的一段对话。

社会工作者：他（服务对象）这一周怎么样？

服务对象的母亲：待会儿等他回来自己说吧。唉……昨天晚上作业都没做，就跑出去玩，和一些小孩在外面玩火，然后在火上撒尿，把火浇灭，他把尿撒裤子上了。我那时还没回来，他自己乖乖地把裤子泡在水桶里。我问他，他才说。我跟他说，明天老师（社会工作者）过来，你作业都没做，看你怎么办？他说他今天早上做。结果今天早上又赖床，八点二十多才起床。刚才拿着板凳，想一边上厕所一边写，我就不让，他着急了，说："那一会儿大哥哥（社会工作者）过来了怎么办？"我说："你就先听他讲，他走了之后再写。"

社会工作者：嗯，他没有完成作业，心里挺着急的。阿姨，您看可以做些什么让他能够比较容易完成作业？

服务对象的母亲：这孩子就是调皮，管不住自己，做作业的时候需要有人监督。

在案例 5.31 中，服务对象并没有在服务介入活动的现场，社会工作者直接面对的是服务对象的母亲。当母亲抱怨服务对象调皮、不完成作业的时候，社会工作者却从其中看到服务对象想改变的愿望——希望及时完成作业——强调服务对象虽然没有完成作业，但"心里挺着急的"。接着，社会工作者又问服务对象的母亲"可以做些什么让他能够比较容易完成作业"，将母亲的注意力集中在如何帮助服务对象上，使母亲的要求和服务对象的要求能够一致起来。虽然有时社会工作者是针对服务对象或者周围他人单个人提问的，但实际上需要回应的不仅仅是被问及的对象，社会工作者是要通过被问及的对象回应事件中所有相关的人。

三 把服务对象的改变与周围他人的改变连接起来

如果能够把服务对象的改变与周围他人连接起来，不仅服务对象能够得到周围他人的支持增强改变的动力，而且周围他人也能够根据服务对象的改变调整自己的生活，充分发掘自己的能力和资源。更为重要的是，一旦服务对象的改变与周围他人的改变配合起来，两者就能相互促进，形成长久的改变机制。我们来看一看下面这个案例，注意社会工作者是如何将服务对象的改变与周围他人连接起来的。

案例 5.32

服务对象是小学二年级女生，8岁。由于服务对象的父母亲工作比较忙，没有时间监督服务对象的学习，再加上服务对象自身的学习习惯不好，上课很容易走神，因此服务对象的学习成绩不理想，经常不及格。为此，服务对象的父母亲邀请服务对象的表姐帮助服务对象。下面是社会工作者与服务对象以及服务对象的表姐之间的一段对话。

在社会工作者的指导下，服务对象第一次完成了日记的字数要求，显得非常高兴。这时，服务对象的表姐走了进来，站在服务对象的身旁。

社会工作者：要不要把日记给姐姐看一看？

服务对象：姐姐，这是我今天写的日记。

（服务对象一边说，一边把日记本递给表姐。）

服务对象的表姐：（接过日记本仔细地看服务对象写的日记，没有说话。）

服务对象：我今天写了255个字，超过了老师的要求。老师只让我们写250个字。

社会工作者：确实，她（服务对象）今天表现很不错。（对着服务对象）250个字我们也能做到，是吗？

服务对象：嗯。（脸上显出很自豪的表情）

服务对象的表姐：你说话都不停顿吗？日记怎么都没有标点符号？

社会工作者：能写255个字就是很大的进步了，我现在正在跟她讲标点符号。

服务对象的表姐：嗯，你要认真一点。

案例5.32中的社会工作者不仅关注服务对象的进步，同时还有意识地将服务对象的进步与周围他人连接起来，让周围他人成为服务对象改变的重要支持。在对话中，社会工作者鼓励服务对象把日记给表姐看，并且在表姐面前肯定服务对象的进步。当然，作为周围他人来说，更为关注服务对象"问题"的消除，就像案例5.32中的表姐，她看重的是日记中的"标点符号"。因此，社会工作者在肯定服务对象的进步时，还需要回应周围他人的要求，让周围他人既看到服务对象的进步，又能对服务对象的"问题"有更大的包容。

除了让服务对象的进步直接呈现在周围他人面前之外，社会工作者还可以协助周围他人及时发现服务对象的进步。例如，布置一些任务，让周围他人注意观察服务对象近期的表现，或者让周围他人具体说明服务对象在什么方面有进步，等等。这样做，一方面可以让周围他人及时发现服务对象的进步，给予服务对象更多的肯定和支持；另一方面，也可以帮助周围他人总结其中的成功经验，增强周围他人与服务对象之间的相互支持。我们来看一看下面这个案例，注意社会工作者是怎样协助周围他人及时发现服务对象的进步的。

案例 5.33

服务对象是小学四年级的女生，11 岁。据老师反映，服务对象上课经常走神，做作业敷衍了事，学习不认真，而且缺乏家长的监督。在社会工作者的帮助下，服务对象的学习有了一些进步。为了让服务对象的改变能够获得持续的支持，社会工作者希望能够将服务对象的进步与周围他人连接起来。下面是社会工作者与服务对象的父母亲之间的一段对话。

社会工作者：最近老师有没有反映她的情况？

服务对象的父亲：有，老师说她有了一点儿进步。

社会工作者：哦，很好啊！哪些方面进步了？

服务对象的父亲：老师说她字写得工整多了，而且作业完成得比以前认真了。

（服务对象的父亲翻开服务对象的书包，把她的作业拿了出来。）

服务对象的父亲：这个可能是她今天上午写的作业。

（社会工作者接过作业本仔细地翻看着）

社会工作者：嗯，是的，进步很大，字写得很好。阿姨，你看，这是她最近写的拼音。

（社会工作者把作业本递给服务对象的母亲）

服务对象的母亲：嗯，这个写得很好！她认真写得话，还是能够写得很好的。

（服务对象听到后转过头，我们看着她都笑了。）

分析案例 5.33 就可以发现，当社会工作者了解到服务对象有了进步之后，就问服务对象的父亲服务对象在"哪些方面进步了"，希望父亲能够了解服务对象在哪些具体的方面取得了进步，加深对服务对象的了解，以便给予服务对象及时、有效的肯定。可惜的是，社会工作者只指出了服务对象有了具体的进步，没有和服务对象的父母亲一起总结他们在帮助服务对象的过程中取得的成功经验。将服务对象父母亲的注意力从服务对象转向自身，就能使父母亲的改变和服务对象的改变结合起来。

一提起服务对象的改变，就容易让人想到服务对象的进步。但是，在实际生活中服务对象有时会出现退步。面对服务对象的退步，周围他人就会很着急，容易失去耐心，甚至抱怨社会工作者。我们来看一看下面这个案例，分析一下社会工作者可以怎样帮助周围他人更好地处理服务对象的退步问题。

案例 5.34　（承接案例 5.33）

社会工作者：她的期中考试的成绩出来了吧？

服务对象的父亲：出来了。她考得很差，不及格。

服务对象的母亲：上周一上午九点多的时候，老师打电话过来，跟我们说她这次考试考得不好，成绩很差。

社会工作者：哦，是吗？老师打电话过来了？

服务对象的母亲：是啊，九点多。估计老师到学校不久，就给我们打电话了。后来因为信号不太好，通话中断。过了一会儿，老师又打电话过来，告诉我们孩子考试的具体情况。唉！（服务对象的母亲叹了一口气）

服务对象的父亲：她语文不及格，只考了 54.5 分。

社会工作者：那她的数学呢？

服务对象的父亲：数学 70 多吧。

社会工作者：那她的数学还好。

服务对象的父亲：这孩子不知道为什么，学一点东西就那么难。

在案例 5.34 中，服务对象的学习成绩出现了倒退，这让父母亲感到很沮丧。看到服务对象的父母亲叹气，社会工作者想安慰他们，于是说"那她的数学还好"，但是父母亲仍旧指责孩子，"学一点东西就那么难"。显然，父母亲不愿意看到孩子的学习成绩退步，认为这是"失败"。这个时候，如果社会工作者也不愿意面对服务对象的退步，就会加深父母亲的挫折感。实际上，进步是一种改变，退步也是一种改变，而且服务对象在退步时更需要周围他人的理解和支持。无论对于服务对象还是周围他人来说，退步是一个非常好的学习机会，可以使他们学会在挫折面前面对自身的不足并且积极寻找解决的方法。如果社会工作者能够协助周围他人在服务对象退步的时候把注意力集中在如何帮助服务对象改变上，给予服务对象必要的理解和支持，这时给予的支持就要比服务对象在进步时给予的支持更有力、更必要。

四　关注周围他人的发展

关注周围他人的发展，说起来容易，做起来却不简单，因为我们习惯于把服务对象作为专业服务介入活动的关注焦点，并以此来安排周围他人的活动，看服务对象是否在周围他人的支持下发生了改变，是否实现了预定的目标，很少甚至根本不关注周围他人的想法和要求。我们来看一看下面这个案例，注意体会社会工作者在制订服务介入计划时是怎样处理周围他人的要求的。

案例 5.35

服务对象是小学四年级的女生，10 岁，与母亲生活在一起。母亲很关心服务对象的学习，但是由于自己的文化水平不高，没有办法直接指导服务对象学习。所以，母亲希望社会工作者能够帮助她辅导服务对象的功课，提高服务对象的学习成绩。为此，社会工作者打算与服务对象的母亲一起制订一份学习计划，帮助服务对象改善目前的学习状况。

社会工作者：我们想制订一份学习计划，让她真的能够学进去，而不是应付。这样，她的学习成绩才能提高。阿姨，您觉得怎么样？

服务对象的母亲：很好！她整天就是想着玩、看电视，不认真学习。

社会工作者：接下来就要期中考试了，她的学习压力会很大，如果抽出半天时间出去玩，您觉得怎么样？还是把出去玩作为考试考完后的一种奖励？

服务对象的母亲：我觉得还是考完后再去玩比较好。这孩子心放出去了，就不好收回来。

社会工作者：嗯，这样也可以。还有，如果她这次考试有进步了，您打算怎么奖励她？

服务对象的母亲：她常常说自己想要一双溜冰鞋，但我一直没敢买。

社会工作者：这或许是个好机会，如果这次期中考她考好的话，可以考虑给她点奖励，鼓励她好好读书。如果她心里想把书读好，辅导的效果就会很好。

服务对象的母亲：嗯，我会考虑的。

分析案例 5.35 可以发现，社会工作者在与服务对象的母亲商讨学习计划时，虽然让母亲选择什么时候奖励、奖励什么，但奖励的目标、奖励的方式早已由社会工作者确定好了。社会工作者并没有让服务对象的母亲成为制订学习计划的"主角"，没有问母亲想解决什么"问题"、想通过什么样的方式解决"问题"。显然，社会工作者只关注服务对象的愿望，并没有转到服务对象母亲的位置体会她的要求，忽视了母亲的发展空间，最终无法让服务对象的改变获得周围他人的有力支持。

如果社会工作者希望关注周围他人的发展，就需要找到周围他人改变的基础，就像对待服务对象一样，社会工作者需要耐心倾听周围他人的故事，了解周围他人应对困难的方式和成功的经验，并且以此为基础确定周围他人进一步的发展要求。这样，服务介入计划的制订就能以周围他人的日常生活为基础，很好地发掘和调动周围他人的能力与资源。我们来看一看下面这个案例，注意分析社会工作者可以怎样将服务介入计划与周围他人的日常生活结合起来。

案例 5.36

服务对象是小学二年级的女生，9 岁。据老师反映，服务对象很聪明，学习东西很快，但是注意力不容易集中，做作业字迹潦草、不认真，加上缺乏家长的监督和指导，服务对象的学习成绩不理想。社会工作者希望服务对象的父母亲能够加强对孩子学习的监督和辅导。下面是社会工作者与服务对象的母亲之间的一段对话。

社会工作者：我们觉得她（服务对象）挺聪明的，想学什么学得挺像的。

服务对象的母亲：是，她是很聪明。只要想学，而且有个人盯着她，她还是能学好的。

社会工作者：嗯，阿姨，我们毕竟只是短暂的介入，跟她的生活更近的还是你们，你们也都很关心她，要在学习上多监督她。

服务对象的母亲：我们也想这样啊，但就是忙，没有时间。她爷爷说要管，但老人家玩心比较重；她爸爸生意比较忙，而我还有这个小的，都没有时间。你说，我也不可能整天把心思扑到她身上，是不是？

社会工作者：嗯，阿姨您确实比较忙。我们想，您跟她最亲近，您对她的影响最大。她每次日记不会写会问您吗？

服务对象的母亲：对啊，我会告诉她不会写的字。

社会工作者：阿姨您有时间会不会指导她写日记呢？比如，告诉她日记该怎么写、哪些日记内容需要改写等。

服务对象的母亲：没有，她每次日记都写得很快，一会儿就写好了，哪来得及和她说什么。即使说了，她也不听。

社会工作者：是吗？

（说到这里，社会工作者发现自己不知道怎样继续影响服务对象的母亲，似乎服务对象的母亲并没有改变的愿望，这让社会工作者感到很迷茫。）

在案例 5.36 中，社会工作者希望能够说服服务对象的母亲，让她给予服务对象更多的指导和监督。但是，服务对象的母亲也有自己的困难，她需要照顾服务对象的弟弟，不可能有更多的时间督促服务对象学习。这看起来好像是一个很难解决的困难。实际上，仔细阅读案例 5.36 中的对话就可以发现，服务对象的母亲平时会给予服务对象必要的学习指导，告诉服务对象在写日记的过程中遇到的不会写的字。可惜的是，社会工作者并没有以此为基础了解母女俩沟通交流的方式，明确母亲的发展要求。因此，到了对话的最后，社会工作者也就不可避免地发现自己无法继续影响服务对象的母亲，看不到母亲的改变愿望。

与服务对象和周围他人制订好了服务介入计划之后，就需要推动服务对象和周围他人一起执行。如果社会工作者的关注焦点仅仅在服务对象身上，就会只注意服务对象是否按照计划行动，从而忽视周围他人的要求。即使向周围他人提问，也会从服务对象的角度要求周围他人，让周围他人有一种"局外人"的感觉。我们来看一看下面这个案例，注意分析社会工作者是怎样应对周围他人的"局外人"感受的。

案例 5.37

服务对象是小学三年级的女生，学习习惯不好，而且缺乏家长的有效监督。社会工作者希望通过协助服务对象制定和执行学习计划的过程，让服务对象逐渐养成良好的学习习惯，并且协助服务对象的母亲建立有效的家长监督机制。下面是社会工作者与服务对象的母亲就服务对象的学习计划执行情况展开的一段对话。

社会工作者：阿姨，这周她（服务对象）的表现怎么样？我们上周留的学习任务她完成了没有？

服务对象的母亲：（笑）你去问问她，看她有没有做到。

（服务对象母亲的不在意的微笑让社会工作者一下子感到不知所措，原来想好的回答都派不上用场。）

社会工作者：好的，那我去问一问她。

从案例 5.37 这段简短的对话中可以发现，服务对象的母亲并没有在意服务对象是否执行了学习计划，把自己视为"局外人"，要求社会工作者自己去问一下服务对象，使社会工作者无法帮助母亲建立有效的家长监督机制。为什么会出现这样的情况？实际上，在开始问母亲的时候，社会工作者就把自己的关注焦点集中在服务对象的身上："这周她（服务对象）的表现怎么样？我们上周留的学习任务她完成了没有？"这样的提问让母亲觉得学习计划的执行是服务对象自己要完成的任务。如果社会工作者转到母亲的角度提问，如"您觉得上周制订的学习计划是否适合她（服务对象）"，或者"通过上周的尝试您觉得可以怎样帮助她（服务对象）更好地完成学习任务"，情况就会有所不同。无论母亲是否认可服务介入计划的执行，都表达了她自己的想法和经验。这样，社会工作者就能站在母亲的角度总结成功的经验，真正做到关注母亲的发展。

五　平衡服务对象和周围他人的要求

社会工作者的角色有点儿像"中间人"，他（她）所坚持的是一种多元发展的视角，既关注服务对象的需要，也注重周围他人的要求，并设法使服务对象和周围他人的要求能够平衡发展、相互支持。我们来看一看下面这个案例，注意分析和体会社会工作者可以怎样更好地平衡服务对象和周围他人之间的不同要求。

案例 5.38

服务对象是小学二年级的女生，平时与舅舅一家人生活在一起。由于居住空间非常狭小，服务对象没有独立的学习环境，学习时经常受到他人的干扰。社会工作者在一次入户的服务介入活动中遇到了以下场景，发现很难平衡服务对象和周围他人的不同要求。

　　社会工作者正在给服务对象辅导功课，这时服务对象的舅舅走了过来，说服务对象坐的姿势不好。服务对象抬头看了他一眼，没有搭理他。服务对象的舅舅走到社会工作者旁边的一张沙发前坐了下来，和社会工作者攀谈。社会工作者一边应付服务对象的舅舅，一边继续辅导服务对象写字。面对这样的场景，社会工作者实在不知道应该怎样处理。服务对象的舅舅一直和社会工作者谈论如何教育孩子，虽然服务对象明显受到很大的影响，一直在乱动，注意力很不集中，但社会工作者却不好直接打断他的话去辅导服务对象。服务对象的舅舅很大声地说话，似乎完全没有考虑到服务对象就在旁边学习，一直滔滔不绝地发表自己的意见。社会工作者几次强调环境对孩子学习的重要性，希望服务对象的舅舅能够注意到自己说话对服务对象的影响，但是服务对象的舅舅还是一直不停地说，社会工作者无奈地应付着他，不知道该不该不回答他的话，转而去辅导服务对象的功课。

　　案例 5.38 中的社会工作者遇到了难题：一方面，服务对象需要安静的学习环境，以便完成课外作业；另一方面，服务对象的舅舅不停地发表自己的意见，干扰了服务对象的学习。社会工作者既不能直接打断服务对象的舅舅的谈话，以免影响以后的入户服务活动，又无法通过间接暗示的方式让服务对象的舅舅自己能够觉察到服务对象的要求。面对这样的场景，社会工作者可以尝试邀请服务对象的舅舅具体指导服务对象的学习，让他的表达要求可以和服务对象的学习指导结合起来。这样，既可以避免服务对象舅舅的高谈阔论，又可以保证服务对象有一个安静的学习环境。在平衡服务对象和周围他人的要求的过程中，社会工作者很容易同情处于"弱势"处境中的人，在"道德"的影响下要求另一方付出更多的努力，出现强迫或者说教的现象。我们来看一看下面的案例，注意分析社会工作者是怎样平衡服务对象和周围他人的要求的，可以怎样避免给服务对象造成"道德"上的压力。

案例 5.39

　　服务对象是单亲家庭的孩子，11 岁，上小学四年级，与母亲生活在一起。服务对象的母亲没有什么文化，工作非常辛苦，加上身体不好，经常生病。除了上班之外，服务对象的母亲还要照顾服务对象，监督服务对象学习，生活压力很大。下面是社会工作者在一次服务介入活动中与服务对象的一段对话。

〔社会工作者走进服务对象的家中，看见只有服务对象一个人，他一边看着电视（电视上放着《倚天屠龙记》），一边吃着早餐。〕

社会工作者：你好！还在吃早饭呢？

服务对象：嗯。

社会工作者：只有你一个人在家吗？妈妈呢？

服务对象：我妈她去买药了。

社会工作者：买什么药？

服务对象：我也不知道。可能是她胃痛了，或者其他地方难受吧！

社会工作者：你看，妈妈挺不容易！你有没有为她做点儿什么呢？

服务对象：（不好意思地低下头）妈妈没让我做。

分析案例 5.39 可以发现，当社会工作者问服务对象有没有帮助母亲做点儿什么的时候，这让服务对象体会到了"道德"上的压力，而不是自己发展的愿望和要求。如果社会工作者改变提问的方式，先来关注服务对象在平时遇到这样的情况时是怎样处理的，如可以问服务对象"平时遇到妈妈不舒服的时候，你怎样做的"，就能避免直接以"道德"的标准要求服务对象。更为重要的是，借助这样的提问，社会工作者就能了解服务对象与母亲在日常生活中的互动交流方式，找到服务对象改变的基础，平衡协调服务对象和母亲的发展要求。

平衡服务对象和周围他人的要求是一个过程，在这个过程中不是简单地要求服务对象的需要和周围他人的需要一致起来，不发生冲突，而是借助这个过程将服务对象和周围他人的关注焦点集中在未来可改变的空间上，学会充分运用自身的能力和资源，拓展发展的空间，建立更为有效的支持关系。我们来看一看下面这个案例，注意分析社会工作者是怎样协调服务对象和周围他人的要求的。

案例 5.40

服务对象上小学四年级，今年 11 岁。由于缺乏家长的监督和指导，服务对象的学习成绩一直不理想。在一次服务介入活动中，社会工作者发现服务对象在期中考试中取得了明显的进步，希望能够借此机会将服务对象的发展愿望与母亲的要求连接起来。

社会工作者： 上一周你们有期中考试，是吗？

服务对象： 嗯，你知道吗，我们的期中考成绩都出来了！

社会工作者： 是吗？你考得怎么样？

服务对象： 语文还不知道，英语是……（服务对象用手比划了一下）

社会工作者： 53！

（服务对象不好意思地点了点头）

社会工作者： 那数学呢？

（服务对象没有说话，又用手比划了一下。）

社会工作者： 90！

服务对象： 是！

社会工作者： 很好啊！你和妈妈说了吗？她一定会很高兴的。

服务对象： 说了，她说我数学达到了她的要求了，英语还没有，还要再等几天看一看我的语文成绩。

社会工作者： 不错！你的英语虽然没有及格，但进步也不小了。

服务对象： 妈妈也说了，我的英语有进步，平时都只能考 30 多分。

社会工作者： 你看，妈妈挺了解你的。这次有进步了，接下来你打算怎样学习英语呢？

服务对象： 像现在这样，每天记一些课文的单词，读英语课文。

社会工作者： 很好！如果取得了进步，怎样让妈妈知道呢？

服务对象： 我会告诉妈妈每次考试的成绩。

社会工作者： 那平时呢？

服务对象： 平时，我完成了作业就会告诉妈妈，让妈妈检查。

社会工作者： 这样挺好的，妈妈平时就知道了，不会担心。

在案例 5.40 中，社会工作者在了解了服务对象在期中考试中取得了进步之后，接着提问："接下来你打算怎样学习英语呢？"促使服务对象将注意力集中在未来的改变上，让服务对象学会更好地发掘和运用自身的能力；同时，社会工作者还问服务对象："如果取得了进步，怎样让妈妈知道呢？"这样，就能保证服务对象在发挥自身能力的时候，与周围他人——母亲建立更好的沟通交流关系。当然，对于服务对象的母亲来说也一样，也可以将她的注意力集中在如何进一步给服务对象提供更好的指导上。因此，协调服务对象和周围他人的要求是一种动态的平衡，社会工作者一方面需要在连接中推动服务对象更好地发挥自身的能力，将服务对象的关注焦点集中在未来的改变上；另一方面，在服务对象发挥自身的能力的同时，与周围他人的要求连接起来，协助服务对象建立更有效的社会支持关系。

第四节 处理服务对象与周围他人之间的冲突

通过调动周围他人的能力、同时回应服务对象和周围他人、把服务对象的改变与周围他人连接起来、关注周围他人的发展以及平衡服务对象和周围他人的要求等不同的具体策略，社会工作者就能将服务对象的改变拓展至周围他人。在这个过程中，服务对象与周围他人发生冲突是不可避免的。如何有效处理这些冲突直接关系到服务介入活动是否能够从服务对象的改变顺利地延伸到周围他人。

一 关注服务对象与周围他人的互动方式

在日常生活场景中，服务对象的一举一动都是与周围他人联系在一起的。如果社会工作者仅仅关注服务对象的表现，就很容易忽视周围他人的要求，从而使服务对象与周围他人对立起来。我们来看一看下面这个案例，社会工作者在进入服务对象的家里开展服务介入活动时，遇到了下面的冲突场面。

案例 5.41

服务对象今年 9 岁，上小学三年级，平时与爸爸、妈妈和姐姐生活在一起，妈妈主要负责服务对象的日常生活起居并且监督服务对象学习。社会工作者在一次入户服务介入活动中准备了一份小食品带给服务对象，但没想到带来的却是冲突。下面是社会工作者与服务对象以及服务对象的母亲之间的一段对话。

社会工作者：（对着服务对象的房间）快出来，看姐姐（社会工作者）给你带来什么好吃的？

服务对象：什么？

社会工作者：你爱吃的烧仙草。快出来吃吧，不然待会儿就不好吃了。（服务对象从自己的房间走了出来，把作业本放在外面客厅的桌子上。）

服务对象：（对着社会工作者）给我讲题目。

社会工作者：你先把东西吃了，吃了我们再做作业好吗？

服务对象的母亲： 先把作业做了，不会的让姐姐教你，待会儿再吃。快点！

（社会工作者没想到服务对象的母亲会这么说，感到有点儿尴尬。）

社会工作者： 让他先吃吧，吃完再做也来得及。

服务对象的母亲： 不行，让他先做。怎么可以边写边吃呢？这不是好的习惯。

（社会工作者一下子不知道怎么回答，感到很尴尬。）

案例5.41中的社会工作者在进入服务对象家中开展服务介入活动之前，并没有想到这么细小的事情——让服务对象先吃烧仙草再写作业会带来与服务对象的母亲之间的冲突。实际上，在实务工作场景中这样的冲突场面并不少见，原因是社会工作者没有把自己的行动放到具体的日常生活处境中去看，只注意服务对象，没有看到服务对象与周围他人之间的互动方式。如果社会工作者把服务对象的行动与周围他人连在一起来看，就会关注母亲的要求，就会与母亲一起协商怎样处理烧仙草，在维护和发挥服务对象家庭自身能力的前提下，协助服务对象发掘和运用自己的能力。社会工作的服务介入目标不是影响服务对象，而是借助服务对象影响他（她）与周围他人之间的互动交流方式。

随着服务介入活动的深入，服务对象与周围他人之间的冲突就会呈现出来。作为强调给他人的生活带来积极改变的社会工作者来说，更愿意看到的是服务对象或者周围他人的"问题"的解决，而不是相互之间的冲突。面对这样的直接冲突的场面，通常会让社会工作者感到某种程度的不安。我们来分析一下下面这个案例，注意体会社会工作者内心的真实感受，看一看可以怎样更好地面对服务对象与周围他人之间的冲突。

案例5.42

服务对象是小学一年级的男生，平时贪玩，不爱学习。父母亲希望服务对象能够改变这样的行为习惯，对学习能够更认真一些。在一次服务介入活动中，服务对象与母亲发生了冲突，服务对象希望不去学习，能够出去和社区里的其他伙伴一起玩，而母亲不答应。

服务对象的母亲： 快把球鞋脱了，和姐姐（社会工作者）一起学习。

服务对象： 我不脱，我还要下去玩。我不脱我不脱。（服务对象开始大吵大闹，走进自己的卧室。一边哭，一边继续大喊："我就是不脱，就是不脱。"）

过了一会儿，服务对象从自己的卧室走了出来，走到储藏室，继续哭，并在里面大吵大闹。社会工作者站在客厅里，不知该怎么办，只是觉得应该做些什么，但考虑再三，还是没有走进储藏室劝服务对象。

服务对象的母亲：你自己想想，穿着鞋子在家里面走来走去是不是对姐姐不礼貌啊？

服务对象没有回答。捱了一小会儿，服务对象终于从储藏室走了出来，开始和妈妈商量是否可以不脱鞋。

服务对象：我不想脱鞋。

服务对象的母亲：不行（表情非常坚决）。

服务对象：（又开始哭，没有说话。）

服务对象的母亲：哭吧，你就痛痛快快地哭吧！

无奈之下，服务对象开始慢慢地脱鞋子，但想让别人帮他脱，被母亲拒绝了。服务对象嘴里一边嘟囔着，一边脱鞋子。脱了一只之后，他又想让别人帮他脱。于是，社会工作者走到服务对象身边，帮他脱鞋子。

分析案例 5.42 可以发现，社会工作者遇到服务对象与母亲发生了冲突，内心充满了紧张和不安。当服务对象想让别人帮他脱鞋子的时候，社会工作者毫不"吝啬"地给予了帮助，希望能够减轻服务对象与母亲之间的冲突。但是，这样的处理方式又会破坏服务对象母亲的教育方式，一旦社会工作者退出服务介入活动，就会使服务对象与母亲之间的冲突加剧。面对这样的冲突场景，社会工作者首先需要让自己释怀，把它视为日常生活中常见的沟通交流方式。作为社会工作者，没有办法否认服务对象与周围他人的不同要求，只能协助双方更好地面对和处理相互之间的差异，避免形成对立的关系。有了这样的想法，社会工作者才能让自己慢慢地学会坦然面对服务对象与周围他人之间的冲突，并且协助他们寻找积极的解决方法。这样的服务理念看上去很简单，但要在服务场景中实现出来并不容易。我们来看一看下面这个案例，注意体会社会工作者在面对服务对象与周围他人发生冲突时内心所经历的紧张和不安以及调整自己的方式。

案例 5.43

服务对象上小学二年级，平时不爱学习，做作业拖拖拉拉。为此，母亲经常打骂服务对象，但发现服务对象好了几天之后，又会像以往那样做作业磨磨蹭蹭。母亲希望社会工作者能够帮助她解决这个难题。在一次服务介入活动中，社会工作者遇到了服务对象与母亲发生了直接的冲突。

（在辅导服务对象完成作业的过程中，社会工作者发现服务对象心不在焉，一会儿把作业放在地上写，一会儿又把作业放在腿上写。）

社会工作者： 你看，前面的作业有好几个"优"，你想不想再进步一些呢？

服务对象： （没有说话，点了点头，仍旧把作业放在腿上写。）

服务对象的母亲： 你做作业是这样的吗？这样能做吗？（服务对象母亲的脸上露出不满的表情）

服务对象： 本来就可以这样做的。

服务对象的母亲： 本来就可以做?! 放到桌子上去！谁教你这样做的？

服务对象： （没有说话，撅着嘴，无奈地把作业放到桌子上，耷拉着脑袋趴在桌子上开始写作业。）

服务对象的母亲： （很生气，走到了服务对象身边，顺手抽出一个细长的木棍，打了服务对象两下）你还这样！

服务对象： （趴在桌上哭了起来）

社会工作者： （一下子没有反应过来）阿姨，不要这样，不要打了。她会坐好的，她会好好写作业的，是吧！

服务对象的母亲： 赶快坐直了，哪有这样写作业的！

社会工作者： 阿姨，说说就行了，不要打。

服务对象的母亲： 她就是这样，不打她就不听话。（服务对象的母亲转过来看着服务对象）哪里能这样？你问一问哥哥（社会工作者）写作业能这样吗？

（社会工作者沉默了一会，不知道该怎样处理这样的场面，内心充满了不安，不知道社会工作者的在场是否会让服务对象感到难堪。在这次服务介入活动结束的时候，社会工作者硬着头皮主动跟服务对象打了一声招呼，告诉她社会工作者走了，服务对象没有任何反应。下次再见面的时候，社会工作者发现，服务对象与社会工作者的关系一下子亲近了很多。）

在案例 5.43 中，社会工作者经历了服务对象与母亲之间的直接冲突，虽然在开始的时候社会工作者也表现出了紧张不安，不知道怎样处理这样的冲突场面，但是在服务介入活动结束时，社会工作者还是像平常一样和服务对象告别。这样不仅没有让服务对象感到尴尬，而且还拉近了服务对象与社会工作者之间的关系。显然，社会工作者能够坦然接受服务对象与周围他人之间的日常互动交流方式，是应对服务对象与周围他人之间冲突的关键。

在实际的专业服务活动中，社会工作者常常可以发现，一旦服务对象与周围他人或者周围他人之间发生冲突，就很难说清楚谁对谁错，双方都有各自的理由和要求；而且即使能够说清楚是非，也未必对冲突的解决带来明显的效果。我们来看一看下面这个案例中的社会工作者，她在一次服务介入活动中遇到了服务对象的母亲与服务对象的姑姑之间的冲突，双方对如何教育服务对象各有想法和打算。

案例 5.44

服务对象是小学三年级的男生，9 岁。由于整天忙于工作，服务对象的父母亲没有时间督促和辅导孩子的学习，专门邀请了服务对象的姑姑负责照顾服务对象的生活，包括指导服务对象学习。在一次服务介入活动中，社会工作者遇到了正好在家的服务对象的母亲和姑姑，为了推进家人之间的相互合作和支持，社会工作者与服务对象的母亲和姑姑进行了有关孩子教育问题的讨论。下面是社会工作者与服务对象的母亲和姑姑之间的一段对话。

社会工作者：（对着服务对象的母亲）您能说一说对孩子教育的一些想法吗？

服务对象的母亲：我平时工作比较忙，和孩子在一起的时间比较少，所以孩子会和我亲近一些。如果天天在一起，天天在他耳边一直说话，他就会觉得唠叨，嫌烦。我觉得教育孩子的关键，是要抓住孩子的心理，和孩子做朋友，要让他独立。他现在都已经 9 岁了，懂得了一些道理，要让他慢慢学会用大人的方式来处理生活。说简单了，就是要让他做自己能做的事情！自己吃饭，自己穿衣，自己洗澡！

服务对象的姑姑：嗯，我以前太宠他了些，看到他饭没有盛好，就会过去帮他盛，应该让他自己来盛，让他自己学着慢慢做。

社会工作者：嗯，让孩子慢慢学会独立。

服务对象的母亲：孩子的学习是要有环境的，有了学习的环境，学习成绩自然会提高。虽然我当时学习不是很好，但现在想来学习其实很简单，就是要有一个好的学习环境。

服务对象的姑姑：不是不是。孩子的老师说，小孩子在学习的前两年，家长的陪读是很重要的，帮助孩子形成好的学习习惯。

社会工作者：你们都很关心孩子的学习，相信他可以学得很好。

在案例 5.44 中，服务对象的母亲和姑姑对如何教育好服务对象都有自己的想法，服务对象的母亲认为好的环境是孩子健康成长的关键，而服务对象的姑姑强调家长的陪读更为重要。面对这样的讨论，如果社会工作者把关注的焦点集中在意见的对错上，就会加剧双方的分歧和冲突。案例 5.44 中的社会工作者意识到了这一点，所以在对话结束时强调双方意见的共同点："都很关心孩子的学习"。但是，这样做虽然可以避免双方冲突的加剧，但并没有找到解决冲突的方法。如果社会工作者在问服务对象的母亲和姑姑时，把关注的焦点集中在她们各自可以做些什么让这些有价值的想法实现，那么她们就会关注怎样改善与服务对象的互动关系，促进服务对象健康成长，把意识层面的争论转变成实际的互动方式的改善，避免因意见不同而相互指责。

二　让冲突双方充分表达各自的想法

在解决服务对象与周围他人的冲突过程中，让社会工作者感到难以处理的是来自双方不同方向的拉力。为了能够平衡双方不同的要求、避免直接的冲突，社会工作者常常疲于应付。有些时候，社会工作者甚至都不知道怎样对服务对象和周围他人的不同要求做出取舍。我们来看一看下面这个案例，案例中的社会工作者面临如何取舍服务对象和周围他人不同要求的困境。

案例 5.45

服务对象是小学三年级的女生，9 岁。据母亲反映，服务对象平时不爱学习，加上自己的文化程度不高，无法给她提供有效的指导，因此服务对象的学习成绩不理想，经常受到老师的批评。服务对象的母亲希望社会工作者能够帮助她制订有效的学习计划，逐渐使服务对象养成良好的学习习惯。在一次服务介入活动中，社会工作者安排了帮助服务对象制订学习计划的内容。下面是社会工作者与服务对象以及服务对象的母亲之间的一段对话。

社会工作者：我们要不要在学习计划中加一条，规定你（服务对象）

一天玩多长时间？这样给自己一个提醒。

　　服务对象：不要加。

　　服务对象的母亲：这个一定要加，这个一定要。

　　服务对象：我不要（服务对象提高了声音）！

　　服务对象的母亲：要！你不要我要（服务对象的母亲也提高了声音）。

　　服务对象：那我不理你了。

　　服务对象的母亲：可以，你以后要吃什么东西不要叫我，睡觉的时候也自己去睡，不要找我，我不和你睡。

　　服务对象：我拿钱自己去买。

　　服务对象的母亲：钱是我的。

　　服务对象：不是你的。

　　服务对象的母亲：这个一定要（服务对象的母亲态度很坚决）。

　　服务对象：我不要，我不要，我不要。我说了算，我是家里的老大。

　　社会工作者：你跟妈妈说一说，你为什么不要，好不好？

　　（服务对象没有说什么原因，只是一直重复说："我不要！"）

　　服务对象的母亲：你不能没有时间限制，你一定要有时间观念，不然你就不会专心学习。就像你们上课一样，规定多少时间上什么课。

　　社会工作者：（看着服务对象）写上这条不是不让你玩，而是让你玩的时间更加合理点。我们先把这条加上去，只是试一下，好不好？下周我们再见面的时候看一看行不行，如果不行的话，我们就把它删掉。

　　（服务对象没有说话，也没有明显反对。虽然这一条学习计划就这样定下来了，但社会工作者的心里总有些不踏实，不知道这样劝说是否合理，是否会伤害到服务对象。）

　　分析案例 5.45 可以发现，服务对象与母亲在是否需要规定玩的时间上发生了直接的冲突，服务对象希望不要有这样的限制，而母亲认为服务对象恰恰需要这样的限制。虽然社会工作者提议让服务对象说一说"你为什么不要"，但是并没有从服务对象重复说的"我不要"中体会到服务对象内心的担心和不满，也没有从母亲希望强化时间控制的要求中提炼出母亲对孩子发展的期望。如果社会工作者能够协助服务对象慢慢地把自己内心的害怕和担心说出来，给服务对象更多的时间并加以引导，同时帮助母亲学会体会自己的想法中所包含的对孩子发展的要求，关注孩子实际发展的需要，就能让服务对象和母亲避免直接对立。

在实际生活的冲突中，服务对象与周围他人表达自己想法的机会并不是均等的，通常一方处于强势，另一方处于弱势。如果处于强势一方的想法和做法看上去符合社会的要求，就很容易获得社会工作者的同情和支持。这样，处于弱势一方的想法就很容易受到忽视。我们来看一看下面这个案例，注意分析社会工作者可以怎样更好地让冲突的双方充分地表达自己的意见和想法。

案例 5.46

服务对象是小学四年级的男生，平时不喜欢读书，经常忘了做作业。母亲很担心服务对象的学习，经常责骂服务对象，但觉得自己也没有办法，丈夫在外地做生意，自己工作又很忙，没有时间监督孩子的学习。因此，母亲希望社会工作者能够帮助她纠正服务对象的学习态度，认真读书。下面是社会工作者与服务对象以及服务对象的母亲之间的一段对话。

社会工作者和服务对象的母亲聊了一会儿之后，开始辅导服务对象的数学和语文。而服务对象的母亲则忙着打扫家里的卫生，忙完之后坐在社会工作者的旁边，看服务对象学习。

服务对象的母亲：他平时真让我生气，作业也不完成，老师经常"告状"。如果老师"告状"了，我就不想理他。他不好好学，我的心情就不好，上班都不想去。你说，我们上班干什么，不就是让他好好读书。唉……（服务对象的母亲叹了一口气）

社会工作者：是啊，阿姨您一个人带孩子压力一定很大。

服务对象的母亲：他要是能理解就好了。这孩子还是不懂事。

服务对象：（没有说话，低着头。）

社会工作者：你看，你不好好努力的话，妈妈会很不开心的。妈妈每天上班很辛苦，你知道吗？

服务对象：（还是低着头，没有说话。）

在案例 5.46 中，面对服务对象母亲的苦恼和责备，社会工作者给予了直接的肯定，突出了母亲的"辛苦"，加强了母亲的"强势"地位。而处于"弱势"地位的服务对象感到的是更大的压力，没有机会表达自己的想法和感受。面对这样的处境，社会工作者需要提醒自己，当冲突一方太突出自己的要求时，另一方的要求就会被忽视，其结果只会进一步加剧双方的冲突，除非让被忽视一方的要求能够表达出来，并且得到应有的尊重，否则，双方之间的冲突就很难消除。作为社会工作者，不是要同情冲突中的某一方，而是让双方都能够有更好的发展空间。

三　推动冲突双方关注怎样解决困难

让冲突双方表达各自的想法和要求，这只是解决冲突的第一步。要想真正解决双方的冲突，还需要社会工作者进一步推动冲突双方关注怎样解决面临的困难，让他们不要把注意力纠缠在谁对谁错上。但是，在实际生活中，一旦服务对象与周围他人发生冲突，双方就会不自觉地关注谁对谁错。我们来看一看下面这个案例，分析一下社会工作者可以怎样减少服务对象与母亲之间的对抗和冲突。

案例 5.47

服务对象是小学三年级的男生，9 岁。上个星期，社会工作者给服务对象布置了一项作业，让他完成社会工作者安排的数学练习，完成之后让母亲签字。这个星期，社会工作者希望能够检查服务对象这项作业的完成情况。下面是社会工作者与服务对象以及服务对象的母亲之间的一段对话。

社会工作者：对了，上星期让你（服务对象）做的数学练习完成得怎么样了？

服务对象的母亲：他要赖皮，没有写。

服务对象：（大声喊道）谁说我没有写！

社会工作者：你写了，很好啊！让妈妈检查了吗？

服务对象的母亲：除了星期一拿给我检查之外，后来都没有做到。

服务对象：是你不给我检查打钩的。

服务对象的母亲：你不完成，我怎么给你检查打钩呢？星期一的是我没有给你打钩，但是以后你都没有写。

社会工作者：好的，我们先来看一看星期一完成的部分。

（服务对象把上次社会工作者留的作业拿了出来。社会工作者看了一下，有一些题目做了，占 60%～70%，但母亲的评语一栏都是空的。）

社会工作者：这些题目做得不错，很多都对了。（对着服务对象和他的母亲）您看他做这样的练习有什么困难吗？

分析案例 5.47 可以发现，服务对象和母亲就数学作业的完成情况发生了争执，服务对象坚持认为是母亲没有及时检查作业，而母亲则强调是服务对象没有按时完成作业。面对双方的冲突，社会工作者没有纠缠在谁对谁错上，而是要求服务对象和母亲"先来看一看星期一完成的部分"，把冲突双方的注意力集中在已经做到的事情上。为了进一步推动服务对象和母亲关注怎样解决面临的困难，社会工作者接着问母亲："您看他做这样的练习有什么困难吗？"希望找到服务对象和母亲面临的具体困难，进一步拓展双方的改变空间。

随着服务对象与周围他人之间冲突的加剧，双方感受到的压力就会增加，苦恼、沮丧、挫折、无奈，甚至绝望等情绪就会涌现出来。服务对象和周围他人内心的痛苦会给社会工作者的内心造成强烈的冲击，常常让社会工作者感到自身的渺小和无能，无法应对。我们来看一看下面这个案例，注意体会服务对象母亲的内心所经历的痛苦、无奈和无助。

案例 5.48

服务对象上小学五年级，平时不爱学习，上课经常走神，做作业拖拖拉拉，考试又常常不及格，受到老师的批评。服务对象的父母亲几年前来到城市打工，开了一家卤味店，工作非常辛苦。尽管父母亲想尽办法挤时间辅导服务对象的学习，但发现服务对象非常"懒"，没有学习的动力，辅导也没有什么效果。下面是社会工作者与服务对象以及服务对象的母亲之间的一段对话。

服务对象的母亲： 这种小孩子真是让人操心！昨天老师又打电话过来，说他在学校哭了整整两节课，让他去做操他不去；让他先不要改作业，他却一定要改。老师也为他操了很多心。唉……

服务对象：（趴在桌子上，没有说话。）

社会工作者： 是啊！老师挺关心他的。你们也为孩子做了很多！

服务对象的母亲： 我们也是想他好，可他总是不认真。

社会工作者： 他也想进步！可是，有时一些题目对他来说太难了，他就不想再想了。就像我们大人，有时碰到特别难的事情，我们也想逃避。

（服务对象的母亲无奈地摇了摇头，眼泪一下子从眼眶中流了出来，她用手抹了一下脸上的泪水。）

社会工作者：（对着服务对象）最近有没有什么考试？

服务对象：（没有说话，摇了摇头。）

服务对象的母亲：没有。可能下个星期会考吧。现在说到考试，我都害怕、紧张。

（社会工作者听了这话，真不知道该如何回应服务对象的母亲，内心升起一种伤感和无奈，体会到作为母亲的心酸。）

在案例5.48中，社会工作者感受到了母亲在教育孩子时的无奈和辛酸，陷入"伤感和无奈"中，"真不知道该如何回应服务对象的母亲"。其实，这样的实务处境考验的不是社会工作者的技术和方法，而是信念和对信念的坚持，看社会工作者是否能够在这样不利的处境中仍然能够看到母亲的能力，仍然愿意和母亲一起面对生活中的困难。如果社会工作者在观察母亲的处境时能够转换一下角度，就能体会到母亲在这种无奈和辛酸背后的坚持和韧性。当然，要看到这一点，社会工作者首先需要有勇气面对自己生活中的无奈，保持乐观的生活态度。

在服务介入扩展阶段，处理服务对象与周围他人的冲突的过程中，社会工作者可以运用关注服务对象与周围他人的互动方式、让冲突双方充分表达各自的想法以及推动冲突双方关注怎样解决困难等方法，以消减服务对象与周围他人以及周围他人之间的对抗，充分调动服务对象和周围他人的能力。

第六章
服务介入的巩固

　　通过应对场景变换、延伸服务介入、运用周围他人的资源以及处理服务对象与周围他人之间冲突等服务介入策略的运用，社会工作者就进入了服务介入的第三阶段：巩固阶段。在巩固阶段，社会工作者面临的主要任务除了巩固服务对象的进步之外，还需要处理服务对象面临的困难和出现的退步以及扩展服务对象的社会支持。

第一节　巩固服务对象的进步

　　进入服务介入的巩固阶段之后，服务介入的目标和任务与扩展阶段有了明显的不同，主要通过进步的维持和内部动力的挖掘保证服务对象稳步地改变，使服务对象逐渐成为自己生活的主导。

一　巩固已有的改变

　　经历扩展阶段之后，服务对象的改变动力得到了很好的调动和发挥，但同时服务对象面临的改变压力也在增加。服务对象的改变是一个系统的过程，涉及很多因素，只有各因素相互协调了，服务对象才能稳步向前发展。因此，一旦服务对象取得了明显的进步和改变，服务介入的关注焦点就需要适当地调整，从拉动服务对象发生变化转向巩固服务对象已有的改变。怎样判断服务介入的焦点是否需要转向对已有改变的巩固呢？有两个方面的信息需要社会工作者特别留意：一是服务对象和周围他人是否急于希望取得明显的进步，以至于忽视或者不愿顾及面临的困难；二是服务对象是否希望获得更多的关注和照顾，同时，其与周围他人之间的冲突也在加剧。我们来看一看下面这个案例，社会工作者在服务对象取得了明显的进步之后制订了下一次服务介入活动的目标和计划。

案例 6.1

场景一

服务对象是小学五年级的女生，12 岁。经过社会工作者的几次帮助之后，服务对象的学习态度有了明显的改善，开始主动完成家庭作业，学习成绩也有了明显的提高。

对于下一次服务介入活动，社会工作者打算从辅导服务对象的学习入手，继续寻找可以和服务对象一起做的一些小事，并且现场与服务对象一起完成，进一步增强服务对象改变的信心。

场景二

服务对象是小学三年级的女生，9 岁。在父母亲的协助下，社会工作者为服务对象制订了详细的学习计划。在尝试中，服务对象已经能够完成其中的绝大部分，但是其中有一项"晨读"却只完成了一次。

社会工作者打算在下一次服务介入活动中进一步加强晨读，让服务对象的母亲为服务对象留出足够的晨读时间，并且督促服务对象及时起床，坚持每天晨读。

分析案例 6.1 可以发现，无论是在场景一还是在场景二中，当服务对象取得明显的进步之后，社会工作者仍旧只关注怎样进一步调动服务对象的改变动力，把服务介入活动的目标锁定在如何增添新的改变上。如在场景一中，社会工作者的目标是"现场与服务对象一起完成"一些新的事情；在场景二中，社会工作者要求服务对象的母亲"为服务对象留出足够的晨读时间"，让服务对象"坚持每天晨读"。这样的服务介入活动安排存在很大的风险，因为无论服务对象还是周围他人都已经为了服务对象的进步做出了很大的努力。不仅服务对象自身的压力会随着改变的扩展而增加，而且服务对象与周围他人之间的张力也会随着改变的扩展而增强。如果社会工作者能够调整服务介入的焦点，以巩固服务对象已有的改变为目标，就能保证服务对象稳步前进。

在服务对象取得了一些明显的进步的时候，无论周围他人还是社会工作者都会不自觉地向服务对象提出更高的要求，希望借此进一步调动服务对象的改变动力。事实上，这样做会给服务对象造成极大的压力，如果遇到挫折或者意外的不顺利，服务对象就会走向反面。这样，反而限制了服务对象改变动力的培养。我们来看一看下面这个案例，注意分析服务对象在取得了明显的进步之后，社会工作者可以怎样应对。

案例 6.2

服务对象是小学四年级的女生，11 岁。在前几次的服务介入活动中，社会工作者给服务对象安排了一项学习任务：教母亲学习英语字母和单词。服务对象一直对学习英语没有什么兴趣，可这一次对教母亲学习英语表现出了极高的热情，而且认真地坚持了一周。下面是社会工作者与服务对象以及服务对象的母亲在见面时的一段对话。

社会工作者：姐姐（社会工作者）问你，上一周过得怎么样？

服务对象：没什么，还是那样。

社会工作者：你有没有教妈妈学习英语？

服务对象：教了呀！

服务对象的母亲：这个星期老师打电话表扬了她，说她上英语课比以前认真了。

服务对象：（不好意思地笑了笑，没有说话。）

社会工作者：你喜欢教妈妈学英语吗？

服务对象：喜欢！

服务对象的母亲：她教得可来劲了，不停地矫正我的发音。

社会工作者：你以后一直教妈妈学英语，好不好？

服务对象：好！

在案例 6.2 中，服务对象在英语学习上已经取得了明显的进步，开始对英语学习感兴趣，而且喜欢教母亲学习英语。面对这样的处境，社会工作者建议服务对象"以后一直教妈妈学英语"。虽然服务对象答应了社会工作者的要求，但实际上这样的要求会削弱服务对象面对挫折的能力，忽视实际处境中的不利因素，导致未来的改变和现实处境之间张力的增加。如果社会工作者放慢自己的脚步，先帮助服务对象回顾上一周教母亲学习英语取得的成功经验，并且设法坚持这些有效的方法，那么社会工作者就可以维持服务对象学习英语的改变动力。在此基础之上，社会工作者再与服务对象及其母亲商定接下来的英语学习目标，让服务对象的新的改变要求建立在以往的成功经验之上。

二　保持微小的变化

巩固已有的改变并不是说只关注已经发生的进步，不需要任何新的改变。实际上，帮助服务对象巩固已有改变的最好策略是不断制订新的改变目标，让服务对象感受到与以往不同的要求和任务，有明确的前进方向。这就要求社会工作者在服务介入的巩固阶段，尽可能地将改变的目标细化，做到既可以和以往的改变有一个很好的对接，同时又能够让服务对象体会到新的挑战。我们来看一看下面这个案例，注意体会社会工作者是怎样处理巩固已有的改变和增添新的改变任务之间的关系的。

案例 6.3

服务对象今年 8 岁，上小学二年级，学习成绩不好。为了改善服务对象的语文学习状况，社会工作者要求服务对象背诵古诗。在一次服务介入过程中，社会工作者发现，服务对象不仅能够背诵古诗，而且背诵得还不错。下面是社会工作者与服务对象以及服务对象的母亲之间的一段对话。

社会工作者：哇，你的古诗背诵得很不错！这本书中的古诗你会背几首？

服务对象：（笑了笑，没有说话。）

服务对象的母亲：她就会背这几首，每次都是背同样的。那么多不会的，她也不去读一读，背一背。

社会工作者：是吗？来，我们一起来看一首新的，一起背，看谁背得好、背得快？

服务对象：（走到社会工作者身边）你来挑。

社会工作者：好，我们就挑这首短的吧。

（接着，社会工作者和服务对象一起读古诗，准备背诵。）

社会工作者：读几遍就会背了，记忆力真不错！平时再多背几遍就和前面背的那几首一样熟练。

服务对象：（没有说话，但脸上流露出满意、自信的表情。）

分析案例 6.3 可以发现，当服务对象当着社会工作者的面背诵古诗的时候，服务对象的母亲看到的只是服务对象的不足："她就会背这几首，每次都是背同样的。那么多不会的，她也不去读一读，背一背。"社会工作者就不同了，不仅看到服务对象的进步，给予及时的肯定，而且邀请服务对象一起背诵一首新的古诗。值得注意的是，社会工作者在选择古诗时非常用心，故意挑选一首短的古诗。这样，一方面可以巩固服务对象已有的改变，另一方面又可以让服务对象在迎接新的挑战中避免过大的压力，调动服务对象的学习兴趣。

一旦服务对象在实际生活中取得了一些明显的进步，周围他人，尤其是服务对象的父母亲就会关注服务对象是否达到预定的要求以及可能存在的差距有多大，忽视服务对象已有的生活基础和条件。因为在一般人的眼里，改变不是发掘和调动已有的能力和资源寻找合适的发展途径的过程，而是运用更多的资源努力达到他人或者社会认可的标准。我们来看一看下面这个案例，注意分析社会工作者是怎样应对这样的处境的。

案例 6.4

服务对象是小学四年级的女生，11 岁，平时不喜欢读书，考试经常不及格。经过社会工作者的几次帮助之后，服务对象的学习兴趣有了提高，学习成绩也有了明显的进步。下面是期中考试之后，社会工作者来到服务对象的家里开展服务介入活动时，与服务对象以及周围他人之间的一段对话。

社会工作者：我（社会工作者）上周去了学校，她（服务对象）这次的语文考试考了 60 多分，有进步！

服务对象的母亲：嗯，考了 67 分。

社会工作者：很好啊，有进步！你自己觉得在这次考试中，哪些地方做得比较满意？

服务对象：不知道。

服务对象的母亲：她最后的看图写话没有做。她自己说，做到看图写话的时候，老师就把试卷收上去了。

服务对象的父亲：她做得很慢。

服务对象的母亲：她说，她已经想好怎么写看图写话了。那题是最后一题，占 10 分。真是可惜。

服务对象的父亲：唉，她动作就是太慢，会做的都来不及做。

社会工作者：是有些可惜。不过，已经有点儿进步了！我们接下来一起商量一下，看平时写作业的时候怎样加快一点儿速度。这样，到了考试时就不会慌乱了。

　　服务对象的母亲：对！

　　服务对象的父亲：好的！

在案例6.4中，服务对象的语文学习有了明显的进步，但是服务对象的父母亲仍旧关注服务对象写字的速度太慢，妨碍了学习成绩的提高。而社会工作者就不同了，在肯定了服务对象已经取得的进步的基础上，向服务对象以及服务对象的父母亲提出建议："我们接下来一起商量一下，看平时写作业的时候怎样加快一点儿速度。"显然，社会工作者非常关注发掘和调动服务对象的能力和资源，以服务对象现有的改变为基础，提出进一步改变的要求，以保证服务对象的微小改变能够扎根于现有的生活中。

三　维持改变的动力

在服务介入的巩固阶段，服务对象改变动力的调动策略与扩展阶段不同，重点是发掘服务对象在进步中取得的成功经验，并在以后的改变中坚持这些经验，巩固已有的改变。也就是说，通过对重要的成功经验的发掘和坚持实现改变的目标。不要小看"坚持"，它是保证服务对象的改变动力逐渐从外部引导转向内部推动的关键。我们来看一看下面这个案例，注意体会社会工作者采取了什么样的处理策略。

案例 6.5

服务对象是小学四年级的女生，10岁。在社会工作者的帮助下，服务对象的学习兴趣有了明显的提高，学习主动性也增强了，而且服务对象的父母亲也开始积极配合服务对象的改变。下面是社会工作者与服务对象以及服务对象的母亲之间的一段对话。

　　社会工作者：最近学习怎么样？

　　服务对象：这个星期老师表扬我了。

　　社会工作者：哇，真不错！老师表扬你什么了？

　　服务对象：说我作业有进步。

　　服务对象的母亲：是的，最近她学习比以前主动、自觉多了。

社会工作者：看来学习有进步了。什么方面比以前主动、自觉了？

服务对象的母亲：以前都需要我们叫她做作业，她还不肯做；现在放学回家，她自己主动进屋做作业，做完作业再看电视。

社会工作者：这是很好的学习习惯！（对着服务对象）怎么做到的？

服务对象：没什么。做完作业之后，心里就轻松了，不再担心老师批评。

服务对象的母亲：我看她对学习也慢慢有兴趣了，有时会主动问我们一些问题。对了，她最近语文有进步，能够上及格线了。

社会工作者：太好了！接下来的这个星期，我们也像现在这样每天先完成作业再看电视，好不好？

服务对象：好！

社会工作者：阿姨您注意提醒她，做到了可以鼓励她一下。

服务对象的母亲：好的。

分析案例 6.5 可以看到，当服务对象的学习有了明显的进步时，社会工作者先帮助服务对象梳理、总结成功的经验，然后问服务对象"老师表扬你什么了"、"怎么做到的"，同时问服务对象的母亲服务对象在"什么方面比以前主动、自觉了"，让服务对象看到自己的进步所在。在服务对象了解了自己进步的成功经验后，社会工作者接着给服务对象布置了新的任务："接下来的这个星期，我们也像现在这样每天先完成作业再看电视，好不好？"显然，社会工作者希望服务对象在下一周的学习中能够把成功经验保持下去，维持现有的改变动力。

一旦服务对象出现了明显的进步，周围他人就会看到新的"希望"，很容易把注意力集中在服务对象已经取得的进步和结果上，要求服务对象感谢社会工作者。作为社会工作者，最希望看到的也是服务对象的进步，它是社会工作者的努力的最好回报，让社会工作者感到欣慰。不过，社会工作者也不能忘了，服务对象改变动力的维持来自服务对象自身能力和资源的调动。我们来看一看下面这个案例，注意分析社会工作者是怎样处理这样的处境的。

案例 6.6

服务对象是小学三年级的女生，平时不喜欢学习，成绩在班里是倒数。经过进行几次社会工作者精心设计的服务介入活动之后，服务对象的学习成绩有了非常明显的提高。下面是社会工作者与服务对象以及服务对象的父母亲之间的一段对话。

　　社会工作者：（对着服务对象）你来自己告诉哥哥姐姐（社会工作者）这次期中语文和数学考试考了多少分？

　　服务对象：82。

　　服务对象的父亲：我怎么看到一张试卷是72？

　　服务对象的母亲：不是，她语文考了74，数学考了82。

　　服务对象的父亲：确实，这次有进步！快谢谢哥哥姐姐，都是哥哥姐姐帮助的！

　　服务对象：（看着社会工作者，不好意思地笑了笑。）

　　社会工作者：哪里！主要还是叔叔和阿姨你们用心，还有她自己的努力。我们每周就来那么一次，还是叔叔和阿姨你们辛苦！这也说明叔叔阿姨平时教她的方法是有效果的。

　　在案例6.6中，当服务对象的学习成绩取得了明显的进步的时候，服务对象的父母亲没有关注服务对象自身能力和资源的调动，而是强调社会工作者的作用。此时，社会工作者也很容易受到服务对象进步的"诱惑"，满足于自己的"成就感"。幸运的是，案例中的社会工作者认识到了这一点，让服务对象以及服务对象的父母亲注意到自己发挥的作用："主要还是叔叔和阿姨你们用心，还有她自己的努力。"如果社会工作者能够就服务对象父母亲有效的教育方法进一步展开提问，利用服务对象进步的机会推动父母亲总结自己的成功经验，就能进一步维持服务对象的改变动力。社会工作者的帮助只是暂时的，真正维持服务对象持久改变的动力来自服务对象自身的支持系统。

　　在实际生活中，周围他人经常采用奖励的方式调动服务对象的改变动力，但是很快就会发现，服务对象的兴趣会慢慢减弱。为了增强服务对象的改变动力，周围他人只能通过提高奖励的方式增强吸引力。这样，就会形成奖励的怪圈：越奖励越没有兴趣。在服务介入活动由扩展阶段转入巩固阶段时，社会工作者经常会遇到这样的难题。我们来看一看下面这个案例，注意分析社会工作者可以怎样更好地处理这个难题。

　　案例6.7

　　服务对象是小学二年级的男生，刚从农村来到城市读书，学习基础比较差，学习压力比较大。在社会工作者的协助下，服务对象的父母亲制订了学习奖励计划，规定服务对象每背诵 1 篇故事，奖励 1 元钱。服务对象的学习热情一下子得到了明显的提高，只要有时间，服务对象就抓住父母亲要求背诵故事。下面是社会工作者与服务对象以及服务对象父母亲之间的一段对话。

　　社会工作者：你（服务对象）上个星期背诵了故事没有？

　　服务对象：背诵了。

　　社会工作者：是你主动找爸爸妈妈背诵的吗？

　　服务对象的母亲：他是想向他爸爸要钱，想买自己喜欢的玩具。给他钱，他当然主动了！

　　服务对象的父亲：他就是这样，任何事情只有几分钟的热度。以前练字也这样，听英语也这样。不知道这一次能够持续多久。

　　社会工作者：这确实是个问题。你们有什么想法吗？

　　服务对象父亲：我们也不知道怎么办。

　　社会工作者：这样吧，你们先注意观察一下，看一看他喜欢挑选什么故事；然后我们一起想办法把背诵故事和兴趣爱好结合起来。这样，背诵故事就会慢慢形成习惯。

　　案例 6.7 中的服务对象的父母亲已经发现，金钱奖励虽然能够提高服务对象的学习热情，但是只能维持服务对象"几分钟的热度"。事实上，在专业服务活动中，社会工作者经常遇到这样的情况。要解决这个难题，就需要把服务对象的学习热情与兴趣爱好结合起来，不能一味地依靠外部的奖励，以保证服务对象有持久的改变动力。在案例 6.7 的结尾，社会工作者建议服务对象的父母亲注意观察"他（服务对象）喜欢挑选什么故事"，以便"把背诵故事和兴趣爱好结合起来"。

四　调节改变的愿望

　　经历了服务介入扩展阶段之后，服务对象通常取得了一些明显的进步，有了成功的感受，特别是在周围他人的鼓励下，往往还会对自己的未来发展提出过高的要求。这个时候，社会工作者不仅需要充分调动服务对象的改变动力，维持服务对象的改变愿望，而且也需要调整服务对象的发展要求，避免因提出的发展要求过高带来的挫折感。我们来看一看下面这个案例，注意分析社会工作者可以怎样更好地调节服务对象的改变愿望。

案例 6.8

服务对象是小学四年级的男生，学习比较被动，成绩不理想，经常受到老师的批评。经过社会工作者的几次服务介入活动之后，服务对象的学习成绩有了明显的提高，尤其服务对象比较喜欢的数学从不及格提高到 80 多分。下面是社会工作者在期中考试后与服务对象的一段对话。

社会工作者： 期中考试怎么样？

服务对象： 老师表扬我了，说我有进步，数学考了 83 分。

社会工作者： 哦，真是进步不小！接下来有什么学习计划吗？

服务对象：（停了一会儿，似乎在想什么）有没有跳级？

社会工作者： 你想跳级读书吗？

服务对象： 嗯，我想要是能跳级就跳，这样，一下子就可以上大学了！

社会工作者： 太好了，你想把书读好上大学，是吗？

服务对象： 是的！

社会工作者： 很好，很大的抱负！那可要好好读书。如果想提高学习成绩，你现在想做些什么呢？

服务对象： 每天读语文，做数学练习题，还有听英语课文。

社会工作者： 好的，我们来看一下怎样把学习安排得更好一些。

在案例 6.8 中，服务对象受到期中考试进步的鼓励，想跳级读书。这样的目标显然离服务对象的实际情况比较远，不仅不容易对服务对象的学习发挥直接、有效的积极影响，而且还容易给服务对象造成挫折感。但是，社会工作者并没有直接告诉服务对象这样的愿望不现实，避免给服务对象刚刚建立起来的信心造成打击，挫伤服务对象改变的积极性，而是转到服务对象的处境中肯定服务对象这一发展的要求——"太好了"、"很大的抱负"——以维持服务对象的改变动力。接着，社会工作者又进一步问服务对象："如果想提高学习成绩，你现在想做些什么呢？"这样，就把服务对象的发展愿望与目前的学习要求连接起来，使服务对象的改变愿望符合现实生活的要求。

在进步的鼓舞下，不仅服务对象有时会对自己提出过高的要求，即使是社会工作者也很容易受到影响给服务对象提出很大、很远的改变目标，看不到这样的目标可能带来的负面影响。我们来看一看下面这个案例，注意体会社会工作者可以怎样避免这样的困境的出现。

案例 6.9

服务对象上小学二年级，学习比较被动，做作业马马虎虎。在社会工作者和服务对象父母亲的共同努力下，服务对象的学习习惯开始出现了一些变化，除了能够按时完成老师布置的家庭作业之外，还主动完成母亲布置的抄写生字的练习。下面是社会工作者在了解了服务对象的进步之后与服务对象的一段对话。

社会工作者：你上个星期作业完成得怎么样？

服务对象：都做完了！妈妈布置的抄写生字也抄写完了。

社会工作者：真不错！你能不能把妈妈布置的抄写生字给我看一下？

服务对象：好的！

（服务对象一边说，一边拿出他抄写的生字本。）

社会工作者：（看了之后）写得不错啊，是自己主动要求写的，是吗？

服务对象：（点了点头，没有说话。）

社会工作者：接下去还要继续保持啊！这样语文成绩就会慢慢提高。

仔细分析案例 6.9 可以发现，当服务对象开始主动完成家庭作业和母亲布置的抄写练习的时候，社会工作者给予了及时的肯定——"真不错"——希望能够维持服务对象的改变动力。接着，社会工作者向服务对象提出进一步改变的要求："接下去还要继续保持啊！"显然，这样的要求不够具体，没有明确规定时间限制，虽然能够给服务对象一定的鼓励，但是往往因为不够具体而缺乏影响力。为了防止这样的困境出现，社会工作者在向服务对象提出改变的要求时，最好选择明确、具体而且微小的改变目标。例如，可以向服务对象建议"像上周一样我们再坚持一周怎么样"，明确规定计划执行的时间界限。如果遇到困难，就可以和周围他人（包括社会工作者）一起商量，调整发展的要求。

在实际的专业服务活动中，当服务对象有了进步时，我们经常喜欢把服务对象的进步与周围他人的进步进行比较，赞扬或者鞭策服务对象。这样的方法能够激发服务对象的改变愿望，但不可忽视的是，它也会使服务对象更为关注如何赶上或者超过周围他人，而不是发掘和调动自己的能力和资源。尤其在服务介入的巩固阶段，这是服务对象和周围他人学会运用自身的能力和资源的关键阶段，如果处理不当，服务对象和周围他人就很难面对服务介入活动的结束。我们来看一看下面这个案例，注意体会社会工作者可以怎样调节服务对象的改变愿望，将服务对象的注意力转向自己所拥有的能力和资源。

案例 6.10

服务对象是小学四年级的男生，平时不仅不爱学习，还经常违反学校的纪律，让老师和家长都感到头痛。在社会工作者、家长和老师的共同帮助下，服务对象的行为表现有了一些进步，受到了老师的表扬。下面是社会工作者与服务对象之间的一段对话。

社会工作者：这一周过得怎么样？

服务对象：没什么。这一星期邹某某（服务对象的好伙伴）在学校表现很积极，大扫除很认真，老师表扬了他。

社会工作者：是吗！他什么方面进步比较大？

服务对象：老师说他上课比以前认真了，不再说话扰乱课堂纪律了。老师还说，他参加班级活动也更积极了。

社会工作者：真不错！你觉得他的什么方面你可以学习呢？

服务对象：我也要像他那样上课认真听老师讲课，多参加班级活动。

社会工作者：很好啊！上个星期老师表扬你了吗？

服务对象：表扬了，说我上课比以前认真了，而且能够按时完成作业。

社会工作者：真不错！那你接下来想在什么方面做得更好呢？

服务对象：上课认真听讲，作业按时完成。

分析案例 6.10 可以看到，当服务对象的好伙伴受到老师的表扬时，社会工作者并没有要求服务对象以他的好伙伴作为标准，而是让服务对象自己总结他的好伙伴在什么方面进步了，并且从服务对象的角度出发强调"你觉得他的什么方面你可以学习呢"，让服务对象在总结好伙伴的进步时关注自身能力的发挥。为了帮助服务对象把好伙伴的成功经验转化为自身的能力，社会工作者在对话的最后问服务对象："那你接下来想在什么方面做得更好呢？"希望把服务对象的改变愿望与具体的行动结合起来，在行动中学习发掘和调动自身的能力。

五　运用意外的机会

在社会工作专业服务的任何阶段都存在意外的服务介入机会，即使以注重维持服务对象已有改变的服务介入巩固阶段也不例外，这就需要社会工作者保持高度的敏感性和丰富的想象力。与其他阶段不同，在服务介入的巩固阶段，社会工作者的关注焦点是如何运用意外的机会增强服务对象已有的改变，让服务对象保持稳定的改变步伐。我们来看一看下面这个案例，注意体会社会工作者是怎样把握意外机会的。

案例 6.11

服务对象是小学二年级的女生，9 岁，学习成绩不理想，尤其在日记写作上存在不小的困难。在进行几次社会工作者精心设计的服务介入活动之后，服务对象的学习兴趣有了明显提高，学习成绩有了改善。在一次入户开展专业服务活动的路上，社会工作者遇到一个卖花人，忽然产生了一个念头：买一小盆鲜花给服务对象，培养服务对象的耐心和观察能力。

社会工作者：你（服务对象）瞧，姐姐给你带一盆花来了，喜欢吗？

服务对象：喜欢。

（服务对象很高兴地接过鲜花，认真地看着。）

服务对象的母亲：姐姐对你多好啊，还给你买花。你可要好好读书！

社会工作者：阿姨，我们买花给她是有目的的，可以让她每天浇花，培养她的责任心；同时也可以观察花的成长和变化，提高她的观察能力。这样，她写日记的时候也就有内容了。

服务对象的母亲：哦，是这样！太谢谢你们了。（对着服务对象）你可要认真学习了。

社会工作者：不用。不过，阿姨，还需要您平时提醒她浇水什么的。

服务对象的母亲：好的。

社会工作者：（对着服务对象）我们现在来看一看这盆花，给你 5 分钟的时间观察，然后告诉我们花长得怎么样，把它写下来变成日记，好吗？

服务对象：（兴致很高）好！

在案例 6.11 中，社会工作者在入户开展专业服务活动的路上遇到了一个意外的机会——有人在路上卖花——并且迅速地把它转变成推动专业服务活动的契机，将其与服务对象能力的发掘连接起来。社会工作者的用意很明显："可以让她每天浇花，培养她的责任心；同时也可以观察花的成长和变化，提高她的观察能力。这样，她写日记的时候也就有内容了。"实际上，服务介入活动中的机会经常是"不起眼"的，如果社会工作者缺乏敏感性和想象力，就会放过这些"不起眼"的机会。值得一提的是，案例 6.11 中的社会工作者很了解自己所处的服务介入阶段，把介入的焦点集中在服务对象的日记写作能力和学习兴趣的巩固与培养上，并且同时借助母亲的提醒加强周围他人对服务对象改变的支持。

在服务介入的巩固阶段，有时服务对象会出现突然的进步，如某次考试成绩有了明显的提高，或者某次家庭作业完成得很出色，等等，给服务对象的改变带来新的希望。这个时候，作为社会工作者，既要利用服务对象改变带来的意外机会，同时也要看到服务对象改变的基础：自身能力的发掘和运用，借助这样的意外机会促进服务对象和周围他人更好地维持和巩固已有的成功经验。我们来分析一下下面这个案例，看一看社会工作者是怎样运用这样的意外机会的。

案例 6.12

服务对象是小学二年级的女生，平时比较好动，注意力很难集中，学习成绩不理想。据老师反映，服务对象对写日记感到最为困难，常常写的字数不少，但像流水账。在几次社会工作服务介入活动之后，服务对象的学习状况有了一些改善，但是比较缓慢。在一次入户服务介入活动中，社会工作者在突然间了解到服务对象上一次的日记得了100分。下面是社会工作者与服务对象之间的一段对话。

"我们（社会工作者）来到服务对象的家中，走进房间，看到服务对象躺在床上。"

社会工作者：怎么，中午休息了？

服务对象：没有，一直在做作业。

（服务对象一边说着，一边把桌子上打印好的日记给社会工作者看。社会工作者注意到，在日记的下边有一个图案，老师在日记旁边画了一个笑脸，还让她把日记打印出来，准备张贴在教室里。）

社会工作者：哇，你这一次的日记写得很棒！老师说你在什么方面有进步了？

（服务对象害羞地点点头，指着老师批改的分数给社会工作者看。）

社会工作者：这次老师说你什么方面有进步了？说给姐姐听一听，姐姐很想知道。

服务对象：老师说我这一次写的字数比以前多了，还说我写得很生动，让我打印出来，贴在教室的后面。

社会工作者：姐姐也很高兴！那下一次日记怎样才能写得像这一次一样

好呢?

服务对象: 也要字数多写一些,写好一些。

仔细阅读案例 6.12 可以发现,当服务对象的日记得到老师的肯定、取得明显进步的时候,社会工作者并没有简单地赞扬服务对象,要求服务对象取得更大的进步,而是在肯定之后,问服务对象:"老师说你在什么方面有进步了?"希望把服务对象的注意力集中在已有成功经验的总结上,维持服务对象的改变动力。虽然服务对象因为年龄的问题,未必能够清晰地总结自己的成功经验,但是让服务对象在意外的进步面前关注怎样巩固已取得的成功是非常有用的,可以保证服务对象稳定地改变。

六   逐渐让服务对象成为自己生活的主导

在服务介入的巩固阶段,随着服务对象改变动力的提高,作为社会工作者将面临一项重要的任务:逐渐让服务对象成为自己生活的主导。例如,提高服务对象学习的自主程度,让服务对象自己设计接下来的改变目标,由服务对象主导服务介入活动,等等。这样,社会工作者就能为接下来的服务介入结束阶段做好准备。我们来看一看下面这个案例,分析一下社会工作者在服务介入活动中可以怎样提高服务对象的学习自主程度。

案例 6.13

服务对象是小学二年级的女生,8 岁。据老师反映,服务对象的学习习惯不好,容易分心,做作业比较马虎,尤其是日记,由于基础不好,词汇量少,写的字数比较少而且比较简单。经过社会工作者的几次服务介入活动之后,服务对象在写日记上有了一些进步。下面是社会工作者指导服务对象完成一篇日记的过程中与服务对象的一段对话。

社会工作者: 你的日记想写什么内容呢?

服务对象: 我要写红气球,昨天买的红气球。

社会工作者: 好,那你跟姐姐说一下,红气球是什么样子的?

服务对象: 圆圆的、红色的,还会飞。

社会工作者: 你在哪里买的呢?

服务对象: 路边买的。

社会工作者: 和谁一起去买的呢?

服务对象：奶奶。

社会工作者：和谁一起玩这个气球呢？

服务对象：妹妹。

社会工作者：好了，姐姐帮你把气球的特点写下来了：圆圆的、红色的，是和奶奶一起在路边买的，买回家后和妹妹一起玩气球。我们先把这些写下来，再慢慢补充写得详细一点。

分析案例 6.13 可以看到，社会工作者为了帮助服务对象完成日记，逐步引导服务对象的思路，从"红气球是什么样子的"到"你在哪里买的"，然后再到"和谁一起去买的"以及"和谁一起玩这个气球"，等等。虽然在整个对话的过程中社会工作者非常注意引导服务对象，但是并没有给服务对象充分的机会发挥自己的能力，甚至没有关注服务对象在写日记方面已经取得的一些进步。如果社会工作者在服务介入过程中采用更为开放的方式提问，例如问服务对象"除了红色气球之外还有其他的吗"，或者"你是怎么和妹妹一起玩的"等，就能让服务对象根据自己的经历和感受自由发挥，逐渐在日记写作中成为主导。当然，在对话的最后，社会工作者还可以和服务对象一起总结、一起记录。

逐渐让服务对象成为自己生活的主导，说起来很容易，但是在实际生活中要做到这一点并不轻松。尤其在服务对象的父母亲在与服务对象的互动交流中处于主导地位的情况下，让服务对象成为自己生活的主导是一项很大的挑战；同样，对于父母亲来说，要做到这一点也不容易，也需要调整和改变自己习以为常的行为方式。我们来看一看下面这个案例，注意分析社会工作者是怎样处理服务对象及其母亲的不同要求的。

案例 6.14

服务对象是小学四年级的男生，11 岁。据老师反映，服务对象学习成绩比较差，原因是上课注意力不集中，经常做小动作或者走神。为了改善服务对象的学习状况，社会工作者精心制订了服务介入计划。经过几次服务介入活动之后，服务对象在学习行为方面有了一些改善，上课开始积极举手发言，老师也反映服务对象的学习态度发生了改变。为了进一步推动服务对象发生改变，社会工作者与服务对象以及服务对象的母亲一起商量如何制订学习计划，下面是他们之间的一段对话。

社会工作者：好，我们来制订学习计划。你想在语文课上表现得更好是吗？

服务对象：是的。

社会工作者：你觉得上课发几次言比较满意？你一个星期有几节语文课？

服务对象的母亲：至少要发言六次。你看你一天上那么多节课，有很多的回答机会。要回答问题的话，每天都可以回答好多。

社会工作者：同不同意你妈妈的话？

（服务对象点点头）

社会工作者：那我们就以六次为目标，让妈妈和我们看看你的表现。姐姐相信你一定能够做到。

分析案例6.14可以发现，在制订学习计划的过程中，社会工作者为了调动服务对象的改变动力，让服务对象成为自己生活的主导，问服务对象："你觉得上课发几次言比较满意？"但是，在服务对象回答之前，服务对象的母亲说出了自己的决定："至少要发言六次"，使服务对象失去了表达自己想法的机会。面对这样的处境，社会工作者就需要再给服务对象创造更多的表达机会，并且与母亲行为的调整结合起来，逐渐让服务对象成为自己生活的主导。在这个过程中，如果社会工作者失去耐心，站在服务对象母亲的角度要求服务对象，就会忽视服务对象的要求，阻碍服务对象的能力的发挥。

让服务对象逐渐成为自己生活的主导并不意味着由服务对象说了算，不需要周围他人或者社会工作者的引导和支持。实际上，服务对象的能力发挥总是和周围他人的影响紧密联系在一起的。我们来看一看下面这个案例，注意体会社会工作者在服务介入中所处的位置。

案例 6.15

服务对象是小学二年级的女生，8岁。据服务对象的老师和父母亲反映，服务对象学习成绩不理想的一个很重要的原因是学习时注意力不集中，很容易分心。为了改善服务对象的学习状况，社会工作者除了为服务对象提供安静的学习环境以外，同时还希望能够增强服务对象的学习自主性。下面是社会工作者在安排服务活动时与另一位社会工作者以及服务对象的一段对话。

（一位社会工作者提醒另一位社会工作者尝试着不要和服务对象说话，让她能够逐渐适应这种安静的学习环境。）

社会工作者 1：（压低声音）让她自己思考，自己完成吧。

社会工作者 2：（压低声音）好的。

服务对象：你们在说什么？

社会工作者 1：没什么。你抓紧时间写作业吧。

（服务对象没有回答，继续写着作业。但是在这个过程中服务对象一直抬头看我们，想和社会工作者说话。）

社会工作者 1：你在这边好好写，争取在 4 点的时候把日记写完。然后，你再让我们进来，念给我们听，好吗？

（服务对象没有回答，社会工作者 1 和社会工作者 2 起身离开房间。等到 4 点钟社会工作者再回到房间时发现，服务对象并没有完成作业，而是一个人坐在床上玩。社会工作者感到很迷茫，不知道怎样应对这样的场景。）

在案例 6.15 中，社会工作者在服务介入活动中遇到了一个难题：一方面希望服务对象能够增强自主性，独立完成作业；另一方面又发现服务对象很难管好自己，需要周围他人的指导和帮助。实际上，无论增强服务对象的自主性还是给予服务对象具体的指导都是必要的，关键在于能够促进服务对象发掘和调动自身能力的提高。就像案例 6.15 所描述的，服务对象从"很容易分心"转变为不容易分心，就需要社会工作者给予细心的指导。让服务对象成为自己生活的主导不是一个标准，而是一个过程，在这个过程中逐渐让服务对象学会运用自己的能力和资源，拥有更大的发展空间。

第二节　处理服务对象的困难和退步

通过巩固已有的改变、保持微小的变化、维持改变的动力、调节改变的愿望、运用意外的机会以及逐渐让服务对象成为自己生活的主导等方法，就能保证服务对象在服务介入巩固阶段稳步进步。当然，即使服务介入活动非常顺利，也会遇到困难甚至出现服务对象退步的现象。因此，作为服务介入巩固阶段不可忽视的另一项很重要的任务就是：对服务对象的困难和所出现的退步的处理。

一　学会面对困难

即使服务对象的生活出现了明显的改变，也不意味着"问题"就此消除了。实际上，随着服务对象能力的发挥，常常出现服务对象回避困难的现象，特别是在经历了服务介入扩展阶段的快速改变之后，服务对象和周围他人很容易忽视或者轻视"问题"的存在。这样，很容易导致服务对象的改变不稳定，甚至出现退步的现象。我们来看一看下面这个案例，注意分析社会工作者是怎样帮助服务对象面对困难的。

案例 6.16

服务对象是小学二年级的女生，8 岁。在平时的学习中，服务对象感到最困难的是写日记，常常不知道怎么写。经过进行几次社会工作者精心安排的服务介入活动之后，服务对象开始喜欢写日记，但是有时也会出现写了一半不写的现象。下面是社会工作者在一次服务介入活动中发现服务对象的日记没有结尾之后，帮助服务对象补充日记时与服务对象的一段对话。

（社会工作者看到服务对象在日记本上写了一篇叫"白雪公主"的日记，但是写到白雪公主吃了一个毒苹果就结束了。社会工作者尝试启发服务对象，让服务对象把白雪公主吃了毒苹果之后的情况补充上去。）

社会工作者：白雪公主吃了毒苹果。那这个毒苹果是谁给她的呢？是不是有个长得很像巫婆的人啊？

服务对象：不是，是王后。

社会工作者：王后是怎么把毒苹果给白雪公主的？

服务对象：她在窗口喊谁要买苹果。她先把没有毒的一半吃掉，把有毒的一半给了白雪公主。白雪公主以为这个苹果是没有毒的，吃完就倒下了。

社会工作者：那 7 个小矮人是怎么回事？

服务对象：7 个小矮人把白雪公主装进一个盒子里，然后每天轮流照看她。

社会工作者：最后白雪公主有没有醒过来？

服务对象：有一天一个王子经过，他吻了白雪公主并把她带走了。马车在路上碰到石头，白雪公主被撞了一下，就把毒苹果吐了出来。

社会工作者：啊，你说得好详细！来，我们一起把刚才说的那些写下来吧。

服务对象：这是故事里的内容，不是日记。

（服务对象玩着台灯，不想写。）

社会工作者：你看，你的故事只写了一半，老师看的时候都不知道接下来发生了什么。姐姐（社会工作者）和你一起写，你把刚才的故事再说一遍，姐姐记下来，然后你看缺了什么再补充，好不好？

服务对象：好！

于是，服务对象把刚才在社会工作者启发下讲的故事又说了一遍，社会工作者在一旁做了记录。在记录过程中，社会工作者故意简化了一些细节，让服务对象自己补充。

在案例 6.16 中，当社会工作者发现服务对象的日记没有写完时，并没有立即指出服务对象的不足，而是采取启发的方式，让服务对象自己说出没有完成的部分。这个时候，服务对象虽然已经有了明显的进步，但对不足的忍受能力比较弱。如果社会工作者直接指出服务对象的不足，就很容易导致双方的对立，使已经取得的进步出现倒退。值得注意的是，面对服务对象的不足，社会工作者并没有回避，而是积极寻找有效的方法让服务对象尽可能地面对自己面临的困难。因此，当服务对象不愿意把自己讲的内容记下来补充上去的时候，社会工作者及时调整了服务介入的策略，先由社会工作者记录服务对象讲的故事，然后再让服务对象补充。这样就能鼓励服务对象继续完成没有写完的日记，让服务对象逐渐学会面对困难。

让服务对象学会面对困难并不意味着"强迫"服务对象。当服务对象不愿意面对困难时，社会工作者常常喜欢利用周围他人的优势地位强制要求服务对象，如"爸爸会打你的"，或者"妈妈会不高兴的"，等等。即使服务对象勉强答应面对困难，但这样做并没有增强服务对象应对困难的能力，甚至可能导致服务对象与周围他人的对立。我们来看一看下面这个案例，注意分析社会工作者是怎样鼓励服务对象面对学习困难的。

案例 6.17

服务对象是小学四年级的男生，10 岁。据服务对象的父母亲说，最让他们感到头痛的是服务对象不爱读书，对学习没有什么兴趣，一遇到做作业就耷拉着脑袋。虽然在社会工作者的帮助下，这个学期服务对象开始有了一些进步，但是还是时常出现不愿意做作业的情况。下面是社会工作者在一次服务介入活动中遇到服务对象不愿意做作业的时候，与服务对象的一段对话。

（看着服务对象手里玩着笔，并没有想写的愿望。）

社会工作者：还不想写作业吗？

服务对象：（发出些很奇怪的声音）不想写。

社会工作者：你要是不写的话，等会儿妈妈回来就会不高兴了。

服务对象：烦，不想写。

社会工作者：没人想写作业，我也会觉得很烦。但是如果不写的话，妈妈会不高兴的。

服务对象并没有理会社会工作者，手里还是玩着笔。

仔细分析案例 6.17 可以发现，当服务对象不愿意写作业的时候，社会工作者一再强调"妈妈会不高兴的"，想以此推动服务对象面对学习的困难。可是，这样做并没有减轻服务对象的压力，反而加剧了服务对象的对立情绪。如果社会工作者能够转到服务对象的角度体会服务对象面临的压力，将服务对象的学习困难分割成不同的小"问题"，并且愿意和服务对象一起面对这些小"问题"，积极寻找解决的方法，就能帮助服务对象逐渐学会面对困难。

在帮助服务对象面对困难的过程中，仅仅鼓励服务对象或者直接告诉服务对象解决问题的答案是不够的，还需要社会工作者与服务对象一起寻找解决问题的途径和方法。对于服务对象来说，只有通过具体的面对和解决困难的过程，才能学会发掘和调动自身的能力。因此，社会工作者需要把自己投入到服务对象的处境中，与服务对象一起面对困难、经历困难。我们来分析一下下面这个案例，看一看社会工作者可以怎样更好地帮助服务对象面对学习上的困难。

案例 6.18

服务对象上小学三年级，今年 9 岁。据老师反映，服务对象在语文学习方面有点困难，尤其作文经常写得像流水账。社会工作者在帮助服务对象的过程中发现，服务对象很害怕失败，面对学习困难有较强的畏难情绪。下面是社会工作者在一次服务介入活动中与服务对象的一段对话。

（完成了一部分家庭作业后，服务对象要求休息一会，手里拿着气球。）

服务对象：（对着社会工作者）你看，我不用跳，一下子就能把气球抓住。

（服务对象一边说，一边用手试着抓住气球。）

社会工作者：嗯，不错！我们可以把怎么玩气球写下来。

服务对象：我还能够把气球当皮球玩呢。

（服务对象一边说着，一边使劲地拍气球。）

社会工作者：这个游戏真好玩哦！真聪明，还发现了气球可以当皮球玩。来，我们把这个发现也写下来给老师看看。

服务对象：可是我还是不知道怎么写下来。

社会工作者：就按照你刚才跟我说的那样写就可以了，不会的话再问我。

在案例 6.18 中，当社会工作者看到服务对象在玩气球时，就要求服务对象把玩的过程记录下来，但是服务对象"不知道怎么写下来"。面对服务对象在学习上的困难，社会工作者并没有转到服务对象的角度中体会服务对象的压力，和服务对象一起面对和经历写日记的困难，给服务对象必要的支持，而是要求服务对象："就按照你刚才跟我说的那样写就可以了"。显然，这样的要求很难发挥作用。服务对象不仅需要解决"问题"的建议，而且需要社会工作者给予直接的支持。

二　在进步中关注困难

在服务介入的巩固阶段，与周围他人关注服务对象的不足形成鲜明对比的是，社会工作者常常只看到服务对象的优点和进步，有意或者无意地回避服务对象的不足。这样的服务策略很容易使服务对象和周围他人忽视自身面临的困难，最终阻碍服务对象的进步。我们来看一看下面这个案例，注意分析社会工作者是怎样处理服务对象在要求进步和处理困难两个方面的不同要求的。

案例 6.19

服务对象上小学三年级，平时虽然能够完成家庭作业，但对学习没有什么兴趣，学习成绩不理想。在几门功课中服务对象最喜欢语文，尤其语文朗读，服务对象有时会主动要求朗读课文。在社会工作者的帮助下，服务对象逐渐对语文学习有了兴趣，成绩也开始提高。下面是社会工作者在与服务对象一起总结语文期中考试的经验时与服务对象的一段对话。

社会工作者：（拿着服务对象的语文期中试卷）来，我们一起看一看你的语文试卷。

（服务对象没有说话，挪了挪自己的椅子，靠在社会工作者的旁边。）

社会工作者：你觉得哪些做起来比较容易？

服务对象：（服务对象用手指着试卷）这部分，还有这部分……

社会工作者：很好！我看了也觉得你的组词、阅读理解部分做得很不错，扣分很少。那有什么做起来觉得比较困难的？

服务对象：（服务对象做出思考的样子）比较困难的，嗯，作文吧。不过，我已经想好怎么写了，还没写完就被老师拿走了。

社会工作者：真可惜！除了时间不够以外，平时写作文的时候有什么困难呢？

服务对象：嗯，不知道。

社会工作者：你把作文本拿出来我们一起看一看就知道了。

服务对象：好的。

（服务对象起身找自己的书包，从书包中拿出作文本，递给社会工作者。）

社会工作者：我们来看一看，什么时候老师打的分数会比较高。你看，是不是作文上面有什么好句子或者名言的话分数就会高？

服务对象：嗯，好像是。

社会工作者：那好，以后阅读课文的时候，如果看到好句子或者名言，你就用笔画下来，好不好？

服务对象：好。

社会工作者：等会儿我们一起来读一篇课文，把其中的好句子和名言画出来。

分析案例 6.19 可以发现，在与服务对象一起分析期中考试的语文试卷时，社会工作者之所以先从服务对象觉得"比较容易"的方面入手，是为了增强服务对象的改变信心，巩固服务对象的改变动力。接着，社会工作者又问服务对象："那有什么做起来觉得比较困难的？"让服务对象在进步中看到自己面临的困难。值得关注的是，社会工作者还和服务对象一起寻找困难，并且针对服务对象的具体困难制定了寻找"好句子和名言"的任务，把服务对象的困难与具体的行动连接起来，在行动中推动服务对象进一步改变。

即使是服务对象出现进步的方面，也有一个怎样进一步维持进步的困难。作为社会工作者在看到服务对象出现进步的时候，就需要进一步把服务对象的改变与周围他人的改变连接起来，让服务对象与周围他人建立稳定的支持关系。这样，服务对象才能稳步向前迈进。我们来看一看下面这个案例，注意分析社会工作者可以怎样更好地巩固服务对象所取得的进步。

案例 6.20

服务对象是小学四年级的男生，上课爱做小动作、容易走神、不认真听讲，考试经常不及格。老师认为，服务对象学习成绩不理想的主要原因是对学习没有什么兴趣。在社会工作者与父母亲的共同努力下，服务对象的学习状况出现了明显的改善。下面是社会工作者与服务对象以及服务对象的母亲之间的一段对话。

（服务对象在桌子旁坐下，把作业本拿了出来，准备写作业。社会工作者看到一个抄生字的本子，上面的生字抄写得很工整。）

社会工作者：这是你抄生字的本子吗？写得很工整啊！

服务对象：我前面得了好几个 A 呢！

（服务对象一边说着，一遍翻开本子，把评有 A 的作业拿给社会工作者看。）

社会工作者：很不错啊！得了不少 A。

（服务对象笑得很开心）

服务对象的母亲：还可以，最近他是有一些进步。上周的英语小测试，他考了 80 多分。

社会工作者：哦，真不错！他现在也比以前自觉多了！（转向服务对象）不错啊，考了 80 多。

（服务对象看着妈妈，很开心地笑。）

在案例 6.20 中，服务对象的学习有了明显的进步，不仅作业写得"很工整"、"得了不少 A"，而且上周的英语小测试"考了 80 多分"，学习也比以前自觉多了。面对服务对象的进步，社会工作者和服务对象的母亲都给予了及时的肯定。可惜的是，社会工作者只肯定了服务对象的进步，并没有进一步推动服务对象关注怎样维持这样的进步，也没有把服务对象的进步与父母亲的指导结合起来。一旦遇到挫折，服务对象就很可能无法面对困难的挑战。如果社会工作者改变服务策略，问服务对象"如果我们下个星期也想像这样学习，需要做一些什么"，"需要爸爸妈妈做些什么"，就能让服务对象和周围他人在进步中看到面临的困难和挑战，维持改变的动力。

在进步中关注困难，不仅是针对服务对象而言的，同时也是针对社会工作者来说的。当专业服务活动经过快速发展的扩展阶段进入巩固阶段之后，服务对象的进步和成功不仅吸引着服务对象和周围他人，同时也吸引着社会工作者。在这个时候关注进步中存在的困难，并不是一件容易的事情。首先需要调整的不是提问技术，而是心境。我们来看一看下面这个案例，案例中的社会工作者遇到了在服务介入巩固阶段经常遇到的难题：服务介入的奖励计划越来越难以发挥作用。

案例 6.21

服务对象是小学二年级的女生，刚从农村来到城市读书，学习基础不好，在学习上存在一定的压力。根据服务对象的学习状况，社会工作者制定了"画小红旗"的奖励方式，即读完课文或者做完作业，就可以在本子上画上一个"小红旗"，等"小红旗"积累到 15 枚，就可以换取 1 份礼物。虽然这项奖励计划在开始时，服务对象的热情很高，促进了服务对象学习状况的改善，但随着时间的推移，服务对象的热情在慢慢地减退。下面是社会工作者与服务对象的一段对话。

（在社会工作者的帮助下，服务对象把桌子从家里搬了出来，准备开始今天的功课辅导。）

社会工作者：上周学习怎么样？

服务对象：老师表扬我了，说我的作业有进步。

社会工作者：是吗，太好了！

社会工作者：那上周有没有画小红旗呢？

服务对象：没有，上周太忙了。

社会工作者：太忙了啊，忙什么呢？

服务对象：上周我们有考试，还有订正试卷。

社会工作：嗯，姐姐（社会工作者）看到你的试卷了。没关系，以后我们还继续画小红旗，好不好？

服务对象： 好的。

分析案例 6.21 可以发现，虽然服务对象有了进步，而且"小红旗"的奖励计划也确实发挥了作用，但是服务对象的热情却在减退。如果这个时候社会工作者仍要求服务对象继续画"小红旗"，可以想象，将很难收到良好的效果，而且还会引发社会工作者与服务对象之间的冲突。事实上，此时的主要挑战来自社会工作者自身，需要社会工作者有勇气退一步来看服务介入计划的安排，直接面对服务介入活动中的困难。例如，社会工作者可以问服务对象更喜欢什么方式的奖励、怎样奖励等，让服务介入的奖励计划能够跟上服务对象的实际需要。社会工作者需要提醒自己：服务介入计划只是一个工具，好的服务介入计划需要回应服务对象的实际困难和需要。

三 合理处理退步和不满

服务对象的改变并不是直线的，即使在服务介入的巩固阶段，也可能出现退步。这样的情况不仅对服务对象是一个打击，而且会使周围他人产生怀疑和不满。作为社会工作者，在服务介入的巩固阶段最难处理的就是服务对象面临这样的退步处境。在这样的情况下，社会工作者很容易受到服务对象和周围他人的影响，看不到服务对象未来可改变的空间。我们来看一看下面这个案例，注意分析社会工作者是怎样应对这样的困难处境的。

案例 6.22

服务对象是小学四年级的女生，考试经常不及格，做作业拖拖拉拉。在社会工作者的帮助下，服务对象开始对学习有了兴趣，学习成绩也得到了提高，能够爬上及格线。可是，在最近的一次数学考试中，服务对象的学习成绩出现了退步，父母亲很受打击。下面是社会工作者与服务对象以及服务对象的母亲之间的一段对话。

（服务对象的母亲从外面回到家里，看到社会工作者正在辅导服务对象学习，对着服务对象说。）

服务对象的母亲： 你告诉姐姐（社会工作者）你这次考了多少分？真是丢死人了。

服务对象： （没有说话，继续埋着头写作业。）

社会工作者：考得不好是不是？

服务对象的母亲：你告诉姐姐你考得怎么样？

服务对象：我们班还有一个考了三十几分的。

服务对象的母亲：你怎么净跟差的比，为什么不说你们班还有98分的，真是丢死人了。

社会工作者：她考了多少？

服务对象的母亲：40多分。

社会工作者：不用着急，等会儿我们一起来分析一下她的试卷，看哪些部分有困难，哪些部分可以应付。以后学习的时候就更有针对性。（对着服务对象）这次没考好没关系，只要我们把不会的学会了，以后就能做对了，是不是？

服务对象：（没有说话，点了点头。）

仔细分析案例6.22可以看到，服务对象在最近的数学考试中得了40多分，学习出现了退步。这让服务对象的母亲很担心，不知道怎样应对，只是一再要求服务对象"你告诉姐姐你考得怎么样"。面对这样的处境，案例6.22中的社会工作者并没有急于安慰服务对象的母亲，而是告诉她："等会儿我们一起来分析一下她的试卷"，将服务对象母亲的注意力集中在怎样改变上。只有这样做，服务对象母亲的担心才能慢慢消除。而且只有通过这个过程，服务对象的母亲才能学会怎样应对像这样的不利处境，给服务对象更好的支持。对于服务对象，案例6.22中的社会工作者也给予了情感上的支持，并且告诉服务对象"只要我们把不会的学会了，以后就能做对了"，不是让服务对象把关注的焦点集中在考试的成绩上，而是怎样应对学习的困难上。如果社会工作者把注意力集中在服务对象学习成绩的提高上，就会增强服务对象和周围他人因服务对象学习成绩下降而感到的不安，看不到退步处境中的改变机会。

在实际的专业服务活动中，有时社会工作者会遇到这样的情况：服务对象虽然有了一些进步，但是在周围他人看来还不能令人满意。于是，社会工作者陷入这样的困境中：一方面不能突出服务对象的进步，以避免与周围他人发生直接的冲突，破坏相互之间的合作信任关系；另一方面又不认同周围他人的看法，因为社会工作者确实感到服务对象有了一些进步，而且如果不及时给予肯定，服务对象的改变动力就会受到影响。我们来分析一下下面这个案例，看一看社会工作者是怎样应对这样的困境的，是否有更好的解决这种困境的方法。

案例 6.23

服务对象上小学二年级。由于父母亲平时忙于工作，无法监督服务对象学习，使得服务对象在学习上面临很大的困难，考试经常不及格。在社会工作者的帮助下，服务对象的学习状况有了改善，在期中考试中语文得了 70 多分。下面是社会工作者与服务对象的母亲之间的一段对话。

（社会工作者从老师那里了解到，服务对象的学习成绩有了进步，期中考试中语文得了 71 分。社会工作者希望借此机会让母亲看到服务对象的进步，进一步增强服务对象母亲的改变信心。）

社会工作者：阿姨，我在老师那里看到她（服务对象）的语文期中成绩是 71 分，您觉得她这次考得怎么样呢？

服务对象的母亲：前两天她班上的同学到这里来玩，我问了他们，其中一个是 98 分，另一个是 99 分。你说她考得怎么样？

社会工作者：是啊，她在班里的成绩不算好。但跟自己相比，您觉得她这次有没有一点儿进步？

服务对象的母亲：当然有一点儿，不过仅仅和自己比没什么用，要比别人好才行。

社会工作者一下子不知道怎么回答，只是含混地说"慢慢来"，但知道这样的回答没有什么用处，并不能影响服务对象的母亲。显然，服务对象的母亲对服务对象取得的进步很不满意，但社会工作者不知道可以怎样影响服务对象的母亲，让她认可服务对象的进步，心里感到很迷茫。

分析案例 6.23 可以发现，社会工作者之所以"感到很迷茫"，是因为对服务对象学习的看法与服务对象的母亲有很大的差异，社会工作者认为服务对象有了很大的进步，而母亲强调与同学相比服务对象的成绩依旧很差。这样，就很难让服务对象的母亲看到孩子的进步，增强改变的信心。实际上，看到服务对象的进步是一种影响服务对象母亲的方式；同样，了解并改善令服务对象的母亲感到"不满"的学习状况也是一种影响服务对象母亲的方式。如果社会工作者转变提问的方向，问母亲"希望孩子在学习上有什么样的改变"，转到母亲的角度了解母亲的想法，然后再进一步问母亲"觉得可以怎样更好地帮助孩子",把母亲的想法和要求与具体的行动连接起来,就能调动母亲的改变动力。因此,遇到这样的冲突场景,社会工作者需要提醒自己,社会工作者的角色不是让服务对象或者周围他人认同自己的看法,而是协助服务对象或者周围他人更好地实现他们自己的愿望。

第三节 维持周围他人的进步

通过让服务对象学会面对困难、在进步中关注困难以及合理处理退步和不满等方法,社会工作者就能在服务介入巩固阶段有效地应对服务对象出现的退步现象。同时,社会工作者也不能忽视周围他人进步的维持,只有将服务对象的改变步伐与周围他人的改变步伐配合起来的时候,服务对象才能在服务介入的巩固阶段稳步改变。

一 把不足转变成困难

周围他人的改变往往要比服务对象慢,虽然许多服务对象在经历了服务介入的扩展阶段之后已经取得了明显的进步,但未必能够得到周围他人的认可和肯定,他们仍然会向社会工作者抱怨服务对象的不足之处。有时,即使服务对象的进步直接呈现在周围他人面前,也难以获得他们的承认。如果周围他人不发生改变,服务对象的发展就很容易受到限制。我们来看一看下面这个案例,案例中的社会工作者初次参加社会工作专业实践活动,遇到了"不容易改变"的父亲。

案例 6.24

服务对象是小学四年级的男生,11 岁。最让父母亲感到苦恼的是,服务对象非常被动,对学习不用心,一篇课文要背十几遍才能记住,而且只要父母亲不催着就不做作业。在社会工作者的帮助下,服务对象的学习兴趣有了提高,回到家里开始主动完成家庭作业。下面是社会工作者与服务对象的父亲之间的一段对话。

社会工作者:孩子现在每天回来写作业的情况怎么样?

服务对象的父亲:其他都还好,就是背书太慢,一篇课文背十几遍还不行,要背几个钟头。

社会工作者：是吗？那你们怎么办？

服务对象的父亲：我们就让他一直背。有时晚上 8 点写完作业，但课文要背到晚上 10 点；迟的时候，要到晚上 11 点。

社会工作者：你们挺不容易的！孩子什么都记不住吗？

服务对象的父亲：他记性有点像我，我的记性就不太好。另外，他的注意力不集中，太容易分心。背课文你要投入到里面去，才会记得住。

社会工作者：是啊，注意力不集中的话，背书就没有什么效率。能不能和他约定一下，让他集中注意力？比如一个小时内背完，就让他玩一会儿。

服务对象的父亲：没有用！我们忙着店里的生意，又不能老盯着他。他妈妈有时候盯他一下，就会被他气死，一篇课文读了十几遍还是那样背不下来。

社会工作者：你们也很不容易，生意这么忙，还对孩子的学习这么上心。背课文对孩子语文成绩的提高很有好处，背的时候他就能理解课文的意思，对他做阅读理解和写作文都有帮助。

分析案例 6.24 中的对话可以发现，虽然服务对象已经开始主动回家做作业，但服务对象的父亲仍旧只关注孩子的不足：背书太慢。这样的情况在社会工作专业服务活动中很常见，当服务对象有所进步时，社会工作者很容易看到服务对象的进步，而周围他人更容易关注服务对象的不足之处。面对这样的处境，社会工作者可以怎样处理呢？有效的方法是把不足转变成困难。例如，社会工作者听了服务对象父亲的原因分析之后，就可以邀请父亲与服务对象一起面对困难："孩子现在面临背诵的困难，您觉得做些什么才可以帮助孩子？"如果父亲继续强调服务对象的问题是分心导致的，就可以进一步问父亲"做些什么可以帮助孩子减少分心"。注意，这样的提问不是原因分析和改进建议，而是希望改变服务对象父亲的观察视角，把服务对象面对的"问题"看作是需要周围他人和服务对象一起面对的困难。这样，就能把因关注"不足"带来的周围他人和服务对象的对立关系逐渐转变成由克服"困难"而形成的支持关系。

像服务对象一样，周围他人的改变也不是一步到位的，尤其涉及生活阅历比社会工作者还要丰富的周围他人时，这样的改变就更不容易。周围他人不仅会关注服务对象的不足之处，而且还会把服务对象的不足与周围他人的优点进行对比，强调服务对象"无可救药"。显然，不改变周围他人的这些想法，是很难拓展服务对象的发展空间的。还是上面那个案例，我们来看一看服务对象的父亲是怎样强化服务对象的不足的。

案例 6.25（承接案例 6.24）

服务对象的父亲：唉，我这个孩子真是没有出息。我有一个哥哥，他的孩子学习就很好，根本不用大人操心。

社会工作者：哦，那是怎么教的？

服务对象的父亲：他们也像我们一样整天忙着做生意，根本没有时间教孩子，都是靠孩子自觉。

社会工作者：不过，这孩子也有他的长处，他做家务很自觉，而且非常乖，现在比过去进步多了。孩子总是一点一点地慢慢长大，他以后会更懂事的。

在案例 6.25 的对话中，服务对象的父亲把服务对象与自己哥哥的孩子进行比较，以证明服务对象"没有出息"。面对这样的实务工作场景，采用宽慰的方式很难收到实际效果，甚至还可能增强父亲对孩子的不满情绪。社会工作者首先需要做的是改变服务对象的父亲把服务对象的不足与周围孩子的优点进行比较的想法。例如，社会工作者可以问服务对象的父亲："有这样听话的孩子固然幸运，但每个孩子都不同，他（服务对象）的学习方式有什么特点？"通过这样的提问，把服务对象父亲的关注焦点集中在服务对象自身成长的过程和方式上。

服务对象的改变并不是匀速的，有时可能快一些，有时可能慢一些，甚至有时还可能出现退步。随着服务对象改变节奏的变化，周围他人也会出现情绪和行为上的反应。尤其当服务对象出现退步的时候，周围他人更容易关注服务对象的不足之处，这样反过来又会进一步阻碍服务对象的改变。我们来看一看下面这个案例，注意分析社会工作者可以怎样推动周围他人发生积极的改变。

案例 6.26

服务对象上小学三年级，学习成绩不理想，考试经常不及格。父母亲认为，造成服务对象学习成绩不好的主要原因是她平时学习不努力，比较"懒"，上课不认真听讲，回家又不愿意做作业。为此，社会工作者专门设计了学习奖励计划。经过几次的服务介入活动，服务对象的学习主动性有了明显的提高。下面是社会工作者与服务对象的母亲就学习奖励计划进行的一段对话。

　　由于服务对象的学习成绩有了一些进步，学习的主动性也有了明显提高。在接下来的服务介入活动中社会工作者希望向服务对象的母亲了解学习奖励计划的执行情况。

　　社会工作者：上个星期她的学习表现怎么样？

　　服务对象的母亲：不怎么样！她才不在乎小红花呢。我跟她说："你快去做作业，妈妈等会儿给你画小红花。"她说："不要，随便。"我看她不在乎这个。

　　社会工作者：是吗？之前我们给她布置的学习任务她大部分都能完成，而且有时完成之后自己画了小红花。这周她自己画小红花了吗？

　　服务对象的母亲：没有吧！她就是图新鲜，新鲜感过了就不在乎了。以前她也这样。

　　社会工作者：哦，是吗？那你觉得要保持她的兴趣有什么办法？

　　服务对象的母亲：只能哄着她，变换方式，比如去肯德基什么的。

　　社会工作者：这是一个好方法。我们等会儿和她一起商量，看一看她喜欢什么。

　　服务对象的母亲：好。

　　分析案例6.26可以发现，服务对象的母亲在监督孩子学习的过程中遇到了难题：服务对象对"画小红花"的奖励不感兴趣了。母亲认为，服务对象"图新鲜"之后就会"不在乎了"。面对母亲的责备，社会工作者并没有就服务对象的不足提问，而是问母亲"觉得要保持她的兴趣有什么办法"，把服务对象母亲的注意力从关注服务对象的不足转向关注服务对象面临的困难。不要小看这一变化，当服务对象的母亲积极寻找协助服务对象克服困难的方法时，她就会成为服务对象有力的社会支持，尤其当服务对象出现退步时，这样的社会支持对服务对象的改变来说尤其重要。

二　利用服务对象取得的进步

　　如果服务对象有了进步，那么，不仅对服务对象来说是进一步改变的动力，而且对周围他人来说也是进一步改变的重要契机。社会工作者只有将自己的视野从服务对象个人扩展到周围他人，才能借助服务对象的改变把服务对象和周围他人连接起来，相互促进，形成积极的互动关系。我们来看一看下面这个案例，案例中的服务对象有了明显的进步，我们来分析一下社会工作者是怎样运用服务对象的进步来推动周围他人改变的。

案例 6.27

服务对象是小学四年级的女生，11 岁。据老师反映，服务对象对学习缺乏兴趣和积极性，上课经常坐着发呆，回家又不知道怎样完成作业，再加上缺乏父母亲的监督和指导，学习成绩不理想。为此，社会工作者专门制定了"家庭行为表现表"，希望能够帮助服务对象逐渐形成良好的学习习惯。下面是社会工作者与服务对象的母亲一起总结服务对象家庭行为表现情况时的一段对话。

（社会工作者走进服务对象的家里，看到贴在墙上的服务对象的"家庭行为表现表"上已经积累了 8 颗星星，其中 6 颗都是在"每天完成作业"栏里，一颗在"自己的事情自己做"栏里，还有一颗在"晨读"的栏里。）

社会工作者：阿姨，这一周她（服务对象）表现不错，已经积累了 8 颗星星。

服务对象的母亲：是的！这一周她每天都能按时完成作业，所以我们给了她 6 颗星星。不过，她还是比较懒，让她整理自己的书桌也不愿意，早上也起不来。

社会工作者：嗯，在作业完成上有明显进步了！

服务对象的母亲：现在放学回家都自己主动做作业了。

社会工作者：我看到有一颗星星是"自己的事情自己做"，有一颗是"晨读"，是吗？

服务对象的母亲：对！上个星期一早起之后，读了课文。之后，叫她也不起床；"自己的事情自己做"那颗，是你们来之前，我让她整理了自己的书桌。但之前，怎样说她也不做。

社会工作者：没关系，可能是我们的要求太高了，对她来说，有一定的困难。等会儿我们一起看一看可以怎样调整，让要求比较符合她的实际情况。

服务对象的母亲：好的。

当案例 6.27 中的社会工作者看到服务对象有了明显的进步，在"家庭行为表现表"上积累了 8 颗星星的时候，主动肯定服务对象在作业完成方面取得的进步，而对于服务对象母亲的抱怨，如服务对象"比较懒"、不愿意早起晨读和整理自己的书桌，社会工作者则首先让母亲注意服务对象已经获得的两颗星星的内容，接着进一步把服务对象母亲的注意力集中到怎样改善行动上，建议服务对象的母亲："等会儿我们一起看一看可以怎样调整，让要求比较符合她的实际情况。"通过这一系列提问，社会工作者就能借助服务对象的进步帮助服务对象的母亲从仅仅关注服务对象的不足转向更全面地把握服务对象，既关注服务对象的进步，也关注服务对象面临的困难，同时创造机会让服务对象的母亲更好地发掘和调动自己的能力和资源。

有时候，服务对象的进步会导致周围他人对其"过分"肯定，只强调服务对象的改变和进步。尤其在经历了服务扩展阶段，服务对象连续有了几次进步时，周围他人很容易将注意力集中在服务对象取得的进步上。如果这个时候社会工作者也像周围他人那样只关注服务对象的进步，就会强化周围他人对服务对象的改变期望。一旦服务对象出现退步，受到挫折的就不仅仅是服务对象，还可能包括周围他人。我们来看一看下面这个案例，注意分析案例中的社会工作者是怎样处理这样的处境的。

案例 6.28

服务对象是小学二年级的男生，学习成绩一般。据老师反映，服务对象有很好的学习潜力，但由于学习习惯不好，再加上缺乏父母亲的有效指导，所以学习成绩平平，做作业也马马虎虎。经过社会工作者的几次帮助之后，服务对象的学习成绩有了大幅度的提高，尤其数学成绩一下子提高到了 90 多分，受到老师的表扬。父母亲也非常高兴，没想到孩子的学习成绩能够进步得这样快。下面是社会工作者与服务对象以及服务对象的父亲之间的一段对话。

服务对象：（对着社会工作者）我数学考了 93。

社会工作者：真的吗？哇，好棒。是刚刚考的吗？

服务对象的父亲：对，是最新的单元考，他拿了 93 分。他的老师一直表扬他，说他最近数学进步很快。

社会工作者：确实应该表扬。真不错！

（服务对象把数学卷子递给社会工作者）

社会工作者：这次怎么做得那么好？

服务对象：这些题目我都练习过。

服务对象的父亲：按照你们讲的方法，我们每天监督他做一些数学练习题。

社会工作者：看来做练习题还是很有效果的，是吧？

服务对象的父亲：是的。考试的题目大多是练习题中的题目，或者相类似。如果他会做了练习题，考试也就会做了。

社会工作者：是的，这是一个好方法。叔叔，你在指导他做数学练习题的时候，有没有一些困难？

服务对象的父亲：目前还没有。

社会工作者：嗯，好的。在接下来的一周里，我们一起来看一看他在做数学练习题的过程中有什么困难，好吗？

服务对象的父亲：好的，谢谢你！

在案例 6.28 中，服务对象的学习有了明显的进步，数学单元测试考了 93 分，社会工作者除了给予及时的肯定，并且和服务对象的父亲一起总结成功的经验之外，还敏锐地感觉到过分强调服务对象的进步可能带来的危险，因此又问服务对象的父亲："叔叔，你在指导他做数学练习题的时候，有没有一些困难？"这样，社会工作者就能将服务对象父亲的注意力分一部分在服务对象面临的困难上，让服务对象的父亲既看到服务对象的进步，又看到服务对象面临的困难，更为准确地了解服务对象的需要，给予服务对象更有效的支持。对于社会工作者来说，最难拒绝的恐怕是由服务对象的进步带来的周围他人对他（她）对的感谢。下面，我们来看一看两位社会工作者的一段真实记录，他们第一次参加社会工作专业实践活动，看到服务对象的家人为了服务对象的进步而感到高兴时的内心感受和体会。

案例 6.29

我们这周来到服务对象家里，发现全家人都很高兴，这显然与服务对象的学习有了明显进步有关系。我们感觉到很重要的一点是，服务对象的信心有了提高，跟我们讲话的声音也明显比以前有自信。这个服务介入计划进行得很顺利，我们本来还担心，家长是否会把监督和奖励服务对象当成负担，看不到这样做与培养服务对象良好的学习生活习惯之间的联系。后来我们发现这样的担心没有必要，因为服务对象的父母亲看到孩子进步之后什么方面的焦虑和担心都没有了，他们愿意为此付出。这一周的服务活动开展得很顺利，整个家庭的气氛很好，服务对象的父母亲一直感谢我们。我们的心情也很舒畅，特别有成就感，希望接下来的服务活动也能像这样。

案例 6.29 中的社会工作者经历了因服务对象取得明显进步而带来的良好的辅导气氛，服务对象"有自信"，父母亲没有"焦虑和担心"，社会工作者的"心情也很舒畅"。但是，当周围他人只关注服务对象的进步时，就意味着面对服务对象退步的忍受力降低，尤其当服务对象父母亲的担心和焦虑随着服务对象的进步而消失时，这样的危险性就更大，一旦服务对象出现了退步或者进步没有预期那么快，这样的担心和焦虑就会重新出现，甚至比以前更强烈，这时社会工作者在利用服务对象的进步时就需要提醒自己，其目的并不是让周围他人只看到服务对象的进步，而是让周围他人以更开放的态度对待服务对象，更准确地了解服务对象的真实需要。

三　明确周围他人的困难

在服务介入的巩固阶段，虽然服务对象有了一些进步，但对周围他人来说仍然面临不小的困难和挑战。通常，周围他人会沿用原来的解决"问题"的方式。这不仅不利于服务对象"问题"的解决，甚至还可能造成服务对象与周围他人之间的冲突，从而妨碍服务对象进一步改变。因此，在服务介入巩固阶段，作为社会工作者需要帮助周围他人明确面临的困难，学习调整解决困难的方式。我们来看一看下面这个案例，注意分析社会工作者是怎样引导周围他人明确目前面临的困难的。

案例 6.30

服务对象是小学四年级的男生。据服务对象的老师反映，在社会工作者的帮助下，最近服务对象的学习有了明显进步，作业能够按时完成了，学习成绩也有了提高。但是，由于服务对象的学习基础不好，学习中仍然面临很大的压力。下面是社会工作者与服务对象的母亲之间的一段对话。

社会工作者：最近他（服务对象）的学习有了进步，作业能够按时完成了，成绩也有了提高，学习态度也认真了很多。您觉得，接下来他需要提高的是什么方面？

　　服务对象的母亲：补一补学习基础。他的学习基础比较差，以前一直没有好好学习过。

　　社会工作者：学习基础？您有什么想法吗？

　　服务对象的母亲：也没什么特别的想法。他不是那些近义词和反义词都不会吗？我们就买了两本近义词和反义词的字典，让他查。查完了，我想让他抄一下，这样才能记住。你说这样可不可以？我们也不知道怎样辅导。还有他的作文也不好，根本写不出来。你上星期也看到了，一篇作文写一两个小时。

　　社会工作者：是啊，确实还有很多要提高的！不过，我们一步一步来。近义词和反义词补上了对他的作文也会有很大帮助。您想让他怎么抄写近义词和反义词？

　　服务对象的母亲：看老师布置作业的情况。先让他做老师布置的作业，然后再让他抄一些近义词和反义词。

　　社会工作者：准备让他抄几遍呢？

　　服务对象的母亲：当然越多越好！

　　社会工作者：想让他学多一点可以理解，但关键还要看有没有效果。记得上次我们教他写完作文，您让他读五遍，他一下子就喊出来了："不要。"

　　服务对象的母亲：是啊！

　　社会工作者：怎样才能让他学习近义词和反义词快一些呢？

　　服务对象的母亲：我也不知道，以前一直就让他抄。

　　社会工作者：您把他的作业本拿出来，我们一起看一看他的困难在哪里，可以怎样补。

　　服务对象的母亲：好的。

　　分析案例 6.30 可以看到，虽然服务对象的学习有了进步，但服务对象的母亲仍旧沿用原来的抄写方式帮助服务对象学习近义词和反义词。面对这样的处境，社会工作者并没有直接提出自己的建议，而是在回应了服务对象母亲的感受之后，引导服务对象的母亲明确面临的困难："记得上次我们教他写完作文，您让他读五遍，他一下子就喊出来了：'不要。'"接着，社会工作者又紧跟服务对象母亲的步伐一步一步地寻找解决困难的方法。显然，要让周围他人给予服务对象更多的支持，明确周围他人的困难所在是非常重要的，这意味着周围他人与服务对象互动交流方式的改善。在这个过程中，社会工作者的支持和引导发挥着重要的作用，既要理解周围他人的要求，以便维持周围他人的改变动力，又要引导周围他人，一起明确面临的困难和解决的方式。

如果周围他人面临的"问题"有很多，不止一项，此时，社会工作者就需要协助周围他人将"问题"聚焦，缩小"问题"的范围，寻找可以直接着手解决的困难，否则，即使周围他人知道自己面临什么困难，也无法集中精力解决。我们来看一看下面这个案例，注意分析社会工作者可以怎样帮助周围他人明确需要解决的困难。

案例 6.31

服务对象是小学三年级的学生，10岁，刚从农村转入城市读书，学习上存在不小的压力。虽然在社会工作者的帮助下，学习成绩有了明显的提高，但仍存在一些困难。下面是社会工作者与服务对象的父亲之间的一段对话。

社会工作者：叔叔，您指导他（服务对象）学习的时候有什么困难吗？

服务对象的父亲：有很多！你看，我让他把这些组词、拼音抄在本子上，他就是不肯；字也写得乱糟糟的。（服务对象的父亲一边说着，一边翻着服务对象的语文作业本给社会工作者看。）你看，这些字，写得太不认真了！我最近因为忙，没有时间检查。还有，他的拼音仍有一些不会的，让他读出来，他也不肯。

社会工作者：具体感到什么方面困难呢？

服务对象的父亲：我也说不清楚，让他把拼音读出来，他不肯。我对他说，你读出来我才知道你哪些读错了，可他就是不肯。

社会工作者：哦，是这样。

在案例 6.31 中，服务对象的父亲面临很多困难，如服务对象不愿意抄写组词和拼音、字也写得乱糟糟的、没有时间检查作业以及不肯读拼音等。面对服务对象父亲的多项要求，社会工作者就需要抓住机会将服务对象父亲的"问题"聚焦，而不是立刻陷于其中的一个方面或者探问具体的原因，社会工作者可以问服务对象的父亲："在这些困难中，您觉得哪些是需要立刻着手解决的？"让服务对象的父亲对自己面临的困难进行排序或者选择，寻找可以直接着手解决的困难。如果服务对象的父亲回答"不知道"，社会工作者就可以提出"进一步观察"的要求，让他在接下来的几天里注意观察自己在指导服务对象学习的过程中面临的困难，明确首先需要帮助的内容。因此，在服务介入的巩固阶段，作为社会工作者有一项很重要的任务是协助周围他人明确面临的困难，并借此改善周围他人与服务对象之间的相互支持关系。

由于周围他人对困难的认识并不是固定不变的，会随着服务活动的展开而变化。因此，社会工作者在协助周围他人了解面临的困难时，也需要跟随周围他人的节奏不断变化提问的策略和方式，让周围他人在对话中逐渐明确面临的困难。我们来看一看下面这个案例，注意分析社会工作者是怎样跟随周围他人的节奏改变提问的策略的。

案例 6.32

服务对象是小学三年级的男生，10 岁。让父母亲感到苦恼的是，服务对象的学习兴趣很不稳定，高兴的时候可以顺利地完成家庭作业；但是不高兴的时候，怎么催他也不愿意学习。为了改善服务对象的学习状况，社会工作者与服务对象的母亲一起商讨制订具体的服务计划。下面是社会工作者与服务对象的母亲之间的一段对话。

社会工作者：今天，我们觉得他（服务对象）写日记写得很快，都没有什么提示，他就刷刷地写好了，真有点儿文思如泉涌。

服务对象的母亲：是啊！最关键是他要开心，他一开心，一切就好办了。

社会工作者：那您认为怎样才能让他开心学习呢？

服务对象的母亲：就是要找到他的兴趣所在。

社会工作者：怎么才能找到他的兴趣呢？

服务对象的母亲：这就是他的问题所在，他的兴趣变化无常。

社会工作者：您看，我们即使心情不好，还是要把该做的事情都做好。

服务对象的母亲：是啊！毕竟他还是孩子，慢慢培养吧！

仔细分析案例 6.32 中的对话可以发现，当服务对象的母亲提出服务对象只要开心"一切就好办了"的时候，社会工作者紧随母亲的步伐提问："那您认为怎样才能让他开心学习呢？"而当母亲回答"就是要找到他的兴趣所在"时，社会工作者又接着进一步问"怎么才能找到他的兴趣呢"，让母亲在对话过程中逐步明确面临的具体困难。可惜的是，在案例 6.32 的结尾，社会工作者改变了提问的方向，没有进一步紧随母亲的步伐。如果社会工作者能够继续问"怎样才能让他的兴趣稳定一些"，就能帮助母亲找到进一步推动服务对象往前走的基础。明确周围他人面临的困难是一个对话过程，只有在这个对话过程中社会工作者才能施展自己的影响，协助周围他人逐渐明确自己面临的具体困难，并且找到解决的办法。

四　总结周围他人的成功经验

帮助周围他人总结成功的经验是推动周围他人改变的重要方法之一。周围他人不像服务对象那样急需社会工作者的帮助，而且有些时候，他们的生活经验往往比社会工作者还丰富。这样，社会工作者就很容易把周围他人视为服务对象改变的外部条件，忽视周围他人的真实感受和想法，更不用说帮助他们总结成功的经验。我们来看一看下面这个案例，注意分析社会工作者可以怎样协助周围他人总结成功经验。

案例 6.33

服务对象上小学二年级，由于家里的学习环境比较吵闹，学习时很难集中注意力，学习的效率也不高。在社会工作者的建议下，负责服务对象学习的奶奶给服务对象安排了一个相对安静的学习环境。下面是社会工作者与服务对象的奶奶之间的一段对话。

（社会工作者刚走到服务对象的家门口，服务对象的奶奶就从房间里走了出来，告诉社会工作者，服务对象的学习场所从嘈杂的客厅搬到了卧室，让社会工作者进去看一看。卧室里边有两张床，虽然挤了点，但比客厅安静多了，床边还摆放了一张小桌子和小板凳，专门供服务对象学习使用。服务对象的奶奶指着桌上的小台灯说。）

服务对象的奶奶： 这是专门为她（服务对象）买的台灯。

社会工作者： 是吗？太好了！这样看起来很安静，环境很不错。

服务对象的奶奶： 是啊，她舅妈也说孩子学习还是不要在外面，太吵闹；里边的话可以比较安静，外面有人看电视、说话，里边都听不见。

社会工作者： 是啊，这样学习起来，她就能够集中注意力了。

服务对象的奶奶： 对啊，我们也是这样想的。

在案例 6.33 中，为了让服务对象有一个安静的学习环境，服务对象的奶奶专门腾出卧室，并且为服务对象买了学习用的台灯。这意味着服务对象的奶奶开始认识到了安静的学习环境对于服务对象的重要性，并且在行动中开始尝试为服务对象提供更好的学习条件。面对这样的实务处境，社会工作者不仅需要强调这样的学习安排有利于服务对象集中注意力读书，而且更为重要的是，从服务对象奶奶的角度出发，肯定她的想法和为此做出的努力。这样，服务对象的奶奶才能强化自己的成功经验，维持改变的动力。在实际的专业服务活动中，社会工作者不仅需要对服务对象的改变保持敏感，而且也需要对周围他人的改变保持敏感，让两者相互促进。

经历了服务介入的扩展阶段之后，一旦服务对象的状况有了明显的改善，周围他人就很容易关注服务对象的进步，强调服务对象取得的成绩，而忽视自己在其中发挥的作用和进一步努力的空间。如果此时社会工作者也像周围他人一样强调服务对象取得的成绩，就会自觉或者不自觉地引导周围他人忽视自身能力的调动和发挥。我们来看一看下面这个案例，注意体会社会工作者面临的实际处境，并且分析社会工作者可以怎样发掘和调动周围他人的能力。

案例 6.34

服务对象是小学四年级的男生，11 岁。由于缺乏父母亲的监督和指导，服务对象的学习成绩一直不理想，而且对学习没有什么兴趣。经过进行几次社会工作者精心安排的服务介入活动之后，服务对象的学习成绩有了明显的提高，尤其是数学，连续两次考了 90 多分。下面是社会工作者与服务对象的母亲之间的一段对话。

社会工作者：上一次英语考试，他（服务对象）考得怎么样？

服务对象的母亲：有进步，午托班的老师这次还替他可惜呢，说他没看清题目，要不就不是 90 多分，而是满分。

社会工作者：90 多分，很不错啊！要是能拿满分就更好了。您说过，要是能拿满分的话，您会给他奖励，是吗？

服务对象的母亲：是的。他想买玩具的话，就可以拿钱自己去买。

社会工作者：这样看来他表现得还真不错。

服务对象的母亲：他还当了小组长。因为数学连续两次考了 90 多分，老师就让他当了数学小组长。

社会工作者：哇，太好了！真是进步不小。

　　仔细分析案例 6.34 可以发现，在服务对象的学习有了明显的进步之后，无论服务对象的母亲还是社会工作者都把关注的焦点集中在服务对象取得的成绩上。这样的肯定虽然能够增强服务对象改变的动力，甚至能够增强母亲对孩子的支持，但不可忽视的是，它同时也在增加潜在的危机，让服务对象的母亲只关注服务对象的进步，而忽视面临的困难和挑战。如果社会工作者能够将母亲的关注焦点集中在成功经验的总结上，如帮助服务对象的母亲分析在服务对象进步的过程中她所发挥的作用，就能从服务对象母亲的角度出发，发掘和调动服务对象母亲的能力，给予服务对象更有效的支持。

　　在实际的专业服务活动中，社会工作者需要特别留意的是，总结周围他人的成功经验不是社会工作者总结，而是周围他人自己总结，社会工作者只是协助者，帮助周围他人总结。两者的角色不能互换，否则，这样的总结就不是周围他人的经验总结。我们来看一看下面这个案例，注意观察和分析社会工作者是怎样帮助周围他人总结成功经验的。

案例 6.35

　　据服务对象的母亲反映，服务对象上小学三年级，很贪玩，不听话，做作业拖拖拉拉。在社会工作者的帮助下，服务对象的学习成绩有了一些进步。为了给服务对象的改变创造更好的条件，社会工作者与服务对象的母亲一起讨论怎样有效地帮助服务对象。下面是社会工作者与服务对象的母亲之间的一段对话。

　　社会工作者：您觉得怎样才能让她（服务对象）更好地学习？

　　服务对象的母亲：她就是没有学习动力，比较懒，贪玩。

　　社会工作者：其实，您可以和她一起总结学习的经验。比如，在她情绪比较好的时候，她比较爱听您的话，您可以尝试着和她一起分析学习成绩，告诉她这次的成绩和上次相比是进步了还是退步了。如果进步的话，就给予表扬。一定要给她必要的鼓励，因为她比较敏感，鼓励很起作用。就像上次我给她讲作业，看到她有一道难题做对了，就鼓励她，然后发现她会主动继续看题目。

　　服务对象的母亲：嗯，要给她点儿鼓励。

　　社会工作者：对！孩子都是喜欢表扬的，多给她一些鼓励，她真的就会自信起来。这样做一方面让她开心，另一方面学习效率也会提高。

　　服务对象的母亲：我管她，她不听我的，而且还反感。没办法，我就只能让她怕我一点。打她、骂她，她才会听。

社会工作者：对孩子太凶也不好，还是要掌握一个度。并不是不打就是全部不管她了，对孩子进行约束是必要的。如果没有约束，就像一棵树一样，不注意修枝，它肯定就会乱长。对于孩子每天的学习任务必须监督她完成，这样孩子的学习习惯才能慢慢养成。

在案例 6.35 中，当服务对象的母亲提出服务对象"没有学习动力"时，社会工作者立刻给服务对象的母亲提供了很多解决问题的建议，如"和她一起总结学习的经验"、"给她必要的鼓励"以及"对孩子太凶也不好"等。可惜的是，这些建议只是社会工作者自己的经验，与服务对象母亲的实际生活存在不小的差距。如果社会工作者能够先倾听服务对象母亲诉说烦恼，并且紧随服务对象母亲的步伐问她在解决这些烦恼过程中的经验，就能真正站在服务对象母亲的位置上帮助她总结成功的经验。显然，这样的经验总结才能扎根于服务对象母亲的实际生活。

五　维持周围他人的微小改变

通常，社会工作者有了好的想法之后，希望能够马上将其实现。其实，好的想法并不意味着好的结果，同时还需要懂得选择微小的改变作为起点。尤其在面对生活经验比自己丰富的周围他人的时候，社会工作者只有懂得选择微小的改变作为起点，才能有效地调动周围他人的能力和资源。我们来看一看下面这个案例，注意体会社会工作者是怎样激发周围他人的改变动力的。

案例 6.36

服务对象是小学三年级的女生，不仅学习成绩不理想，而且与同学也几乎不交往，缺少玩伴。在社会工作者的帮助下，服务对象的学习成绩有了明显的进步，作业也能够及时完成，但是老师反映服务对象在人际交往上仍有一些困难。为了进一步扩展服务对象的改变，社会工作者希望能够提高服务对象的沟通交流能力。下面是社会工作者在电话中与服务对象的父亲之间的一段对话。

社会工作者：对了，我们刚才去了学校，她的班主任老师提到，她在人际交往方面有一些困难，平时很少主动跟学校的小朋友一起玩。不知道叔叔您的想法和建议是什么？

服务对象的父亲：我也没什么建议，她要出去跟谁玩，我都不会反对，只是要懂得回来。关键是她以前经常一个人出去到处乱走，也不跟家里人说去哪里，而且经常要到很晚才回来。有一次早上8点出去，晚上9点才回来。我们到处找，到处打电话问，急得要命。还有一次，我们一直找都找不到她，只好打了110，报了警，最后她自己很晚才跑回家来。所以，不是我们要限制她出去玩。她一个女孩子，一出去就不懂得早点回来，有时候甚至都不跟家里人说一声。你说，万一出了什么事，我们怎么办？

社会工作者：嗯，叔叔您说得很对！现在社会治安也确实不是很好，她一个人跑出去，确实挺不安全的，你们肯定很担心。我们也觉得要在保证安全的情况下才让她跟小朋友一起玩，或者参加一些班级活动什么的，目的也是为了让她有更好的同伴支持，减少在人际交往方面的自卑感，对自己更有自信心。这样，对于她的学习成绩的保持和提高来说，应该也是有帮助的。

服务对象的父亲：对，对！不过，我们也不知道她有什么朋友，也不清楚她平时跟谁一起玩，她从来不会跟我们说。

社会工作者：不用着急，也不是马上就要做这件事。如果可能的话，您平时能否多留意孩子与同学的交往？我们下个星期一起来商量商量。

服务对象的父亲：好的，没问题。

分析案例6.36可以发现，社会工作者有了改善服务对象与同伴的交往状况的想法之后，并没有马上向服务对象的父亲提出自己的建议，而是先问父亲："不知道叔叔您的想法和建议是什么"，希望给父亲充分的空间表达自己的想法，让服务活动能够与父亲的实际生活连接起来。当社会工作者了解了父亲的担心之后，立刻给予及时的回应，肯定他的合理要求："叔叔您说得很对！现在社会治安也确实不是很好，她一个人跑出去，确实挺不安全的，你们肯定很担心。"之后，社会工作者才结合父亲的合理要求提出自己的想法。当服务对象的父亲提出自己不了解服务对象与谁交往时，社会工作者并没有急着进一步要求父亲，而是让他先"留意孩子与同学的交往"，下个星期再来商量。很显然，在整个对话过程中，社会工作者始终坚持维持周围他人的微小改变的原则，让自己的建议和要求能够与周围他人的实际生活紧密连接起来。

对于社会工作者来说是微小的改变，但对周围他人来说可能并不是。如果社会工作者希望能够维持周围他人的微小改变，就不能仅仅依据自己的想法提出建议，而需要尽可能地将周围他人的想法和要求纳入自己的建议中，并且跟随周围他人的步伐逐渐呈现出来。我们来看一看下面这个案例，注意体会社会工作者是怎样做到让周围他人维持微小的改变的。

案例 6.37

服务对象是小学三年级的女生，9 岁。为了帮助服务对象形成良好的学习习惯，社会工作者与服务对象以及服务对象的母亲一起制订了学习奖励计划，规定服务对象每完成一次家庭作业或者表现良好，就能获得一颗五角星，等积累到十颗五角星，服务对象就能得到一份意外的礼物。下面是社会工作者在与服务对象的母亲一起商讨怎样执行奖励计划时与服务对象的母亲的一段对话。

社会工作者： 阿姨，我们每周只能来一次，与她见面的时间有限，而您每天和她生活在一起，所以我们想请您帮忙，好吗？

服务对象的母亲： 我能帮你们什么忙呢？

社会工作者： 是这样的，我们觉得她平时大多数时间和您生活在一起，她表现的好坏您都能及时看到，如果她表现好的话，您就给她一颗五角星的奖励。还有，您每天检查她的作业的时候，如果发现她的作业完成的情况比较好，也给她一颗五角星。您要做的是，剪好五角星并把它贴在墙上的那个纸板上。这样，等五角星累积到一定的数目——十颗的时候，我们就给她一份小礼物作为奖励。这样安排，阿姨您觉得有没有什么困难？

服务对象的母亲： 哦，是这样啊。那可以，应该可以。

在案例 6.37 中，社会工作者向服务对象的母亲详细介绍了学习奖励计划，要求母亲每天观察服务对象的作业完成情况和表现情况，并且根据服务对象的学习表现给五角星作为奖励。虽然这项任务在社会工作者看来很轻松，但是对于服务对象的母亲来说可能未必如此。因此，社会工作者在提出这样的要求时需要提醒自己，留出一定的时间和空间让周围他人表达自己的想法，就像案例 6.37 中的社会工作者在提出自己的建议后，问母亲："阿姨您觉得有没有什么困难？"当然，社会工作者也可以先简要地提出学习奖励计划的设想，然后问服务对象的母亲："您觉得怎样做才能保证学习奖励计划的实行？"让服务对象的母亲根据自己的经验提出解决的方式，调动服务对象的母亲自身的能力。

第四节　扩展家庭外的社会支持

通过把不足转变成困难、利用服务对象取得的进步、明确周围他人的困难、总结周围他人的成功经验、维持周围他人的微小改变等方法，社会工作者就能将周围他人的改变步伐与服务对象的发展步伐配合起来，相互促进。此外，在服务介入的巩固阶段，社会工作者还有一项重要的任务就是扩展服务对象家庭外的社会支持，发掘和运用服务对象家庭外的社会资源。

一　建立家庭外社会支持关系

在服务介入的巩固阶段，当服务对象与身边的重要他人建立了稳定的社会支持关系之后，社会工作者就需要跟随服务对象的发展步伐将服务对象的社会支持关系扩展开来，延伸到家庭之外，尤其是与家庭之外的重要他人建立稳定的社会支持关系，是服务对象进一步发展的关键。就学生而言，学校的老师和同伴是家庭之外的重要的社会支持。我们先来看一看下面这个案例，分析一下社会工作者是怎样将服务对象的社会支持关系从家庭内扩展到家庭外的。

案例 6.38

服务对象是小学二年级的女生，除了学习成绩不理想之外，性格也比较内向，很少主动与同学交往。社会工作者在辅导服务对象的学习的同时，还希望能够增加服务对象与同伴之间的交往。下面是社会工作者与服务对象之间的一段对话。

社会工作者：平时做完作业，你都和谁一起玩呢？

服务对象：自己一个人玩，爸爸、妈妈不让我出去和别人玩。

社会工作者：是吗？爸爸、妈妈不让你出去玩，都让你做什么呢？

服务对象：待在家里看书，看电视……

社会工作者：你挺乖的，听爸爸、妈妈的话。那平时在学校你最喜欢和谁一起玩呢？

服务对象：我在学校只和陈兵一起玩，我和他一起跳绳，我们两个是同桌。

社会工作者：哦，你喜欢和陈兵一起跳绳。那为什么不和其他的同学跳绳呢？

服务对象： 因为只有陈兵和我玩。

社会工作者： 好的，姐姐教你一个好玩的游戏，你学会了可以和陈兵一起玩，好不好？

服务对象： 什么游戏？（脸上露出好奇的表情）

案例 6.38 中的社会工作者得知服务对象做完家庭作业之后一个人玩耍，接着就问服务对象在学校的表现："那平时在学校你最喜欢和谁一起玩呢？"显然，通过这些提问社会工作者希望能够寻找到帮助服务对象扩展家庭之外社会支持的起点：现有的与家庭之外成员的联系。"我在学校只和陈兵一起玩"，这是服务对象与家庭之外成员互动交流的重要方式，是扩展服务对象家庭外社会支持的基础。社会工作者接着教服务对象"一个好玩的游戏"，其目的是为了加强服务对象现有的家庭之外的社会支持。如果社会工作者绕开服务对象现有的家庭之外的社会支持，而直接要求服务对象改善家庭之外的沟通交流状况，那么，可以想象，这样的要求只会使服务对象面临新的挫折。我们来看一看下面这个案例，注意分析社会工作者可以怎样更好地扩展家庭之外的社会支持。

案例 6.39

服务对象是小学二年级的女生，9 岁。在帮助服务对象提高学习成绩的同时，社会工作者希望能够扩展服务对象家庭之外的社会支持，与学校的老师建立良好的沟通交流关系。下面是社会工作者与服务对象围绕扩展家庭外社会支持的一段对话。

社会工作者： 你（服务对象）遇到不会的问题，都问谁呢？

服务对象： 有时候会问妈妈，有时候问同桌。

社会工作者： 有没有问老师呢？

服务对象： 有，很少。我都问语文老师。

社会工作者： 你们的语文老师是施老师，对吧？她跟姐姐说，你上课有时主动举手发言，是吗？

服务对象： 嗯。（服务对象点了点头）

社会工作者： 数学老师也跟姐姐说很喜欢你。如果遇到不会的，你也可以去问数学老师，好不好？

（服务对象没有说话，低着头。）

分析案例 6.39 可以发现，当服务对象遇到问题时，"有时候会问妈妈"，"有时候问同桌"，很少问老师。在这些回答中已经蕴藏着服务对象家庭之外的一个重要的社会支持——同桌。如果社会工作者能够按照这样的线索继续追问下去，就能找到扩展服务对象家庭之外社会支持的起点。可惜的是，案例 6.39 中的社会工作者只盯着服务对象的老师，而且还要求服务对象问数学老师。可以想象，让服务对象放弃自己熟悉的同桌和语文老师的支持，转向数学老师，这将使服务对象面临很大的压力和挑战。这样的建议自然也很难在实际生活中实现。

即使社会工作者努力在服务对象现有联系的基础上提出进一步改善的意见，但是在扩展家庭之外社会支持的尝试中，服务对象仍然会遭遇不同程度的挫折。这个时候，作为社会工作者就需要从看似失败的服务对象的尝试中找到进一步前进的基础，进一步扩展服务对象家庭之外的社会支持。我们来看一看下面这个案例，注意分析和体会社会工作者可以怎样扩展家庭之外的社会支持。

案例 6.40

在社会工作者的帮助下，服务对象的学习成绩有了明显的提高；接着，社会工作者希望能够扩展服务对象家庭之外的社会支持，给服务对象布置了找几个同学一起玩游戏的任务。下面是社会工作者与服务对象的一段对话。

社会工作者：对了，上次姐姐（社会工作者）让你去学校找同学做一个游戏，你做了吗？

服务对象：做了。

社会工作者：你找了几个同学？

服务对象：一个。

社会工作者：一个同学怎么玩？这个游戏要求至少 5 个人。

服务对象：嗯，就是我牵着他的手，他再转（服务对象用手比划着）。

社会工作者：那姐姐上次是叫你找几个人玩呢？

服务对象：5 个、6 个、7 个……

社会工作者：你为什么不找 5 个同学一起玩呢？

服务对象：这个不好玩，他们不喜欢玩这个。

在案例 6.40 中，服务对象虽然按照社会工作者的要求做了尝试，但并没完成社会工作者布置的任务：邀请 5 位同学一起玩游戏。实际上，这样的情况在实际的服务活动中经常出现。如果社会工作者把它视为失败，质问服务对象为什么没有做到，就会忽视服务对象做过的努力以及其中的成功之处：邀请到了一位同学。相反，如果社会工作者能够关注服务对象邀请到了一位同学，并询问服务对象是怎样做到的，服务对象就能总结其中的成功经验，继续向前迈进，真正使服务介入活动做到从服务对象现有的联系开始。有时，社会工作者制定的目标太高，服务对象根本无法做到，拒绝进行尝试。当出现这样的情况时，社会工作者可以怎样应对？我们来看一看下面这个案例，注意分析社会工作者可以怎样找到扩展服务对象家庭外社会支持的途径。

案例 6.41

服务对象是小学二年级的男生，9 岁。在服务对象的学习成绩有了明显的进步之后，社会工作者给他布置了向数学老师问问题的任务，希望能够进一步扩展服务对象在学校的社会支持。下面是社会工作者与服务对象以及服务对象的父亲一起谈论学习任务执行情况时的一段对话。

社会工作者：（对着服务对象的父亲）上一周他学习怎么样？

服务对象的父亲：不错！（突然转过头来对着服务对象）你昨天和我说哥哥（社会工作者）叫你去问数学奥数，是吗？

社会工作者：对，你去问数学老师了没有？

（服务对象没有说话，只是嘿嘿地笑了笑。）

服务对象的父亲：没有，他不敢问。

服务对象：没有，妈妈没有帮我把数学书拿到学校去。

服务对象的父亲：你妈妈帮你带去干吗？你妈妈忙，又不去学校。再说是你读书还是妈妈读书？

服务对象：（笑着）妈妈读书。（服务对象突然跑到一边去踢足球了）

服务对象的父亲：过来，哥哥跟你说话呢。

（服务对象走了过来，站在父亲的身旁。）

社会工作者：没问没关系，这一步比较难，我们慢慢来。

分析案例 6.41 可以看到，社会工作者布置的让服务对象问数学老师问题的任务，对于服务对象来说显然有点儿难，暂时无法做到。因此，服务对象总是回避社会工作者的提问。面对这样的处境，社会工作者选择了宽慰服务对象的方式，解释说"没问没关系，这一步比较难，我们慢慢来"。这样的回答并没有为服务对象以及周围他人找到解决这个"问题"的途径。如果社会工作者希望解决这个"问题"，可以接着问服务对象和周围他人："现在奥数遇到了难题，可以问谁呢？"让服务对象和周围他人按自己的方式寻找解决问题的方法。如果服务对象和周围他人回答"不知道"，社会工作者就可以进一步问服务对象："你一个人去问数学老师感到害怕，那你希望找谁帮忙？"从而引导服务对象和周围他人从已有的联系出发找到解决问题的方法。

二 寻求家庭外的社会支持

社会工作者在扩展服务对象家庭外社会支持的时候，既可以像上一节介绍的那样，从家庭支持开始拓展服务对象家庭外的社会支持；也可以直接从家庭外的重要他人着手，帮助服务对象寻求家庭外的社会支持。由于家庭外的重要他人通常不像家庭成员那样与服务对象有着深厚的情感联系和责任要求，而且他们自己又有很多工作和生活责任需要承担，因此，社会工作者在寻求这些家庭外重要他人的帮助时，时常发现自己很容易陷入矛盾中：一方面，他们确实很重要，需要帮助服务对象寻求他们的支持；另一方面，又很难向他们提出什么要求，改善他们与服务对象之间的互动交流状况。我们来看一看下面这个案例，注意分析社会工作者是怎样提出要求的，可以怎样更好地帮助服务对象寻求家庭外的社会支持。

案例 6.42

为了争取服务对象的班主任的支持，社会工作者特地打电话给服务对象的班主任，与班主任交流帮助服务对象的经验。下面是社会工作者与服务对象的班主任之间的一段对话。

社会工作者：是这样的，我们已经去他（服务对象）家开展辅导几次了，我们想在辅导他的学习方面征求一下您的意见。

服务对象的班主任：好的，好的。

社会工作者：我们辅导了几次，主要做了推动和鼓励他在课堂上发言的工作，辅导他比较感兴趣的英语。由于他自己明确表示想提高语文成绩，我们也在语文方面做了一些辅导。我们看了一下他的考试卷，觉得他在需要记忆的生词、课文背诵方面做得比较好，而作文方面就比较弱。因此，针对他的情况我们给他布置了一些阅读的任务，要求一周读三篇作文，如果有时间再看一些成语故事。老师，您觉得除了这些外，我们还应该做些什么，效果才可能比较好呢？

服务对象的班主任：这样已经很好了，谢谢你们！如果有时间的话，你们可以指导他写作文，他的作文写得不是很好，像流水账。

社会工作者：好的，谢谢老师！

在案例6.42中，社会工作者一开始就向服务对象的班主任介绍自己所开展的服务活动，然后再征求服务对象班主任的意见。这样安排对话的内容使服务对象的班主任不容易充分表达自己的意见，当然也就无法深入发掘和调动服务对象班主任的能力和资源。如果社会工作者首先提出在帮助服务对象的过程中遇到了一些困难，如服务对象上课时注意力不容易集中、作文写作有困难、英语句型掌握得不好等，让服务对象的班主任能够根据自己的经验提出建议，那么，服务对象的班主任就会有比较大的空间表达自己的意见，而且提出的意见也有针对性。在此基础上，社会工作者再调整和解释自己的服务计划，就能把服务对象班主任的意见结合进去，调动服务对象班主任的能力和资源，让服务对象与班主任之间建立更好的社会支持关系。

有时，为了争取服务对象家庭之外重要他人的社会支持，社会工作者有意先介绍服务对象在家庭内的一些进步表现，然后再询问服务对象在家庭之外的表现，让服务对象在家庭内的表现能够和在家庭外的表现连接起来，相互促进。我们来看一看下面这个案例，案例中的社会工作者希望能够将服务对象在家庭内的改变与在家庭外的改变连接起来，为服务对象争取更多的家庭外的社会支持。

案例6.43

服务对象是小学二年级的女生，9岁。经过社会工作者的几次辅导之后，服务对象的学习成绩有了明显的改变，学习兴趣也有了明显的提高。为了进一步扩展服务对象的改变，社会工作者决定帮助服务对象寻求家庭外的社会支持。下面是社会工作者与服务对象的班主任之间的一段对话。

社会工作者：不好意思，打扰您了。我主要是想了解一下她（服务对象）最近在学校的学习表现有没有什么变化？

服务对象的班主任：她现在上课还是不爱主动发言，经常开小差，不能集中精力；有时作业也不能及时完成，错误的地方自己也不愿意主动订正，只有我们把她留下来时，她才订正错误的作业。不过，与以前相比她现在的表现已经好了很多，成绩也在慢慢进步，只是仍需要进一步改进。

社会工作者：嗯，老师您的意思是，虽然这个孩子现在还有很多需要改进的地方，但是与以前相比还是有不小的进步，是吗？

服务对象的班主任：是的。

分析案例 6.43 可以发现，社会工作者希望通过了解服务对象最近在学校的学习表现，把服务对象在学校的改变与在家庭内的改变结合起来，为服务对象的进一步改变争取学校老师的支持。因此，社会工作者对班主任的意见给予了及时回应："老师您的意思是，虽然这个孩子现在还有很多需要改进的地方，但是与以前相比还是有不小的进步，是吗？"这样的回答虽然注意到了服务对象在学校的进步表现，但是没有看到服务对象在学校学习中面临的困难，错失了从如何克服困难的角度进一步调动服务对象班主任的改变动力的机会。如果社会工作者能够进一步和服务对象的班主任商谈接下来的服务活动，就能进一步把服务对象班主任的要求和想法融入接下来的服务活动中，调动服务对象班主任的改变动力，为服务对象的改变创造更好的家庭外的社会支持条件。

在争取服务对象家庭外重要他人的社会支持时，不少社会工作者反映，很难改变这些家庭外重要他人的想法，甚至很多时候社会工作者只能听从他们的意见。实际上，影响服务对象家庭外重要他人的方式可以有很多种，学会尊重他们的意见也是其中重要的一种。如果服务对象的家庭外重要他人具有丰富的经验和阅历，社会工作者就需要对自己的对话交流的方式做某种程度的调整，保持开放、友好以及积极学习的心态。

三 增强同伴支持

同伴支持是服务对象家庭外社会支持的重要组成部分。与家庭外重要他人不同，同伴与服务对象年龄相仿，兴趣相近，因此，采用做游戏的方式更容易增强服务对象与同伴之间的沟通交流，尤其对于儿童来说，借助游戏来增强同伴的支持是非常有效的方法。我们来看一看下面这个案例，注意分析社会工作者是怎样借助做游戏的方式来增强服务对象与同伴之间的社会支持的。

案例 6.44

服务对象是小学二年级的男生，虽然在社会工作者的帮助下，服务对象的学习成绩有了改善，但是他与同伴之间的沟通交流仍存在不少困难。于是，社会工作者决定从服务对象与同伴的交往着手，改善他与同伴之间的沟通交流。下面是社会工作者与服务对象以及服务对象的同伴之间的一段对话。

（社会工作者远远地看到服务对象和一群年龄差不多的小朋友在小区的草坪上玩耍，社会工作者走近他们时，服务对象跑了过来。）

服务对象：姐姐（社会工作者），他们欺负我。

社会工作者：怎么了？

服务对象：他们就像上次那样欺负我，他们都不和我玩，他们都不愿意和我玩。

（服务对象坐在草地的一个石凳子上哭了起来）

社会工作者：你怎么那么小气，那么久以前的事情还记得？

服务对象：没有啊，他们就是不和我玩。

社会工作者：好了，姐姐给你们带来了很多好玩的游戏。（对着周围的小朋友）你们愿意玩游戏吗？

服务对象：我不要玩！（服务对象大声喊）

（其他小朋友都看着他，表示有兴趣玩游戏。）

社会工作者：我们一起邀请他来玩游戏好不好？我们今天要玩好多好玩的游戏。

小朋友：（主动跑到服务对象身边）我们来玩游戏吧！

服务对象：嗯！（脸上露出高兴的表情）

在案例 6.44 中，服务对象与同伴发生了冲突，服务对象抱怨同伴不和他一起玩。面对这样的情况，社会工作者并没有直接指出谁对谁错，因为这样做可能加剧服务对象与同伴的对立。为了改善服务对象与同伴之间的互动关系，社会工作者选择了让服务对象与同伴一起做游戏的方式，巧妙地运用服务对象和同伴喜欢玩游戏的共同兴趣，调整他们之间的互动关系。这样，既可以避免服务对象与同伴的冲突和对立，又可以加强他们相互之间的沟通交流。实际上，如何处理好服务对象与同伴交往过程中的冲突，是社会工作者扩展服务对象的同伴支持的关键。我们来看一看下面这个案例，注意分析社会工作者是怎样处理服务对象与同伴之间的冲突的。

案例 6.45（承接案例 6.44）

社会工作者把小朋友分成两组开展游戏活动，服务对象被分在了第 2 组。第 1 轮活动结束后，服务对象所在的第 2 组输了。

服务对象：（很不服气地大喊）不行不行，我们要再玩一次，再玩一次嘛！

（服务对象表示出非玩不可的表情，而其他小朋友并没有继续再玩这个游戏的意思。）

社会工作者：（对着服务对象）是不是想再玩？好，我们接下来玩一个更好玩的游戏。注意，这次可要认真听好规则，和小朋友配合好，抓住机会。（转向其他小孩）准备好了吗？

小朋友：准备好了！

社会工作者：我先说一下游戏的规则：第一步，每个小组写出十个动物、植物或者动作的名称。第二步，每个小组把自己写的名称用动作表现出来，让另一组小朋友猜。注意保密，不要让另一组的小朋友看到。第三步，每猜对 1 个得 1 分，猜错不得分。最后，我们看一看哪组小朋友的得分高。明不明白？

小朋友：明白！

社会工作者：好，我们开始。

（第 1 组的活动进行得很顺利，但是在第 2 组中的服务对象却很大声地反驳别的小朋友说出来的名字，使得活动进行得非常缓慢。）

社会工作者：（对着服务对象）你看，他们那组快完了，我们也要加快速度，先把大家说出来的名字都写上去，写完了我们再看哪些更好，好不好？

服务对象：好的。

（服务对象不再大声反驳别的小朋友说出来的名字，但显得有些着急，不停地朝另一小组看，担心落后了。）

仔细阅读案例 6.45 可以发现，服务对象在第 1 轮游戏结束之后就与其他小朋友发生了冲突，不顾其他小朋友的要求，希望"再玩一次"原来的活动。值得注意的是，社会工作者首先肯定服务对象的要求："是不是想再玩？好，我们接下来玩一个更好玩的游戏。"同时，社会工作者又向服务对象提出了新的要求："这次可要认真听好规则，和小朋友配合好，抓住机会。"这样，既能够调动服务对象的改变动力，又能够保证服务对象的要求不和其他小朋友的要求对立起来，把他们的注意力集中在未来可改变的空间上。在接下来的活动中，社会工作者也运用了类似的方式处理服务对象与小朋友之间的冲突，以保证服务对象和同伴都拥有发展的空间。

为了加强服务对象与同伴之间的沟通交流，社会工作者经常运用让双方分享彼此的经验和体会的方式，增加双方相互学习的机会。不过，实际运用这样的方式并不那么简单。我们来看一看下面这个案例，注意分析社会工作者可以怎样保证服务对象与同伴更好地沟通交流。

案例 6.46

服务对象是小学二年级的女生，由于父母亲工作比较忙，很少有空闲时间指导服务对象的学习，因此社会工作者在帮助服务对象提高了学习成绩后，希望能够加强服务对象与同伴之间的相互支持，以维持和扩展服务对象的改变。下面是社会工作者与服务对象以及服务对象的同伴之间的一段对话。

（社会工作者特地安排了让服务对象与她要好的玩伴一起学习的机会，并且让她们比赛。服务对象看到画图的数学题，很熟练地画了起来；而她的玩伴则想了一会儿才开始做，看上去有点儿困难。而当服务对象接着做生字题时，则写得很慢，有好几个字不会写，有的还写错了；而她的玩伴生字掌握得很好，只有一道题写不出来，其他的都写对了。）

社会工作者：哦，你们俩表现得都很不错！（对着服务对象）画图的数学题你做得比较好，（对着服务对象的玩伴）生字题你完成得**比较好**。接下来，我们相互交流一下经验。（对着服务对象）那你先讲讲这道图画的数学题应该怎么写？

服务对象：你可以写一只小花猫跟着猫妈妈一起去公园玩，然后猫妈妈说，小花猫你在这儿等我一下，我一会儿就回来。小花猫就在公园门口等着猫妈妈，还吃着棒棒糖。一会儿，猫妈妈回来了，小花猫就跟着猫妈妈一起回家去了。

社会工作者：哇，原来你想了这么多故事啊！（对着服务对象的玩伴）你说一说生字题怎么写，好吗？

服务对象的玩伴：……

案例 6.46 中的社会工作者为了增强服务对象与同伴之间的社会支持，特地安排了服务对象与同伴一起学习的机会，而且在学习结束后让服务对象与同伴彼此分享各自做得好的方面。社会工作者在要求服务对象介绍自己的经验时强调"那你先讲讲这道图画的数学题应该怎么写"，并没有让服务对象从自己的经验出发介绍自己的体会。这样，很容易把分享变成指导，导致双方的冲突。为了防止这样的现象发生，社会工作者在问服务对象时可以强调"那你先讲讲你是怎么完成这道画图的数学题的"，把服务对象的经验介绍限制在她自己的经验范围内。等服务对象介绍完了自己的经验后，社会工作者再问服务对象的同伴，看一看她有什么疑问，打算怎样完成这道画图的数学题。通过这样的对话交流，服务对象和同伴的经验才能有所提升，相互之间的支持才能有所加强。

服务对象的社会支持既可以来自家庭内部，也可以扩展到家庭外部，主要的方法和途径包括建立家庭外社会支持关系、寻求家庭外的社会支持和增强同伴支持等。不过，需要注意的是，服务对象的家庭外社会支持与其家庭内社会支持一样，都是服务对象日常生活的一部分，需要把它们作为一个整体来考察。

第七章
服务介入的结束

借助服务对象进步的巩固、服务对象困难和退步的处理、周围他人进步的维持以及家庭外社会支持的扩展等方式,社会工作者就可以在服务介入的巩固阶段保证服务对象稳步改变,并且维持服务对象的改变与周围他人的改变之间的平衡,进一步扩展服务对象家庭外的社会支持。巩固阶段的任务实现之后,社会工作专业服务活动就进入了服务的最后阶段:服务介入的结束。在这一阶段,社会工作者需要处理的主要任务是:如何使服务对象和周围他人的改变日常化并且保持相互之间的平衡以及如何结束服务介入活动。

第一节　促使改变日常化

让服务对象和周围他人的改变日常化是服务介入结束阶段的一项重要任务,也是保证服务介入活动顺利结束从而退出的基本要求。所谓改变的日常化是指改变的行为逐渐成为服务对象和周围他人日常生活习惯的一部分。它包括两个方面的转变:一是逐渐由外部推动的行为转变成内部自觉的行为;二是逐渐由意识主导的行为转变成日常习惯的行为。

一　服务对象改变的日常化

经历了服务介入的扩展和巩固阶段之后,即使服务对象在社会工作者的协助下在某些方面取得了明显的进步,并且对自己的成功经验进行了总结,服务对象也仍然面临一项重要的任务:怎样将在服务活动中取得的进步转化为日常的生活习惯,融入服务对象的日常生活中。这样,在服务活动结束后，服务对象仍能够维持进一步改变的动力。我们来看一看下面这个案例，注意分析社会工作者可以怎样帮助服务对象将改变日常化。

案例 7.1

服务对象是小学四年级的男生，经过社会工作者的数次帮助之后，服务对象在学习方面有了明显的进步，从原来的不及格提高到现在的 80 多分，并且在社会工作者的帮助下学会了总结自己的学习经验。下面是社会工作者与服务对象及其母亲的一段对话。

社会工作者：他（服务对象）最近参加了考试，考得怎么样？

服务对象的母亲：数学 86 分，英语也是 80 多分，语文 70 多分，不过已经有进步了。

社会工作者：真是不错！您帮助他总结进步的原因了吗？

服务对象的母亲：有啊！不过，他要是再认真一点，数学可以考得更好。有一些题目平时他都做过了，可惜，考试时还是做错了！

社会工作者：学习是要慢慢来的，已经有进步了。这说明他开始认真学习了。

服务对象：我以前考过 90 多分。

社会工作者：是吗，好棒啊！那以后要努力啊！

服务对象：嗯。（服务对象点了点头）

在案例 7.1 中，不仅服务对象的学习成绩取得了明显的进步，而且服务对象的母亲也学会了帮助孩子及时总结成功的经验，她强调：服务对象要是再认真一点，他的"数学可以考得更好"。显然，当服务对象在学习上取得进步时，服务对象母亲的关注焦点是服务对象的考试结果，并不是他的日常学习安排。如果此时服务对象的母亲能够关注服务对象日常学习的安排，把服务对象的成功经验转化为日常的行为习惯，就能够维持服务对象持久改变的动力。特别是当服务对象出现平时做过的练习题在考试时答错的现象时，社会工作者更需要协助服务对象的母亲把孩子的注意力集中在日常学习安排的调整上，帮助服务对象更有效地应对学习上的挑战。可惜的是，社会工作者只是一般性地宽慰服务对象的母亲及肯定服务对象，使得服务介入活动无法进一步深入到服务对象的日常生活中。

除了可以把服务对象的成功经验转化为服务对象日常生活的一部分之

外，社会工作者还可以把服务对象日常生活中的有利条件发掘出来，并且将其与服务对象的成功经验结合起来，让服务对象的成功经验融入日常生活中。当然，这样的要求比将成功经验转化为日常生活的一部分更高，需要社会工作者发挥自己的想象力，创造性地在服务对象的日常生活条件与成功经验之间建立起联系。我们来看一看下面这个案例，注意体会社会工作者是怎样将服务对象的日常生活条件与成功经验连接起来的。

案例 7.2

服务对象上小学二年级，让她感到困难的是语文，尤其是日记，她经常不知道怎么写。在社会工作者的帮助和指导下，服务对象虽然在日记写作方面有了明显的进步，但时常感到有些困难。下面是社会工作者在一次入户服务活动中与服务对象以及服务对象的奶奶之间的一段对话。

社会工作者刚走进服务对象的家里，服务对象的奶奶就热情地迎了出来。

服务对象的奶奶：你来了！（对着身边的服务对象）快带姐姐进屋做作业。

社会工作者：（对着服务对象）这周作业做得怎么样了？

服务对象：日记好难，不会写。这周没有出去玩，也不知道写什么。

社会工作者：这样啊，那我们一起看一看日记怎么写？

服务对象：好的。

（服务对象走到电视机前准备关掉电视，眼睛盯着电视里的动画片，一副恋恋不舍的样子。电视里正播放着她最喜欢看的《喜羊羊与灰太狼》。）

社会工作者：这样吧，今天我们先看一会儿动画片，正好作为日记的内容；然后，再进里屋做其他作业，好吗？

服务对象：好的。

分析案例 7.2 可以发现，当服务对象遇到日记写作方面的困难时，社会工作者并没有就日记来讲日记，而是巧妙地把服务对象喜欢看动画片的日常兴趣爱好与写日记连接起来，让服务对象的学习进一步延伸到日常的生活中，成为日常习惯的一部分。对于社会工作者来说，要做到这一点，除了需要细心观察服务对象的日常生活安排外，还需要保持一颗好奇的心，敏锐地抓住服务场景提供的机会，发掘和拓展服务对象已有的能力。

实际上，服务对象改变的日常化是一个过程，是社会工作者不断帮助服务对象让改变深入日常生活的过程。而将服务对象的改变日常化的最有效的策略，是给服务对象布置一些任务，同时配以周围他人的检查和监督，让服务对象的改变延伸到平时的日常生活中。我们来看一看下面这个案例，注意分析社会工作者可以怎样更好地帮助服务对象将改变日常化。

案例 7.3

服务对象是小学三年级的女生，9 岁。由于服务对象的学习成绩一直不理想，基础比较差，虽然经过社会工作者的帮助之后有了一些改变，但仍不稳定。为了进一步改善服务对象的学习状况，社会工作者制订了"五角星奖励计划"。每完成一项所要求的学习任务，服务对象就能获得一枚五角星，获得 20 枚五角星就能换取一份礼物。下面是社会工作者在检查服务对象学习任务的完成情况时与服务对象的一段对话。

（社会工作者走进服务对象的房间，注意到墙上贴的五角星的数量还是与上个星期一样。）

社会工作者：这个星期妈妈有没有奖励五角星？

服务对象：没有。

社会工作者：为什么呀？妈妈没有检查你的作业吗？

服务对象：不知道。

社会工作者：那你有没有把作业给妈妈看呢？

服务对象：没有。

社会工作者：你要主动让妈妈检查作业，这样妈妈才可以发现你的进步，才会奖给你五角星；有了五角星之后，你才能得到福娃，知道吗？

服务对象：嗯。

在案例 7.3 中，服务对象并没有按照社会工作者布置的任务进行学习，"墙上贴的五角星的数量"跟上个星期一样。面对这样的处境，社会工作者首先要做的不是继续施加影响，让服务对象按照计划的要求行动，而是停下来听一听服务对象在完成学习计划时面临的困难，了解服务对象的真实要求。例如，社会工作者可以问服务对象"这样安排学习有什么困难"，或者"你自己想怎样安排学习"等，找到服务对象的能力基础，并且在此基础上调整服务对象的日常学习安排，让服务对象的进步能够更好地与日常生活结合起来。

二　周围他人改变的日常化

在服务活动的结束阶段，不仅服务对象的改变需要日常化，周围他人的改变也同样需要日常化。只有这样，周围他人才能成为服务对象改变的有效支持。当然，服务对象改变的日常化，也能进一步促进周围他人的改变。我们来看一看下面这个案例，注意分析社会工作者在设计服务介入活动目标时，背后所依据的服务策略。

案例 7.4

社会工作者在服务活动结束阶段的一次服务介入活动中设计了以下的服务介入目标，希望在这次服务介入活动中能够使服务对象的改变日常化。

这次服务介入活动希望能进一步总结经验，让服务对象的父母亲认识到服务对象已经取得的进步以及面临的主要困难，并且通过肯定服务对象的进步，增强服务对象的改变动力；同时通过和服务对象以及其父母亲商讨，布置具体的学习作业，使辅导能够延伸到服务对象的日常生活中。

仔细分析案例 7.4 可以发现，社会工作者在制定结束阶段的服务介入目标时，整个服务介入计划的关注焦点是服务对象改变的日常化，把服务对象的父母亲看作是促使服务对象改变的条件，而没有看到服务对象父母亲自身的改变愿望和要求。当然，更不用说服务对象父母亲改变的日常化。面对这样的情况，社会工作者可以同时从两个角度安排专业服务活动，除了注意服务对象改变的日常化之外，也需要关注其父母亲改变的日常化。例如，服务对象的父母亲在认识到服务对象的进步和困难时给予肯定和支持；或者在商讨布置服务对象的学习任务时，增添其父母亲的要求。这样，在使服务对象的改变日常化的过程中，其父母亲的改变也逐渐日常化，保证两者之间能够相互促进。但是，在实际的服务活动中，社会工作者经常把服务对象的视角和周围他人的视角混淆起来，导致服务对象的改变与周围他人的改变相互对立。我们来看一看下面这个案例，注意体会社会工作者提问时的角度。

案例 7.5

服务对象是小学三年级的男生，10 岁。经过社会工作者的帮助，服务对象的学习状况有了很大的改善。在服务介入的结束阶段，社会工作者与服务对象的父母亲一起商讨怎样帮助服务对象维持已经取得的进步。

社会工作者：阿姨，您觉得他（服务对象）最近表现得怎么样？

服务对象的母亲：最近啊，有挺大的进步。不过，还是不催他就不写作业，只知道出去玩。昨天一天没写作业，今天还要出去玩。我刚才打了他，他才肯坐下写一会儿作业。

社会工作者：（点头）哦，现在他还是不太能主动做作业。那有没有什么时候，他主动做作业的呢？

服务对象的母亲：好像没有，他就是需要大人催着他。

社会工作者：对了，我看他总是在外面房间做作业（有电视机），这样会不专心。他一直都是在外面做作业的吗？

服务对象的父亲：是啊，他不肯到里面房间做作业。我们让他到里面房间去做，他就是不肯，说自己一个人害怕。

社会工作者：哦，是这样！那他挺依赖你们的。

在案例7.5的对话中，服务对象的母亲首先肯定了服务对象的进步，然后指出服务对象仍旧面临的问题："还是不催他就不写作业"。面对服务对象母亲的疑问，社会工作者一下子钻到服务对象的"问题"中，并没有从整体的角度理解服务对象，忽视了服务对象已经取得的"挺大的进步"。而且在整个对话过程中，社会工作者没有区分从服务对象的角度提问和从其父母亲的角度提问的差别，导致无法促使服务对象的母亲将改变日常化。如果问服务对象的母亲服务对象是怎样取得进步的，那么这样提问的焦点在服务对象身上；如果问服务对象的母亲她是怎样帮助服务对象取得这样的进步的，这样提问的焦点则在服务对象的母亲身上，是在考察服务对象的母亲怎样做才有利于服务对象的学习。显然，在案例7.5中，社会工作者的关注焦点应该是服务对象的母亲，目的是帮助她总结如何有效地指导服务对象维持现有的进步和克服面临的困难。只有这样，才有可能通过服务对象母亲改变的日常化带动服务对象改变的日常化，避免两者之间的对立。

即使从周围他人的角度设计了服务介入活动，社会工作者有时还会觉得自己的服务介入缺乏力量，无法推动周围他人采取积极的行动将改变日常化。我们来分析下面这个案例，注意体会社会工作者运用了什么方式推动周围他人的改变日常化。

案例 7.6

服务对象是小学四年级的男生。在社会工作者的多次帮助下，服务对象的学习成绩有很明显的进步，而且母亲也察觉到孩子的积极变化。在接下来的服务介入活动中，社会工作者希望能够挖掘服务对象母亲的潜力，让母亲的改变日常化。

社会工作者：阿姨，你觉得什么样的奖励方式对他（服务对象）来说比较有激励作用？

服务对象的母亲：嗯……他呀，他什么都不会在乎，什么都不太在意。

社会工作者：可能他不太在意很多其他小孩子都很喜欢的东西。不过，他应该有自己比较喜欢的东西。

服务对象的母亲：你看，像你给他什么钱啊，或者给他买点什么东西呀，他都毫不在乎。对他来说，有和没有都一样。

社会工作者：也许对他来说，那些东西不太重要。不过，阿姨，我发现他很喜欢和我们一起表演英语对话，或者用石头剪子布的形式提一些问题，像《十万个为什么》里面的问题之类的。他还是有自己比较喜欢的东西的。

服务对象的母亲：这个我倒没太注意。

社会工作者：阿姨，我们和他相处的时间不太长，可能有些东西了解得还是不太详细。阿姨您一直都很关心他的生活和学习，各方面都比我们了解得多，所以还需要您多留心一下，看一看什么对他有激励作用，便于调动他的积极性。阿姨，您觉得怎么样？

服务对象的母亲：嗯，好的。

分析案例 7.6 可以发现，社会工作者希望通过让服务对象的母亲寻找有效的激励服务对象的奖励方式，让服务活动能够深入到服务对象母亲的日常生活中。于是，社会工作者给服务对象的母亲布置了任务："多留心一下"，找到能够激励服务对象的奖励方式。有经验的社会工作者会发现，这样的要求很难在实际的专业服务活动中发挥作用，因为社会工作者在提出建议时，既没有明确、具体的时间限制，也没有明确、具体的任务要求。这样一来，就没有办法检查服务对象的母亲是否按照要求行动了以及在行动中遇到了什么困难；当然，也就很难推动服务对象的母亲一步一步地将改变延伸到日常生活中。将周围他人的改变日常化是一个过程，社会工作者需要提出具体的目标和要求，并且随时协助周围他人总结成功的经验和面临的困难。

三　日常化的巩固

无论服务对象改变的日常化还是周围他人改变的日常化，要想单独维持他们的改变动力是比较困难的。但是，如果能够将两者的改变结合起来，就能相互促进，相互支持。当然，维持两者改变的平衡并不是一件容易的事，需要社会工作者细心观察和体会。我们来看一看下面这个案例，注意分析社会工作者可以怎样将服务对象改变的日常化和周围他人改变的日常化结合起来。

案例 7.7

服务对象是小学三年级的女生，9 岁。经过几次服务介入活动之后，社会工作者发现，虽然服务对象的学习有了明显的进步，但是仍然比较被动，因此社会工作者希望借助服务对象母亲的支持和奖励，维持服务对象日常改变的动力。

社会工作者：阿姨，她（服务对象）的学习成绩已经有了明显的提高。您看，接下来怎样做才能让她的学习成绩进一步提高呢？

服务对象的母亲：我也不知道。

社会工作者：我们觉得，要想让她的学习成绩能够维持下去，关键在于她学习的主动性和积极性，而她现在在这两个方面都比较薄弱，因此需要家长多监督一下。

服务对象的母亲：怎样监督呢？

社会工作者：小孩子都比较喜欢奖励，可以适当地给她一些奖励，这样就能激发她的学习热情。我们上次制订的积分奖励计划就是为了达到这个目标，如果能够坚持下来的话，慢慢地就可以让她自己养成一种习惯。这样，她的学习的积极性和主动性就应该有所改变。

服务对象的母亲：哦，是这样！谢谢你们。

社会工作者：阿姨，不客气，我们也是想和您一起来帮助她。刚才我们问她有没有得到奖励，她告诉我们说您都没有奖励她。

服务对象的母亲：上一周我太忙了，要加班。

在案例 7.7 中，社会工作者已经观察到服务对象改变的维持需要其母亲的支持和奖励，因此要求服务对象的母亲"可以适当地给她一些奖励"，以便"激发她的学习热情"。但是，在整个对话过程中，社会工作者的关注焦点过多地集中在服务对象身上，没有协助服务对象的母亲总结指导服务对象学习的成功经验和面临的困难。例如，当服务对象的母亲回答不知道怎样帮助服务对象进一步提高学习成绩时，社会工作者并没有和服务对象的母亲一起总结她平时是怎样指导服务对象的；而当服务对象的母亲表示希望了解怎样监督服务对象的学习时，社会工作者只是按照自己的计划提出要求，并没有和服务对象的母亲一起回顾她自己的经验。显然，这样的服务策略很难保证服务对象和周围他人改变的日常化。面对这样的实务场景，社会工作者首先需要转变自己的思维方式，从单向思维转变为多向思维，同时从服务对象和周围他人的角度安排服务介入活动。就像上面这个案例，社会工作者既要随时和服务对象总结学习的经验，制订提高学习成绩的计划；同时也要随时和服务对象的母亲回顾指导服务对象学习的经验，改善服务对象的母亲和服务对象之间的沟通交流状况，协调服务对象的母亲和服务对象的改变节奏。

实际上，服务对象和周围他人改变节奏的协调并不是一个静态的过程，而是涉及双方相互作用的动态的平衡。服务对象的改变必然影响周围他人的改变，同样周围他人的改变也必然影响服务对象的改变。我们来看一看下面这个案例，注意理解怎样在动态过程中协调服务对象和周围他人的改变节奏。

案例 7.8

服务对象是小学四年级的男生，经过社会工作者的多次辅导，服务对象的学习成绩有了一定的提高。在服务介入的结束阶段，社会工作者希望能够进一步巩固服务对象的进步，将服务对象的改变日常化。下面是社会工作者与服务对象及其母亲之间的一段对话。

（社会工作者让服务对象的母亲坐在服务对象的身边，一起辅导服务对象的学习。）

社会工作者：（对着服务对象）来，我们一起把这题看一下。你先把题目读出来，好吗？

（服务对象把题目读了出来）

服务对象的母亲：对！读出来脑子里才会想。这样，你才能理解。

社会工作者：妈妈说得有道理！你说呢？

服务对象：嗯。

社会工作者：好，以后遇到这种题目时，你都小声读出来，好吗？

（服务对象点了点头）

社会工作者：我们再读一遍这道题，让妈妈仔细听一听。

（服务对象再读了一次，声音比上次响亮。）

服务对象的母亲：这次读得很好！

社会工作者：嗯，我们来看一看这题怎么做……

仔细分析案例7.8可以发现，社会工作者及时抓住和运用了服务对象的母亲与服务对象之间的互动关系。当服务对象在社会工作者的鼓励下把题目读出来受到母亲的肯定时，社会工作者敏锐地抓住了这个机会，要求服务对象"以后遇到这种题目"，"小声读出来"，并且让服务对象在母亲的面前尝试了一次，以便推动母亲给予进一步的支持和肯定。这样，服务对象的改变就能带动母亲的改变，母亲的改变就能促进服务对象的改变，两者之间就能相互促进、相互支持。

在维持服务对象的改变日常化的动力时，社会工作者除了需要注重服务对象的改变与周围他人的改变之间的相互作用外，同时还需要关注服务环境的变化，充分运用环境条件推动服务对象进一步改变。因此，即使在服务介入结束阶段，社会工作者也需要对环境的变化做出及时的回应，调整服务介入的方法，维持服务对象的改变动力。我们来看一看下面这个案例，注意分析社会工作者可以怎样更好地促使服务对象将改变日常化。

案例7.9

服务对象是小学五年级男生，12岁。为了提高服务对象学习的积极性，社会工作者与服务对象一起制定了上课发言记录表，以敦促服务对象提高学习的注意力和积极性。但是，随着期末考试的临近，服务对象的发言机会减少了。下面是社会工作者与服务对象之间的一段对话。

（社会工作者一走进服务对象的家里，还没开口问，服务对象就主动告诉社会工作者，这周只发言了一次，并且向社会工作者解释其中的原因。）

服务对象：我这周只发了一次言，因为要考试了，没有多少机会发言。

社会工作者：嗯，没关系。是不是因为要考试了，老师提问的机会少了？

服务对象：是的，因为要准备考试了，上课都在复习。

社会工作者：哦，是这样。对了，你还有一次发言，是吗？

服务对象：嗯。

在案例 7.9 中，随着期末考试的临近，服务对象的学习环境发生了明显的变化，上课发言的机会明显减少。如果此时社会工作者仍旧沿用上课发言的方法来提高服务对象的学习积极性，则显然已经不适合。面对实务场景的变化，社会工作者需要调整服务介入活动的计划，改变服务介入的方法。例如，可以让服务对象复述复习课的主要内容，或者抽查复习课的练习等，充分运用实务场景提供的条件继续维持服务对象的改变动力。只有这样，才能将服务对象的改变与日常生活的变化结合起来，维持服务对象的改变动力。

第二节　平衡服务对象和周围他人改变的节奏

借助服务对象改变的日常化、周围他人改变的日常化以及日常化的巩固等不同的服务介入方式，社会工作者就能将服务对象的改变延伸到服务对象和周围他人的日常生活中。接着，不可避免的是如何平衡服务对象和周围他人改变的节奏，保证两者相互促进、相互循环。

一　平衡服务对象与周围他人的发展要求

进入服务介入的结束阶段，社会工作者很容易把关注的焦点集中在服务对象和周围他人改变的维持上，希望能够巩固服务对象和周围他人的改变。事实上，最好的巩固方法是进一步运用服务介入活动提供的机会，提升服务对象和周围他人的能力，并且让两者协调起来。我们来看一看下面这个案例，注意分析社会工作者是怎样协调服务对象和周围他人的发展要求的。

案例 7.10

服务对象是小学四年级的男生。经过社会工作者的数次辅导之后，服务对象的数学和英语有了明显的进步，但是语文没有什么变化。下面是社会工作者与服务对象以及服务对象的母亲之间的一段对话。

社会工作者：孩子最近学习怎么样？

服务对象的母亲：他刚考试了，数学有进步，考了 80 多分！可语文还是老样子，50 多分。

社会工作者：是吗！那还是进步蛮大的！语文可能要慢慢来，不是一下子可以明显提高的。孩子如果再认真一点，语文也会提高的。

（这时，服务对象走了进来。）

社会工作者： 听妈妈说，你这一次数学考试考了 80 多分，有进步啊！

（服务对象笑了一下，没有说话。）

服务对象的母亲： 要是再认真一点，就可以考 90 多了！

社会工作者： 听到妈妈说了吧，要再努力一点、认真一点。

服务对象： 嗯。

社会工作者： 你英语也考了 80 多分，挺不错的呀！

服务对象： 英语我以前考过 90 多呢！

社会工作者： 嗯，那现在语文也要努力了。如果语文成绩也能提高，爸爸妈妈就更高兴了！

分析案例 7.10 可以发现，服务对象的母亲看到了服务对象数学上的进步，考了 80 多分，但同时又担心服务对象的语文成绩（仍旧 50 多分）。面对这样的处境，社会工作者把自己的注意力只放在服务对象身上，要求服务对象"再努力一点、认真一点"。这样，不仅服务对象不知道怎样维持数学和英语学习中的成功经验以及怎样面对语文学习中的困难，而且服务对象的母亲也不了解自己可以做些什么帮助服务对象提高语文成绩，两者的发展要求没有得到很好的挖掘，当然也就很难保证相互之间平衡发展。就案例 7.10 而言，社会工作者可以首先和服务对象的母亲一起总结在指导服务对象数学和英语学习中的成功经验，一起商讨怎样克服语文学习指导中的具体困难，增强服务对象母亲的改变愿望，让母亲了解自己可以做些什么帮助服务对象提高学习成绩。接着，社会工作者可以和服务对象一起回顾数学和英语学习中的成功经验，维持服务对象的改变动力，并且一起寻找解决语文学习困难的方法。然后，再将服务对象的发展要求和服务对象母亲的发展要求连接起来。可见，平衡服务对象与周围他人的发展要求，并不是仅仅让两者不发生冲突，而是让两者的改变能够更好地配合起来，相互促进，提高服务对象和周围他人自身应对困难的能力。

在实际的专业服务活动中，平衡服务对象和周围他人的发展要求不仅仅局限于服务对象和周围他人同时在场的时候，即使单独面对服务对象或者周围他人，社会工作者也需要关注两者之间发展要求的平衡。当然，这就对社会工作者提出了更高的要求。我们来看一看下面这个案例，注意社会工作者是怎样将不在场的人融入对话当中的。

案例 7.11

服务对象是小学三年级的女生，9 岁。在多次服务介入活动之后，服务对象的学习状况有了明显的改善。为了增强服务对象的学习动力，服务对象的母亲成了服务对象的"学生"。

场景一

社会工作者：孩子最近的学习怎么样？

服务对象的母亲：嗯，最近进步蛮大的。她现在放学回家后，会主动到那个小房间做作业，做完作业再出来玩。

社会工作者：是吗？这样真是太好了！阿姨，您是怎么监督她的？

服务对象的母亲：也没怎么监督。回来后，让她到里面那个小房间做作业。以前在外面房间做作业，比较吵，现在不会了，比较安静，所以作业完成得比较快。

社会工作者：这样安排，很好！

场景二

社会工作者：这周你教妈妈英语了吗？

服务对象：嗯，教了。

社会工作者：妈妈学得怎么样呢？

服务对象：嗯……她发音有时候不是很准！

社会工作者：是吗？那你怎样帮助妈妈矫正发音的？

服务对象：让她仔细看我怎么发音，然后学。

社会工作者：嗯，真不错！

在案例 7.11 的场景一中，当服务对象的母亲回答服务对象回家后"会主动到那个小房间做作业"，学习积极性有了明显的提高，社会工作者并没有停留在简单地夸奖服务对象身上，而是紧接着问服务对象的母亲："您是怎么监督她的？"把服务对象母亲的注意力集中在怎样更好地影响服务对象上。这样，在调动服务对象母亲的发展愿望的同时，也在增强服务对象的社会支持。虽然服务对象不在服务活动的现场，但仍然是服务介入活动的一部分。在案例 7.11 的场景二中，情况也类似，社会工作者了解了服务对象母亲的英语发音有时不准确之后，并没有就母亲发音不准确的原因展开讨论，而是进一步问服务对象"怎样帮助妈妈矫正发音"，让服务对象的注意力集中在怎样帮助母亲上。这样，在推动服务对象总结克服困难的成功经验时，也就调动了母亲的改变愿望。

二 处理服务对象与周围他人发生对抗的要求

无论服务对象的改变还是周围他人的改变，都是学习的过程，都有一定的压力。如果对服务对象或者周围他人的要求太高，就很容易导致双方出现对抗和冲突。因此，在服务介入的结束阶段，社会工作者仍需要及时调整服务介入的策略，降低对双方的过高要求。我们来看一看下面这个案例，注意分析怎样调整服务对象和周围他人的发展愿望。

案例 7.12

服务对象是小学三年级的女生，在服务活动开展之前，服务对象时常与母亲发生争执，但是经过社会工作者的数次帮助之后，服务对象与母亲的关系出现了缓和。就在服务介入活动即将结束的时候，服务对象与母亲又因为学习计划的执行发生了激烈的冲突。下面是社会工作者与服务对象以及服务对象的母亲之间的一段对话。

社会工作者：（对着服务对象的母亲）这个星期她（服务对象）的表现怎么样？

服务对象的母亲：她表现很不好，让她自己做自己的事情，她都不做。

服务对象：她竟然让我洗衣服。

服务对象的母亲：洗衣服是比较重的活，就算不让你洗，叫你自己穿衣服，你也不穿呀！

服务对象：你还说呢，你早上给我梳头发了吗？

服务对象的母亲：是没有。那是因为我走的时候，你还没起来，我怎么给你梳头发？

社会工作者：（对着服务对象）那你现在那么好看的辫子是谁帮你绑的？

服务对象：舅婆。她叫我自己穿衣服，自己吃药，我没吃药，我没吃药！

（服务对象的母亲没有说话，没有再跟服务对象争吵。）

社会工作者：（对着服务对象）妈妈让你吃药，是为了你的身体好。你怎么不听妈妈的话呢？妈妈每天上班上到那么晚，工作那么辛苦，还要替你洗衣服什么的，多不容易啊！你要听妈妈的话，以后自己可以做的事情就自己做。你听话了，妈妈就会有奖品给你。这样，你高兴了，妈妈也高兴呀！

案例 7.12 中的社会工作者希望借助让服务对象做"自己可以做的事"，一方面增强服务对象的独立意识，另一方面减轻母亲的生活压力，从而改善两者之间的互动交流状况。可是，这样的要求对于服务对象来说太高了，不仅无法改善服务对象与母亲之间的沟通交流状况，反而加剧了两者之间的冲突。如果社会工作者不是站在一方的立场上去劝说另一方，而是问服务对象和周围他人"你希望妈妈（或者孩子）做些什么"，从而寻找双方共同认可的基础，并且以此为起点制订新的服务介入计划，那么社会工作者就能让服务对象的改变愿望和母亲的改变愿望协调起来，避免相互之间的对抗和冲突。

在日常生活中，人们都喜欢从一般的原则出发解释相互之间的不同发展要求，确定谁对谁错，这样就容易造成服务对象与周围他人或者周围他人与周围他人之间改变愿望的对立。我们来看一看下面这个案例，注意分析社会工作者可以怎样更好地处理服务对象与周围他人之间的冲突。

案例 7.13（承接案例 7.12）

服务对象的舅公：我觉得应该和小孩子多交心才好，而不是一味地批评她。她妈妈每次过来，我也都和她说，要多和小孩子交心，可以说说学习上的，也可以说说生活中的。有没有交心对一个小孩子是很重要的。你想想，要是你做家长从来都不和小孩子交心的话，她会怎么想？她就会想，反正家长都这样对我，我学习不好也无所谓。你说是吧？

社会工作者：嗯，舅公说得很好！看来舅公在教育孩子上很有方法。的确，这样教育孩子的话，对孩子的成长有很大的帮助。

服务对象的舅公：所以说不能一味地嚷啊、骂啊！越是这样，越没有效果。

服务对象的母亲：我平时也跟孩子有交流啊！有时候我也会问她在学校有没有吃点心之类的，她也会告诉我。你看，我平时没有多少空闲的时间，最多也就是从晚上 8 点到 10 点，中间再加上吃饭和收拾一下，就剩下不到半个小时的时间了。

服务对象：（对着母亲）她只会要求我自己穿衣服，自己吃药。

社会工作者：妈妈是为了你好呀！

仔细分析案例 7.13 可以发现，当服务对象的舅公对服务对象的母亲提出批评时，依据的是"应该和小孩子多交心"这样的一般原则，其中暗含了对服务对象母亲的要求的否定。此时，作为社会工作者就需要将服务对象舅公的注意力转向如何改善教育孩子的具体方式的探索上，避免将注意力放在谁对谁错的对立判断上。例如，社会工作者可以问服务对象的舅公目前情况下可以做些什么以改善对孩子的教育方法，让服务对象的舅公关注具体的行动，并通过具体的行动增强对服务对象的支持，让冲突双方的发展愿望逐渐协调起来。

实际上，一旦服务对象的发展要求与周围他人的发展要求出现相互冲突的现象时，双方就会寻找解决的方法。从积极的角度来看，冲突和对立为服务对象和周围他人的改变提供了机会。当然，并不是所有的改变都是积极的。作为社会工作者需要及时发现服务对象和周围他人在寻求解决冲突的过程中积累的积极经验，并且给予积极的肯定，以便消除他们相互之间的对立。我们来看一看下面这个案例，注意分析社会工作者是怎样肯定服务对象处理冲突的积极经验的。

案例 7.14

服务对象是小学二年级的男生，9 岁。在社会工作者的多次帮助下，服务对象的语文学习有了明显的进步。但是，服务对象的进步同时也带来了与父母亲之间冲突的加剧。下面是社会工作者与服务对象以及服务对象的母亲之间的一段对话。

服务对象的母亲：他昨天和他爸爸吵起来了，他爸爸说，"欢乐地"的"地"字读 dì。他说不是，应该读成 de。吵到最后，他还哭了。

服务对象：应该读 de。

服务对象的母亲：他说读 de，他爸爸说读 dì。

社会工作者：那后来呢？

服务对象的母亲：他查字典给他爸爸看，说应该读 de。

社会工作者：阿姨，这个字有两个读音。

服务对象的母亲：哦，有两个读音。他也说这个字有两个读音的。他爸爸不知道，我也不知道。

社会工作者：（对服务对象）你查字典给爸爸看了，是吗？

（服务对象没有说话，点点头。）

社会工作者：这样，爸爸就知道你读的是正确的，是吧？

服务对象：嗯。

社会工作者：这样很好！以后要是再遇到这种情况，就可以查字典看一看，然后告诉爸爸妈妈。

服务对象：嗯。

在案例7.14中，当服务对象的母亲说到父子之间因为"欢乐地"的"地"字读音不同而发生争执时，社会工作者没有立刻给出答案，而是问服务对象的母亲他们自己是怎样处理的，希望能够找到服务对象与父母亲自己寻求解决冲突的方法以及成功经验。为了巩固服务对象已取得的成功经验，社会工作者跟随服务对象的步伐进一步提醒服务对象："以后要是再遇到这种情况，就可以查字典看一看，然后告诉爸爸妈妈。"显然，通过强化服务对象与周围他人在解决冲突的过程中积累的成功经验，就能逐渐消除服务对象与周围他人的对立，平衡两者之间不同的发展要求。

三 协调服务对象和周围他人的改变节奏

服务对象和周围他人的要求是不断变化的，如果社会工作者希望平衡服务对象和周围他人的发展要求，除了需要处理两者之间的冲突之外，还需要协调两者的改变节奏，从动态的角度发掘服务对象和周围他人的能力。实际上，在日常的服务活动中，服务对象的改变步伐常常与周围他人不一致，甚至相互冲突。因此，这就需要社会工作者能够从不一致中寻找推动服务对象和周围他人进一步改变的契机，协调两者的改变节奏。我们来看一看下面这个案例，注意分析社会工作者可以怎样协调服务对象和周围他人的改变节奏。

案例7.15

服务对象是小学四年级的女生。经过几次社会工作者精心安排的服务介入活动之后，服务对象的学习兴趣有了明显的提高，学习状况也有了明显的改善。下面是社会工作者与服务对象的母亲之间的对话。

场景一

社会工作者：她上一周学习表现怎么样？

服务对象的母亲：上一周我让她背乘法口诀表，她就背了一次。表现不太好！

社会工作者：她不背是什么原因呢？太难还是要背的太多，或者是别的什么原因？

服务对象的母亲：就是懒。

场景二

服务对象的母亲：她没有检查作业的习惯。很多简单的错误只要她一检查，就能检查出来。比如，考试的时候她有一道题的单位写错了，扣了两分。如果做完了能够回头检查一下，就能发现这个错误。

社会工作者：是啊，检查的习惯如果能够养成，她的作业的准确率还可以提高很多。

服务对象的母亲：是！但她没有这个习惯。

社会工作者：阿姨，我们可以一起努力帮她养成这个习惯，慢慢来，不要着急。

在案例 7.15 的场景一中，服务对象母亲的发展要求与服务对象的发展要求发生了冲突。服务对象的母亲认为，服务对象上一周只背诵了一次乘法口诀表，"表现不太好"。如果此时社会工作者只关注服务对象表现不好的原因，母女俩的发展要求就将更加对立。相反，如果社会工作者问服务对象的母亲："她背了一次乘法口诀，怎样做到的？"让服务对象的母亲将关注的焦点集中在服务对象已经发生的改变上，调整服务对象母亲的发展要求，并且协助服务对象的母亲一起寻找进一步改善服务对象学习状况的方法和途径，那么，就能将服务对象母亲的改变节奏与服务对象的改变节奏配合起来。在案例 7.15 的场景二对话中，社会工作者已经注意到了要跟随服务对象母亲的改变节奏，因此紧接着服务对象母亲的要求提出"我们可以一起努力帮她养成这个习惯"。但是，这样的要求并没有和服务对象母亲的具体行动联系起来，也没有办法增强服务对象的母亲与服务对象之间的沟通交流。只有当服务对象的母亲将关注的焦点转向怎样具体帮助服务对象养成检查的习惯时，才能进一步协调母女俩的改变要求。

在实际的专业服务活动中，不少社会工作者往往把协调服务对象和周围他人的改变节奏使他们相互支持理解为让服务对象和周围他人发现彼此进步的方面，减少相互之间的冲突。这样的理解虽然能够暂时增强服务对象与周围他人之间的相互肯定，但很容易使他们忽视面临的困难，从而导致相互之间的冲突和对立。我们来看一看下面这个案例，注意体会服务对象与周围他人互动交流的逻辑。

案例 7.16

服务对象是小学三年级的女生，10 岁。经过数次专业服务活动之后，服务对象的父母亲开始真正关注服务对象的学习，并且能够及时肯定服务对象的进步。下面是社会工作者与服务对象的父母亲之间的一段对话。

社会工作者：上周老师表扬了她，说她上课主动回答问题，这件事是她主动跟你们说的吗？

服务对象的母亲：她主动跟我们说的。她说，"妈妈，今天我上语文课回答了问题"。我问她："回答了几个？"她说："两个。一个是完整的，另一个是补充别人的。"她还说，老师说她都回答得很好。我就叫她以后也要这样。

社会工作者：你看，语文有预习，效果就不一样。这也有叔叔阿姨你们的功劳！其他科目也可以通过预习和鼓励的方式让她上课积极点儿。

服务对象的父亲：我们也是经常这样鼓励她的。

服务对象的母亲：我们经常跟她说，她哪里有进步了，下次要继续，等等。像上周她得到老师的表扬，回家后很高兴。我们和她说，以后要多发言。

社会工作者：挺好的！这样的话，她会觉得自己有进步，而且能够得到老师、爸爸和妈妈的肯定。

分析案例 7.16 可以发现，社会工作者在与服务对象的父母亲对话的过程中，非常关注让服务对象的父母亲看到孩子在学习上取得的进步，并且鼓励服务对象的父母亲给予及时的肯定。这样做固然能够改善服务对象的父母亲与服务对象之间的沟通交流状况，增强服务对象的改变动力；但也容易忽视服务对象在学习中面临的困难以及应对学习困难的能力的培养。如果服务对象的学习出现退步，就很容易出现抱怨和责备的现象，导致服务对象的父母亲与服务对象之间的对立和冲突。因此，面对案例 7.16 这样的处境，社会工作者既需要让服务对象的父母亲看到孩子的进步，并且给予及时的肯定；同时也需要问服务对象的父母亲，如："为了维持孩子目前的进步还需要克服什么困难？"让服务对象的父母亲注意孩子在学习中面临的困难和挑战。这样，即使在服务对象出现退步的时候，服务对象的父母亲与服务对象仍能够形成积极的支持关系，协调相互之间的改变节奏。

第三节　结束服务活动

通过平衡服务对象与周围他人的发展要求、处理服务对象与周围他人对抗的要求以及协调服务对象和周围他人的改变节奏等方法，社会工作者就能将延伸到日常生活中的服务对象的改变与周围他人的改变协调起来，相互促进。接着，社会工作者将面临怎样结束专业服务活动的问题，它包括情感上的支持和评估的运用。

一　情感上的支持

专业服务活动的结束不仅是专业服务这项工作的结束，它同时涉及服务对象在整个服务活动过程中与社会工作者建立起来的情感联系的处理，不可避免地会引起服务对象在情感上的波动。因此，作为社会工作者，在服务的结束阶段需要关注服务对象的情感需求，并且给予积极的回应。我们来看一看下面这个案例，注意分析社会工作者是怎样回应服务对象的情感需要的。

案例 7.17

服务对象是小学二年级的男生，8 岁。在社会工作者的帮助下，服务对象的学习成绩有了显著的提高。临近服务活动结束时，社会工作者与服务对象以及服务对象的父亲在一次谈话中聊到了服务对象对结束服务活动的担心。

社会工作者：我们发现，他（服务对象）很重感情。

服务对象的父亲：是的，他最疼奶奶，因为奶奶最疼他。每次我要打他的时候，他奶奶就会跑出来帮他，还故意打我，对他说，你看我打他了。所以，他时常会念叨奶奶。

社会工作者：奶奶宠爱他，他会想到奶奶。

（服务对象笑了一下，没有说话。）

服务对象的父亲：对了，上周我跟他说，哥哥姐姐（社会工作者）也要考试了，以后就不来了。他说："哥哥姐姐不来了，我怎么办呢？"

社会工作者：哦，好感动！（转向服务对象）我们也会想着你的。平时要听爸爸的话。

服务对象：嗯。

在案例 7.17 中，服务活动的结束给服务对象带来了情绪上的波动，服务对象有点儿担心："哥哥姐姐不来了，我怎么办呢？"面对服务对象的担心，社会工作者给予了及时的回应："我们也会想着你的"，与服务对象进行情感上的交流，舒缓他的压力。这样，服务对象就能很自然地接受自己的情绪波动，面对服务活动的结束。如果社会工作者不能很自然地接纳服务对象的情绪变化，就会迫使服务对象把担心隐藏起来，妨碍服务对象的健康成长。

当然，仅仅让服务对象能够面对自己内心感受的变化还是不够的，还需要帮助服务对象与身边的重要他人建立积极的情感联系。因此，从某种意义上说，服务活动的结束也给服务对象带来了成长的机会，让服务对象能够学习如何面对和处理自己的情绪，如何与身边的重要他人建立积极的情感联系。我们来看一看下面这个案例，注意观察社会工作者是怎样帮助服务对象处理情绪上的波动的。

案例 7.18（承接案例 7.17）

服务对象：我最近的日记得了 A－，有两次都是这样。

服务对象的父亲：都是哥哥姐姐（社会工作者）教你的，不然，你会什么？

服务对象：后面的一篇是你教我的。

服务对象的父亲：那也是哥哥姐姐交代我的呀！以前你的语文都只有六七十分，只有在一年级刚开学的时候，拿了一次满分……

服务对象：那是数学。还有期中考我拿了 92，第六单元得了 93，模拟考得了 90 分。

社会工作者：哇，进步这么大，我们真的很为你高兴！叔叔，您也很辛苦。这周一他的班主任吴老师跟我们聊天的时候说，您这学期真的为孩子的学习花了很多心思。（对着服务对象）你进步了，一定要好好谢谢爸爸。

服务对象：谢谢老爸！（脸上露出调皮的表情）

分析案例 7.18 可以看到，当服务对象的父亲把服务对象的进步归结为社会工作者的帮助时，社会工作者并没有陷于自我满足中，而是将服务介入活动的焦点集中在加强服务对象与父亲之间的情感交流上，要求服务对象进步了"一定要好好谢谢爸爸"。这样，通过加强服务对象与父亲之间的情感交流，增强服务对象与身边重要他人的情感支持，减轻因服务活动结束而带来的感情上的冲击。其实，面对这样的处境，受到挑战最大的是社会工作者，因为服务对象的情感依赖很容易刺激社会工作者的成就感，使社会工作者忽视服务对象与身边周围他人建立情感联系的重要性。

对于一些情绪反应特别强烈的服务对象，社会工作者需要留出充分的时间，让他们逐渐学会与身边的周围他人建立稳定的情感联系。由于人与人之间的情感联系并不是想要结束就可以立刻结束的，特别对于中国人来说，非常重视人与人之间的情感交流，即使服务活动结束了，社会工作者仍可能需要给服务对象留出一定的时间，维持某种形式的情感交流，如书信、QQ 联系等。我们来看一看下面这个案例，注意分析社会工作者可以怎样更好地处理与服务对象的情感联系。

案例 7.19

服务对象是小学三年级的女生，不仅面临学习上的困难，而且与同学的交往也有困难。由于从小经常目睹父母亲吵架，服务对象无法与同学建立起积极的情感联系。经过社会工作者的多次帮助之后，服务对象的学习状况有了明显的改善。当服务介入活动结束之后，服务对象一直打电话要求社会工作者经常来看她。下面是社会工作者与服务对象的一段电话记录。

服务对象：姐姐（社会工作者），你什么时候过来？

社会工作者：哦，怎么了？

服务对象：我的学习有很多不懂的，你什么时候过来？

社会工作者：这样吧，你把不懂的记下来，先问一问同桌（服务对象最要好的朋友）或者老师；等周末了，姐姐再过去看看，好不好？姐姐现在走不开，也要准备考试。

服务对象：好的。

仔细分析案例 7.19 可以发现，虽然服务介入活动结束了，但服务对象仍希望与社会工作者继续保持联系。从服务对象的角度来说，因为平时很少有人真正关注过她，所以她非常珍惜与社会工作者之间的情感联系。作为社会工作者首先需要理解服务对象的这种特殊的情感需求，给服务对象留出更多的时间来学习管理自己的情绪。因此，即使服务活动结束了，社会工作者仍需要与服务对象保持某种形式的情感交流。不过，毕竟服务活动已经结束了，社会工作者在维持与服务对象的情感交流的同时，还需要适当地引导服务对象慢慢地学习管理自己的情绪。像案例7.19，社会工作者并没有立刻答应服务对象的请求，而是让服务对象等到周末，给服务对象提供学习管理自己情绪的机会；同时，社会工作者让服务对象"问一问同桌或者老师"，帮助服务对象加强与身边周围他人的情感交流。

二　评估的运用

服务活动结束阶段有一项重要的任务，就是服务效果的评估，即对以往开展的社会工作服务介入活动的效果进行测评。这样做的目的是让服务对象、周围他人以及社会工作者了解服务活动开展的实际效果，总结其中的成功经验。不过，社会工作的评估有自己的特点，它是通过对以往活动效果的评估帮助服务对象和周围他人安排好未来的生活，为服务对象和周围他人进一步了解自己并且发挥自己的能力提供机会。我们来看一看下面这个案例，注意分析和理解社会工作者是怎样安排服务活动的评估的。

案例 7. 20

服务对象是小学二年级的女生，半年前跟随母亲来到城市读书。在社会工作者的帮助下，服务对象的学习成绩有了明显的提高，学习习惯也有了明显的改善。老师也发现，不仅服务对象的学习有了明显的进步，而且服务对象母亲的教育方法也发生了一些积极的改变。于是，社会工作者决定把老师的评语用精美的纸张打印出来，作为服务活动结束时运用的道具。

（社会工作者把打印出来的"老师的话"拿给服务对象，服务对象很认真地看了起来。社会工作者让服务对象与母亲一起看。）

社会工作者： 你给妈妈一张，一起看好不好？

（服务对象没有反应，眼睛盯着那张纸，一边看一边小声地念。过了一会儿，才把其中的一张递给妈妈。服务对象递给妈妈的那一张是"语文老师的话"。）

服务对象的母亲接过后，很认真地读了起来，读完后向服务对象要另一张。

服务对象的母亲： 你把那一张给我看一下。

（服务对象把另一张递给了妈妈。这一张是"老师给母亲的话"。）

服务对象： 姐姐（社会工作者），这一张（"班主任的话"）能不能送给我？

社会工作者：这就是给你的呀！

　　从案例7.20的对话中可以看到，社会工作者把老师的评估意见作为进一步调动服务对象和周围他人改变动力的资源，让服务对象和母亲看到自己的进步，从而维持进一步改变的动力。社会工作的评估不仅是对已经开展的服务活动的总结，同时它也是进一步推动服务对象和周围他人改变的方式。当然，运用评估的方法不仅限于案例7.20中的方式。在这里值得注意的是，社会工作者需要跳出评估的习惯思维，把对服务活动的总结与服务对象和周围他人未来的发展连接起来，让社会工作的评估成为促进服务对象和周围他人成长的契机。

　　如果社会工作者希望服务活动结束之后，服务对象能够继续维持改变，那么，一条很重要的经验就是：不仅要让服务对象看到自己的进步，而且更为重要的是，让服务对象了解和巩固自己的成功经验和有效的方法。我们来看一看下面这个案例，注意分析社会工作者是怎样将服务结束阶段的评估与服务对象的成功经验的巩固结合在一起的。

　　案例7.21

　　服务对象是小学二年级的女生，8岁。在社会工作者的帮助下，让服务对象感到最困难的语文生字的识别状况得到了明显的改善。为了进一步帮助服务对象维持已经取得的进步，在服务活动的结束阶段，社会工作者有意把评估活动和语文生字的识别结合起来。下面是社会工作者与服务对象之间的一段对话。

　　社会工作者：我们再来一次就不再来了，姐姐也要准备考试了。我们来看一看以前学过的生字，好吗？

　　服务对象：好的！

　　社会工作者：嗯，那"最"怎么写呢？

　　服务对象："最"，简单极了！是这样。

　　（服务对象在社会工作者手上一笔一画地写了出来）

　　社会工作者：嗯，你怎么记住的？

　　服务对象：太阳最高，所以上面是个日子，人有耳朵，左边右边都有一个。

社会工作者: 好!"种"字怎么写?

服务对象: 嗯,简单极了,简单极了! 禾苗种在水中央嘛!(服务对象得意地笑了)

(社会工作者接着又问了其他几个服务对象经常记不住的生字)

社会工作者: 不错,都记住了! 那以后哥哥姐姐不再来的时候,你要是遇到生字怎么办?

服务对象: 用你教的这种方法去记呀!

社会工作者: 哇,真是不一样了! 姐姐好喜欢你呀!

仔细分析案例 7.21 可以发现,社会工作者在评估中不是简单地问服务对象学会了什么、有什么进步,而是直接将评估与服务对象识别语文生字的成功经验结合起来,问服务对象经常出错的一些生字,如最、种等,鼓励服务对象在服务活动结束之后继续运用学到的方法应对学习中的困难。服务活动的评估不是为了证明社会工作者的能力,而是帮助服务对象发掘自身的能力。

在服务活动评估中有一项重要的内容:服务活动结束后服务对象的成功经验是否能够维持。如果服务对象离开了社会工作者的指导和帮助,改变的步伐就会停滞,这样的服务显然没有能够做到"助人自助"。我们来看一看下面这个案例,注意分析社会工作者是怎样安排服务活动结束阶段的评估工作的。

案例 7.22

服务对象是小学五年级的男生,12 岁。在社会工作者的帮助下,服务对象开始在课堂上积极发言,主动回答老师的提问,并且对学习有了一些兴趣。随着服务介入活动临近结束,社会工作者与服务对象的母亲商量怎样安排服务对象以后的学习生活。下面是社会工作者与服务对象的母亲之间的一段对话。

社会工作者: 阿姨,是这样的,我们可能再来一两次,辅导就结束了。他(服务对象)现在已经对学习有了兴趣,以后还需要你进一步鼓励他。

服务对象的母亲: 嗯,对。

社会工作者: 阿姨,那您有没有想好怎么让他维持上课发言呢?

服务对象的母亲: 这个我想好了,他差不多每周都会来我上班的工厂。

我在厂里找了一个同事，让她每周末都看一看他，问问他这周在学校的表现和成绩，给他布置一些学习任务。这样，他的学习兴趣就能维持下去。

社会工作者： 阿姨，您想得很周到，都已经做好了我们走之后的准备。这很好！可能需要注意一下他自己喜欢的学习方式。

服务对象的母亲： 那个女孩子性格比较温柔，年纪二十五六岁，还没结婚，是高中生。辅导功课应该是可以的，可能没你们那么专业。

社会工作者： 阿姨您很细心！

服务对象的母亲： 哪里！要谢谢你们，那么关心他。

在案例7.22中，社会工作者把服务对象是否能够继续维持改变作为服务活动结束阶段评估的重要内容，问服务对象的母亲："那你有没有想好怎么让他维持上课发言呢？"考察服务对象的母亲在服务活动结束之后怎样安排孩子的学习。母亲的悉心安排是服务对象能够继续维持改变的重要条件。这样，即使社会工作者退出服务介入活动，服务对象仍能够得到周围他人的有力支持。社会工作的评估是始终围绕着服务对象的改变展开的，通过让服务对象看到自己的进步、巩固已经获得的成功经验以及进一步维持改变等方式，发挥和调动服务对象的能力和资源。在实际的专业服务活动中，情感上的支持和评估的运用是不可截然分开的，它们都是社会工作者帮助服务对象和周围他人顺利结束服务活动的有效方法。

第八章
社会工作专业实践中的其他一些疑难问题

按照服务活动的进程，我们介绍了在各个阶段可能遇到的常见困难及其应对的方法。当然，也有一些常见的困难很难归到哪一个阶段，但了解这些困难及其处理的方式，对于社会工作者来说是非常有帮助的。在接下来的这一章，我们将专门讲解这类困难，包括专业服务中的情感交流、拒绝服务的处理、倒退的处理和主导型案例的处理等。

第一节　把握专业服务中的情感交流

参加过实际服务活动的社会工作者都能深深地体会到，在中国本土开展社会工作专业服务有一个显著特点：专业服务和情感交流融合在一起，很难明确区分开来。这样的结合，固然能够使社会工作者与服务对象建立相互信任的关系，但同时也会给初学的社会工作者造成困惑：怎样划分专业服务和情感交流的界限，以维持社会工作服务的专业性。

一　礼物的交换

在社会工作专业服务活动中经常遇到交换礼物的现象，这不仅可以让服务对象体会到社会工作者对他（她）的关心，同时也可以增强服务对象的改变动力。实际上，在服务活动结束时，社会工作者和服务对象常常互相交换礼物作为纪念，珍藏一起走过的美好时光，加强相互之间的情感交流。但是，礼物交换也可能带来冲突。我们来看一看下面这个案例，注意分析社会工作者可以怎样更好地处理与服务对象的情感交流。

案例 8.1

两位社会工作者第一次参加社会工作专业实践活动，心里有些紧张，也有一些兴奋，希望能够顺利完成这一次专业实践活动的任务。于是，决定在第一次入户进行服务对象的需要观察评估时，带一小袋橘子给读小学的服务对象，加强相互之间的情感交流。下面是社会工作者的一段描述。

"我们来到服务对象的家里，服务对象和父亲在家等着我们。这是我们第一次真正进入服务对象的家庭进行访谈。寒暄了几句之后，我们在客厅的沙发上坐下，拿出带来的橘子给服务对象吃，服务对象的父亲首先说'不需要这么麻烦'；接着，服务对象也摆摆手说'不喜欢吃'。我们感到很尴尬，不知道怎么办。停顿了一会，我们开始和服务对象的父亲聊服务对象的学习情况……"

案例 8.1 中的社会工作者在第一次入户访谈时带了一些橘子给服务对象，希望能够加强相互之间的情感交流。但是，实际上，效果正好相反，不仅没有加深相互之间的情感交流，而且造成了不必要的尴尬。第一次入户访谈，双方不熟悉，带一些礼物让人感到唐突。而且，因为是第一次入户，不了解服务对象的生活习惯，很容易造成误解和反感。在专业实践活动中有时会遇到这样的案例，社会工作者在初次与服务对象见面时，带了小孩子都喜欢吃的糖果。但是，当拿出来给服务对象时，却遭到母亲的拒绝，母亲强调，吃糖对孩子的牙齿不好。因此，在送给服务对象礼物时，社会工作者除了需要考虑相互之间的交往状况，看一看是否适合送一些小礼物，还要了解服务对象喜欢什么样的礼物，真正让服务对象感受到社会工作者的关心和肯定。

在服务活动的开展过程中，社会工作者也可能遇到赠送礼物的情况。例如，在实际的服务活动中，社会工作者经常用礼物作为奖励，当服务对象完成所要求的任务时，社会工作者就会赠送一定的礼物作为奖品。但是，让社会工作者感到头痛的是，虽然服务对象事先答应得好好的，但实际上却没有完成任务。当遇到这样的情况时，社会工作者应该怎样处理？我们来看一看下面这个案例，注意分析社会工作者可以怎样应对这样的困难。

案例 8.2

服务对象是小学二年级的女生。上个周末，社会工作者与服务对象商量好了一起出门游玩的条件：如果服务对象能够每天按时完成家庭作业，社会工作者就答应和她一起去海滩放风筝。但是，这周社会工作者在与服务对象的老师联系时，发现服务对象有两天没有完成家庭作业。社会工作者不知道这次见面是否需要带风筝履行承诺。

分析案例 8.2 可以发现，社会工作者在服务活动中遇到了难题：是带风筝履行诺言还是不带风筝惩罚服务对象。如果带风筝履行诺言，就会担心削弱服务对象的改变动力；如果不带风筝惩罚服务对象，就担心挫伤服务对象改变的积极性。实际上，在服务活动中服务对象的改变和"问题"常常并存，社会工作者既要肯定服务对象的努力和进步，也要让服务对象认识和面对自己的"问题"。就像案例 8.2，社会工作者既要兑现自己的诺言带着风筝，肯定服务对象的努力和进步，但同时也要让服务对象了解面临的"问题"，并且与服务对象一起面对这个"问题"。

几乎在每一个成功的案例中，社会工作者都会遇到一个必须处理的"苦恼"——服务对象或者其家人要求与社会工作者一起吃饭。虽然只是"便饭"，但对于社会工作者来说，确实无法将其与专业服务的要求和理念分割开来。尤其当社会工作者面对的是一户困难家庭时，这样的要求带来的内心冲突就更加突出：一方面盛情难却，拒绝了怕伤害对方的感情；另一方面出于对服务理念的秉承，又会担心给对方造成负担。我们来看一看下面这个案例，案例中的社会工作者遇到了吃饭的"苦恼"。

案例 8.3

服务对象是小学四年级的男生，11 岁，与母亲一起生活。服务对象的母亲自离婚后，独自一人承担了家庭的所有重担。由于受教育水平的限制，再加上自己的身体状况不好，服务对象的母亲只能从事一般的服务工作，工资水平很低，经济比较拮据。在社会工作者的帮助下，服务对象不仅学习成绩有了明显的提高，而且也变得更懂事了，能够体贴母亲的辛苦。在服务活动结束时，服务对象的母亲坚持要求社会工作者和他们一起吃一顿"便饭"。万般无奈之下，社会工作者答应了服务对象母亲的请求，但内心总有隐隐约约的不安。社会工作者该怎样处理这样的场景？

在案例 8.3 中，社会工作者遇到了吃饭的"苦恼"：一方面难以推却服务对象母亲的盛情；另一方面又必须面对专业服务理念的要求。当然，社会工作的价值理念不是死的，需要根据具体的工作场景做出调整；但是，尊重和关爱服务对象是社会工作者必须坚持的。因此，面对这样的场景，社会工作者需要提醒自己："是不是真的给服务对象和周围他人造成了不必要的压力。"由于社会工作者的地位比较特殊，代表了服务机构的身份，有时会给服务对象和周围他人造成一定的压力。

二　额外要求

在实际的专业服务活动中，服务对象或者周围他人有时会提出一些"额外"的要求，这些要求不在社会工作者能够提供的专业服务范围内。这样，就很容易使社会工作者陷于进退两难的困境中。如果同意"额外"的要求，就会妨碍，甚至阻碍社会工作专业服务活动的开展；如果不同意，就会伤害服务对象或者周围他人的感情，破坏社会工作者与他们的合作关系。我们来看一看下面这个案例，注意分析社会工作者可以怎样更好地处理服务对象奶奶的"额外"要求。

案例 8.4

在班主任老师的安排下，社会工作者承担了帮助一位小学五年级女生的任务。社会工作者在第一次入户访谈时发现，服务对象的性格比较内向，不爱与同学交往，学习基础比较差，成绩不好。服务对象的父亲因贩毒、吸毒服刑；母亲在服务对象 1 岁多的时候离开了这个家，此后再也没有任何联系；服务对象的爷爷一年前过世了；目前，服务对象与奶奶住在一起，靠奶奶的退休金生活。服务对象的奶奶 70 多岁，身体不好，腿部有残疾，行走不方便。由于家庭的经济条件比较差，交不起费用，服务对象从没有和同学一起外出旅游过。在访谈中，服务对象的奶奶一直强调自己的孙女很可怜，家庭经济困难，并且向社会工作者提出了"额外"的要求。服务对象的奶奶说，自己的腿有残疾，行走不便，而且上医院还要挂号费，因此希望社会工作者能够帮助她在药店买药。社会工作者应该答应服务对象奶奶的要求还是拒绝她的要求？

在上面案例 8.4 中，服务对象的奶奶提出了难题："希望社会工作者能够帮助她在药店买药。"如果社会工作者答应服务对象奶奶的要求，就很容易将服务对象奶奶的注意力转向物质的支持和帮助，而在这方面，社会工作者没有多少可利用的资源；如果社会工作者拒绝服务对象奶奶的要求，就会影响与服务对象以及奶奶的进一步合作。面对这样的冲突，社会工作者首先需要与服务对象和周围他人建立基本的信任合作关系，否则服务活动就没有办法继续下去。就案例8.4而言，社会工作者需要答应服务对象奶奶的要求。但是，同时社会工作者也要意识到这样的方式可能带来对服务主题的忽视。因此，社会工作者在答应服务对象奶奶的要求时，需要向服务对象的奶奶强调，社会工作者来这里的目的是帮助服务对象改善学习状况，让服务对象有更好的未来。这样，不仅能够利用服务对象奶奶的要求与服务对象建立良好的合作关系，同时又能争取服务对象奶奶的配合，让服务对象和奶奶把关注的焦点集中在服务活动的主题上。

由于社会工作者的工作场景很多时候就在服务对象的日常生活中，很容易受到意外因素的影响，因此需要社会工作者应对和处理一些"额外"要求，以保证服务活动能够顺利开展。我们来看一看下面这个案例，服务对象的周围他人向社会工作者提出了"额外"的要求，希望社会工作者在帮助服务对象的同时，也能够帮助她的孩子。

案例8.5

这是社会工作者第三次进入服务对象的家中开展服务活动，目的是帮助小学三年级的服务对象增强学习兴趣，提高学习成绩。正当社会工作者与服务对象及其母亲一起做一些学习游戏时，服务对象母亲的同事来串门，看到这样的情景后，向社会工作者提出了"额外"的要求。她说，自己的孩子也在上小学，也面临类似的问题，希望社会工作者能够同时帮助她的孩子。对于这突如其来的"额外"请求，社会工作者不知道如何处理，一方面担心如果把两个孩子放在一起，两个孩子之间可能会发生冲突，这样就会影响已经开展的服务活动；另一方面发现自己很难开口直接拒绝，毕竟对方是服务对象家里的常客。

面对案例8.5中的"额外"要求，社会工作者应当怎样处理？由于社会工作者已经开展了三次服务介入活动，他（她）就有义务保证接下来的服务活动能够顺利进行，而"额外"的要求不在服务计划中，社会工作者不需要为此承担责任。因此，社会工作者需要从服务对象的角度考虑"额外"的要求，如果对接下来的服务活动有帮助，就可以答应"额外"的要求；如果对接下来的服务活动有负面的影响，就需要回绝"额外"的要求。当然，在回绝时可以强调，这次服务活动已经开展了一半了，中途参加不太好，如果真心希望获得帮助，则可以联系服务活动的总负责人等，以维护服务对象的利益。

第二节 应对服务活动中的拒绝

在专业的实践活动中，社会工作者除了需要面对和处理专业服务中的情感交流问题，如礼物的交换、额外要求等，同时还需要应对服务对象和周围他人的拒绝。这对于初次参加社会工作专业服务活动的社会工作者来说，是一件非常困难的事，甚至可能使社会工作者产生极大的情绪波动。我们来看一看社会工作者可以怎样应对在开展服务活动时遇到的入户拒绝和服务中的拒绝。

一 入户拒绝的处理

在实际的专业服务活动中，很多时候并不是服务对象主动寻求社会工作者的帮助，而是社会工作者主动去找服务对象。因此，在服务活动开展的初始阶段，服务对象的身份和需求比较模糊，需要在与社会工作者交往的过程中逐渐清晰。这无形中增加了社会工作专业服务介入的难度。正是这样一种模糊的身份和需要，使得社会工作者在服务介入的初始阶段就会面临服务对象拒绝接受服务的危险。我们来看一看下面这个案例，注意分析社会工作者可以怎样更好地应对入户拒绝的困境。

案例8.6

服务对象是小学三年级的男生，平时上课不专心听讲，喜欢去影响别人，学习成绩比较差，经常受到老师的批评。服务对象的父亲是某公司的保安，工作时间长，而且经常加班，无法监督孩子的学习；服务对象的母亲是某餐馆的服务员，工作也非常忙，没有时间指导孩子复习功课。平时，服务对象主要由爷爷照看，但服务对象非常顽皮，爷爷根本管不住。社会工作者第一次入户访谈时，只有服务对象和爷爷在家。当服务对象知道社会工作者来访时，故意把门锁上。社会工作者隔着门与服务对象和爷爷交谈了一会儿，但服务对象仍然不把门打开，最后社会工作者只好放弃这次入户访谈。这是社会工作者第一次参加社会工作专业实践活动，感到非常失败和沮丧。

在案例8.6中，社会工作者遭遇了入户拒绝的困境。面对这种困境，社会工作者应该怎样调整自己呢？实际上，任何一位社会工作者都有可能遭遇这样的处境，面对服务对象"学习成绩比较差"、"喜欢影响别人"等"问题"，最担心、最想让服务对象发生改变的是服务对象的父母亲和老师，而服务对象不一定有这样的要求。因此，入户访谈的时间就要有所选择，尤其第一次入户访谈是建立相互合作关系的关键，社会工作者可以选择服务对象的父母亲双方或者一方在场的时间，从愿意合作的人开始。

当然，并不是所有的家长都会支持社会工作者所开展的服务活动，因为在社区毕竟有一些家长把接受社会工作者的帮助视为自己孩子"有问题"、自己的教育"有问题"。如果遇到这样的案例，社会工作者在向服务对象的父母亲解释时，就可以根据这个案例的特征强调社会工作服务中能力发挥的一面，如可以和服务对象的父母亲一起寻找服务对象的兴趣爱好所在及优势等，消除或者减轻服务对象父母亲的担心。如果服务对象的父母亲仍然不放心，那么社会工作者也不需要勉强，因为即使服务对象的父母亲勉强同意，服务活动也无法开展。社会工作者可以留下自己的联系方式，告诉服务对象的父母亲，如果他们有什么要求，可以随时联系社会工作者，给服务对象和周围他人以选择的空间，也是社会工作所要求的尊重他人的表现。遭遇入户拒绝并不等于失败，任何一种专业服务，一定有接受的人，当然也有不接受的人。我们来看一看下面这个案例，注意分析社会工作者可以怎样处理遭到拒绝的处境。

案例8.7

服务对象是小学三年级的女生，在半年之前，就已经开始接受社会工作者的帮助，学习成绩有了明显的提高，而且母亲的指导和监督能力也得到了明显的提高。服务对象的母亲希望能够继续得到社会工作者的帮助。于是，新的社会工作者来到服务对象的家中进行新一轮的帮助。可是，社会工作者发现，服务对象非常不配合，甚至直接拒绝社会工作者的要求，专业服务活动出现了停滞。社会工作者感到非常沮丧，不知道怎样应对。

分析案例8.7可以发现，社会工作者一走进服务对象的家中就面临被拒绝的困境，虽然服务对象的母亲很希望能够继续得到社会工作者的帮助，但社会工作者却无法推进服务活动。面对这样的困境，作为社会工作者来说，最重要的是找到使服务对象能够顺利接受服务的突破口。他（她）可以和前任社会工作者交流，看一看在与服务对象交往的过程中可以运用什么有效的方法。如果可能，在服务活动的初始阶段，社会工作者也可以邀请前任社会工作者一同前往，等建立了基本的信任关系之后，就可以单独负责这个案例。当然，在这个过程中，不可忽视服务对象母亲的作用，也需要与服务对象的母亲保持良好的沟通交流关系。

二　服务中拒绝的处理

当社会工作者进入服务对象的家中开始针对服务对象及其家人的要求开展服务活动时，就有一个怎样准确评估服务对象的需要以及怎样设计合理的服务介入计划的任务，尤其是要选择好服务介入的启动点，这是进一步开展服务介入活动的关键。如果没有处理好这些要求，即使已经与服务对象和周围他人建立了基本的信任关系，仍有可能遭到服务对象的拒绝，使服务介入活动被迫中止。我们来看一看下面这个案例，注意体会社会工作者在实际的服务活动场景中面临的挑战。

案8.8

服务对象是小学三年级的男生，在家非常受宠。据老师反映，服务对象的学习成绩不好，在学校经常欺负同学。社会工作者在第一次进入服务对象的家里开展服务对象的需要评估时发现，服务对象不喜欢社会工作者提及他的学习，而且爱表现自己，为了抓住社会工作者的注意力，他会在社会工作者面前做各式各样的夸张动作，甚至用手和脚轻轻地踢打社会工作者，直到社会工作者制止他为止。面对这样的场景，社会工作者感到自己没有办法应付，如果谈学习，服务对象就会反感；如果交流其他的，服务对象就会做出夸张的动作。

分析案例8.8可以发现，虽然社会工作者顺利地进入服务对象的家中开展了服务对象的需要评估工作，但是却发现无法找到可以推进服务活动的起点。面对这样的案例，社会工作者需要把自己的视野打开一些，不要紧紧盯着服务对象，可以看一看服务对象是怎样与周围他人交往的、服务对象平时的生活和学习是怎样安排的，学会在服务对象与周围他人的交往中看服务对象。在了解了服务对象与周围他人的交往方式之后，社会工作者就可以安排接下来的服务介入活动：从周围他人入手，协助周围他人更好地支持和监督服务对象的学习。虽然服务对象目前不喜欢学习，但他的父母亲希望他的学习状况能够得到改善，而且服务对象也需要应对来自父母亲和老师的学习要求。因此，社会工作者并没有给服务对象提出"额外"的要求，而是协助他（她）更好地应对周围他人提出的要求。

虽然社会工作者的目标是协助服务对象面对他们自己生活中的困难，但仍有一个能否被对方接受的前提。社会工作者可以尽自己的努力来影响对方，但最终是否愿意与社会工作者配合则取决于服务对象。对于社会工作者来说，学会坦然面对服务对象或者周围他人的拒绝，远远要比看到案例顺利结束艰难得多。我们来看一看下面这个案例，案例中的社会工作者面临被他人拒绝的困境。

案例 8.9

参加这次社会工作专业实习的两位社会工作者都是第一次接触服务对象，下面是他们对参加专业服务活动的描述。

"与孩子见面的时间到了，正好遇到老师跟孩子在讲和我们见面的事情，我们站在一旁，由于孩子背对我们，好像并没有注意到我们的存在。我们隐约听到孩子的意思是不想和我们见面。我当时就愣了一下，心里想，不会吧，怎么会这样啊。老师走过来和我们说明了情况，我们想，实习不能还没有开始就结束了呀，所以决定再怎么样也要和孩子谈谈再说。孩子的确很乖，不爱说话到了极点，点头、'不知道'、'没有'这就是她给我们的反应，头始终低着，我开玩笑地说，'你头再低一些，我们可就要趴在地上说话了'，这时她才有了笑容，我们心里也才算舒了一口气。教她折纸鹤时，气氛就更好一些了。她对折纸的关注，多少让我们觉得高兴，稍稍挽回刚才失落的心情，似乎又看到了希望。

在和家长联系时又有一些小插曲。我们和孩子的妈妈通电话才发现，她正要委婉地拒绝我们，说在这件事上她做不了主，叫我们和孩子的爸爸联系；于是我们又和孩子的爸爸沟通，在我们的劝说下他们终于同意了。两位家长都十分客气，总是说辅导这个孩子不会有什么效果，怕麻烦我们。但是，说真的，那一刻我却更加感到担心和失落。第一次来到孩子的家里和孩子的妈妈以及孩子进一步接触时，我们就有了完全不一样的感受。孩子的表现完全出乎我们的意料，与在学校见到她时截然相反，爱说话，爱在我们面前晃来晃去，爱表现自己，还主动把她喜欢的玩具拿给我们看……在和孩子的妈妈交流的过程中，我们也了解了更多的情况，知道作为家长只要对孩子有利的他们是愿意去做的，只是这个孩子一直没有什么起色，依然调皮、贪玩，学的东西怎么也记不住，所以他们就希望她哪天会自己开窍。

五一长假之后再一次和孩子的妈妈联系，不等我们说什么，她就急于告诉我们孩子不需要辅导，接着就挂断了电话。我和搭档当时都傻眼了，第一个念头就是：怎么会这样，实习怎么办？我们想不能就这么结束了，一定要再努力试试，再怎样也要知道是什么原因。于是我又给他们打了第二个电话。在这之前，我心里真的感到特别紧张，这是我最怕的，我都不敢想象孩子妈妈不等我说完就挂断电话的尴尬。我调整了一下，深吸了一口气，好在孩子妈妈还是很客气但也很坚决，似乎没有办法使他们再同意让孩子接受辅导了。"

仔细阅读案例 8.9 就能体会到，社会工作者在遭到服务对象和其母亲拒绝后内心的不安、紧张、失落以及勇敢和坚持。遭遇这样的处境，社会工作者要学的不仅仅是专业服务的方法和技巧，同时还包括面对挫折的坚持以及对服务对象和周围他人的包容。一位优秀的社会工作者所要掌握的不仅仅是专业的方法和技巧，更为重要的是在逆境中的勇敢、坚持和包容，它们恰恰是社会工作价值理念的最好体现。[1]

第三节　摆脱服务活动中的倒退

最让社会工作者感到难以把握的，除了服务对象的拒绝之外，还有其在服务活动中出现的倒退。初学的社会工作者，往往容易被服务活动中出现的倒退现象弄得不知所措，迷失前进的方向，甚至中止服务活动。在实际的专业服务活动中，社会工作者经常遇到的倒退现象有两种：服务对象的倒退和辅导关系的倒退。

---

[1]　Weick, A., Rapp, C., Sullivan, W. P., & Kisthardt, W. (1989). "A Strengths Perspective for Social Work Practice." *Social Work*, 34 (4), pp. 350–354.

一 服务对象倒退的处理

服务对象的改变并不是单向、直线的，在服务活动中时常会出现服务对象突然出现退步的现象。服务对象的退步对社会工作者来说是一个不小的打击，不仅让社会工作者体会到挫败感、沮丧，而且扰乱了原先制订好的服务活动的计划和安排，使社会工作者一下子陷入迷茫中，不知道接下来往哪里走。我们来看一看下面这个案例，注意分析社会工作者可以怎样更好地应对服务对象出现的倒退现象。

案例 8.10

前两次服务介入活动开展得比较顺利，在社会工作者的鼓励下，服务对象开始对学习感兴趣，而且能够按时完成家庭作业。可是，在第三次服务介入活动中，形势发生了 180 度的逆转，不仅服务对象完全不配合社会工作者的要求完成学习的任务，而且还认为社会工作者偷拿了她的东西，表现出明显的敌意和不信任。下面是社会工作者在结束第三次服务介入活动后的一些感受。

"我们觉得这次服务介入活动做得很失败，出现了前几次服务介入中都没有遇到过的情况。服务对象的情绪忽起忽落，从我们进入家庭开始活动到介入结束为止，她都表现出强烈的排斥心理，特别是在快结束的那一段时间里，服务对象明显表现出对我们的敌视态度。面对服务对象的这种不愉快的态度，我们显得束手无策，不知道怎么回应；而且这次制定的服务活动的目标和任务一点儿都没完成，心里感到特别压抑和不安。在这次服务介入活动中，服务对象的父亲没有回家，具体原因我们也不清楚，会不会是因为上次我们要求他帮助服务对象检查作业，给他造成了一定的压力。我们最担心的是，在以后的服务活动中服务对象这种不稳定的情绪会再次出现，她和父亲会对我们采取排斥或者回避的态度。"

在案例 8.10 中我们可以看到，服务对象在第三次服务介入活动中出现了倒退现象，不仅完全不配合社会工作者的活动，而且对社会工作者表现出明显的"敌视态度"，使"这次制定的服务活动的目标和任务一点儿都没完成"。最让社会工作者担心的是，"服务对象这种不稳定的情绪会再次出现，她和父亲会对我们采取排斥或者回避的态度"。显然，社会工作者已经迷失了前进的方向，不知道接下来该怎样推动服务对象发生改变。面对这样的处境，社会工作者首先需要确定服务对象的这种状况是比较特殊的还是经常出现的。如果服务对象平时也是这样"情绪忽起忽落"，不仅无法上学，而且在家庭生活中也会出现困难。因此，在开展下一次服务活动之前，社会工作者可以和服务对象的父母亲或者老师联系，了解服务对象平时的状况。如果这样的状况比较特殊，社会工作者就可以调整服务活动开展的时间，选择更为有利的介入时间；如果这样的状况平时就经常出现，社会工作者就需要重新评估服务对象的需要，制订新的服务介入计划。

　　服务对象出现倒退现象，可能受到一些无法控制的意外因素的影响，但同时也可能是人为因素所致。在实际的服务活动中，社会工作者往往都希望看到服务对象的改变，所以会不断地给服务对象施加影响，以调动和维持服务对象的改变动力。但是，一旦这种压力超过了一定限度，服务对象就会无法忍受，不再遵循社会工作者的要求，出现反弹的现象。我们来看一看下面这个案例，注意分析社会工作者怎样对服务对象施加影响以及如何处理服务对象的倒退。

案例 8.11

　　服务对象是一位小学五年级的男生，11 岁，不仅对学习没有兴趣，而且缺乏家长的指导，因为父母亲整天忙于工作。在服务活动开展过程中，出乎意料的是，服务对象的母亲主动调整上班的时间，配合社会工作者制订服务对象的学习计划，而且按照社会工作者的要求监督、指导服务对象的学习。不久，服务对象的学习状况出现了明显的改善，每天能够主动完成家庭作业。让社会工作者感到吃惊的是，当社会工作者第五次进入服务对象的家中开展服务活动时，服务对象不仅没有完成家庭作业，而且对母亲给予的奖励"不屑一顾"。母亲感到很迷茫，不知道怎样重新调动服务对象的学习动力，向社会工作者求助。

　　在案例 8.11 中，服务对象的学习状况在前 4 次服务介入活动中出现了明显的改善，但是在第五次服务介入活动中却出现了倒退，不仅"没有完成家庭作业"，而且对奖励也"不屑一顾"。作为社会工作者，这个时候一定要提醒自己，任何一种改变都需要付出，服务对象从不爱学习到主动完成家庭作业需要付出很多，付出的越多压力就越大。因此，需要不时地调整改变的节奏，让服务对象的压力有缓解的机会。实际上，任何人的进步都不是直线式的，都需要走几步，歇一下，再往前走。

二　辅导关系倒退的处理

社会工作者与服务对象的合作关系也会随着服务介入活动的展开而发生变化。虽然在服务活动的初始阶段，社会工作者已经与服务对象和周围他人建立了初步的信任关系，但是，是否能够与服务对象和周围他人维持良好的信任合作关系则取决于接下来的几次服务介入活动。如果社会工作者能够跟随服务对象和周围他人的要求，并且协助他们实现自己的愿望，那么随着服务介入活动的展开，相互之间的信任合作关系就能够得到加强，否则，社会工作者就会与服务对象及周围他人发生冲突，使辅导关系出现倒退。我们来看一看下面这个案例，注意分析社会工作者与周围他人发生冲突的根本原因以及有效应对的方法。

案例 8.12

我们（社会工作者）帮助的是一位小学三年级的女生。在前面两次服务活动中，我们从讲故事和复习功课两个方面进行了尝试，取得了一定的成效。在第三次服务介入活动中我们想尝试将服务对象的改变与周围他人的改变连接起来，鼓励服务对象讲故事给妈妈听，让妈妈看到服务对象的进步。另外，我们打算在第三次服务介入活动中与服务对象以及服务对象的妈妈一起商量制作"学习园地"，建议服务对象的妈妈在我们辅导服务对象第二册语文的同时辅导服务对象已经学过的第一册的生字和生词。

在前两次服务活动中，服务对象的妈妈一直抱怨自己的孩子懒，读书不用功，而且笨，记生字也记不住。因此，她一直坚持给服务对象听写生字，有时为了让孩子记住一个生字能听写上好几遍。最让她苦恼的是，服务对象记住了刚听写的生字，但前面的又忘了。我们并没有直接向服务对象的妈妈解释第三次服务介入活动的打算和想法，因为每次在征求她的意见的时候，她总是说："你们做你们的吧！我也不懂。"

可是，第三次服务介入活动完全出乎我们的意料，前几天还以为一切都挺顺利的，没想到这次就出问题了，服务对象的妈妈明显表现出对我们计划的不赞同，而且不配合我们的要求。这突然的转变来得没有预兆，让我们有点儿猝不及防。我们这次制订的服务介入计划几乎完全无法执行，其间我们甚至想到赶紧结束这次服务介入活动，但是最终我们还是硬着头皮坚持下来了。出来的时候我们不知道说什么好，心情很沉重，像是被人突然间拒绝了似的。

仔细分析案例 8.12 可以发现，社会工作者与服务对象的母亲的辅导关系出现了倒退。母亲态度的"突然"转变让社会工作者感到"猝不及防"。事实上，只要仔细分析这个案例就能感到，社会工作者与服务对象的母亲之间的冲突在服务活动的初始阶段就已经产生，社会工作者设计的服务介入计划没有配合服务对象母亲的要求。因此，随着服务活动的展开，相互之间的冲突就会变得越来越明显。遇到这样的处境，社会工作者需要仔细回顾整个服务活动的开展过程，反思自己是否真正用心体会服务对象和周围他人的要求，并且跟随他们的要求开展服务介入活动。如果没有，就需要及时调整服务介入的目标和计划，主动与服务对象和周围他人沟通，保证服务介入计划能够及时回应服务对象和周围他人的要求。

随着服务活动的展开，社会工作者与服务对象以及周围他人之间的生活差异就会逐渐呈现出来。如果社会工作者不希望出现辅导关系倒退的现象，就需要学会面对和包容服务对象和周围他人不同的生活方式。这种生活方式的差异有时很难用逻辑来解释，但确实影响着社会工作者与服务对象以及周围他人之间的沟通交流。我们来看一看下面这个案例，注意体会社会工作者内心的感受，思考一下可以怎样应对这样的处境。

案例 8.13

这是我们（社会工作者）第四次来到服务对象的家里开展服务介入活动，当我们快到服务对象住的地方时，遇到了服务对象的好朋友，她说服务对象不在家。我们到了服务对象的家里，发现她果然不在，她的舅舅和妈妈在。当时，我们感到很不舒服。虽然我们没有正式给服务对象的父母亲留过电话，但是也打过好几次，他们应该知道我们的电话号码。在这次服务介入活动前，服务对象被她的舅妈带出去玩了，没人通知我们。我们一直等了两个多小时，服务对象才回来。让我们非常生气的是，服务对象的妈妈好像一点儿内疚都没有，也没有向我们表示任何歉意。

遇到案例 8.13 中的情况时，社会工作者通常会感到委屈，甚至可能怀疑自己开展的服务活动的价值，产生自己是否不受欢迎等疑虑。面对这样的处境，社会工作者需要提醒自己：生活并不按照"应该"的方式进行，每个人都有自己的生活经验，都有自己处理困难的方式，不完全相同，不能要求别人按照"应该"的方式行动。当然，社会工作者也需要反思自己以前开展的服务活动是否合适，可以咨询服务对象和周围他人的意见，看怎样做才能更有利于服务对象的发展，及时调整服务介入的计划。

第四节　处理主导型的案例

在实际的专业服务活动中，有一类让社会工作者常常感到难以应付的案例是主导型的案例。虽然它不会出现像拒绝和倒退现象中让社会工作者感到不知所措的困境，但往往让社会工作者感到无力应对、被对方牵着走，使社会工作者无法找到可以发挥影响的空间，丧失服务介入的价值。在主导型案例中，常见的有两类：周围他人主导型案例和服务对象主导型案例。

一　周围他人主导型案例的应对

社会工作者帮助的服务对象大多是弱势群体，他们的生活条件比较差，资源有限，而且受教育水平和文化程度都比较低。因此，当受过专业训练的社会工作者帮助属于弱势群体的服务对象时，他们常常希望能够从社会工作者那里得到指导和帮助。但是，当社会工作者帮助那些经济条件比较好、受教育水平比较高的社会成员时，情况就不同了。他们有自己的分析和见解，而且拥有丰富的社会经验，这通常会给社会工作者造成不小的压力。我们来看一看下面这个案例，受助家庭的父母亲不仅拥有本科学历，而且是社会上的"成功人士"。

案例 8.14

我们第一次走进服务对象的家里进行需要评估时，就发现这一次的案例与以往不同，大部分时间不是我们提问，服务对象的父母亲会主动向我们解释和分析孩子的问题，他们"滔滔不绝"，而且对自己的分析显得非常自信；不仅服务对象没有说话的机会，甚至我们想插句话都很困难。服务对象的父母亲不等我们开口，就给我们布置了接下来的辅导任务：陪孩子一起玩，让孩子性格开朗一些。我们不知道怎样应对这样的场面，直接拒绝也不好，只能频频地点头。第一次入户访谈结束后，感到真郁闷，不知道接下来怎样做。

在案例 8.14 中，社会工作者遇到了比较"强势"的父母亲，社会工作者不仅无法影响他们，相反，他们给社会工作者布置了辅导任务。在接下来的服务介入活动中，社会工作者应该怎样做才可以变"被动"为"主动"呢？社会工作者首先需要把自己的视野打开一些，虽然书本上讲的都是社会工作者如何"主动"影响服务对象或者周围他人（这只是一种影响的方式），但服务对象或者周围他人"主动"影响社会工作者，也是一种影响的方式，只是社会工作者处于"辅助"的位置，协助服务对象实现自己的愿望和要求。在服务对象或者周围他人"主动"要求社会工作者的过程中，服务介入的焦点主要集中在如何实现这些要求上尤其是在服务介入的初始阶段。就像案例8.14，社会工作者可以把"陪孩子玩"作为服务介入的切入点，在具体的活动中再与服务对象的父母亲商量怎样让孩子"性格开朗一些"。这样，社会工作者就能在具体的活动中从"被动"转向"主动"，调动服务对象父母亲的主动性和积极性。

有时，在主导型案例中，社会工作者还可能遭遇"毫不留情面"的直接指责。面对这种突如其来的不友善的举动，社会工作者往往不知道怎样面对，在不知所措中常常采取下意识的辩护的策略。这样做不仅无济于事，而且还可能给自己带来挫败感。特别是社会工作者在真心付出之后，还要面对对方的指责，内心就会充满愤怒和不满。我们来看一看下面这个案例，注意体会社会工作者的内心感受。

案例 8.15

经过社会工作者的几次帮助之后，服务对象的学习状况并未出现明显的改善，服务对象的母亲和舅舅开始表现出对社会工作者的怀疑。下面是服务对象期中考试结束之后，社会工作者与服务对象的母亲及舅舅的一段对话。

（服务对象的母亲把服务对象期中考试的卷子找出来递给了社会工作者。坐在一旁的服务对象的舅舅看到之后，对社会工作者说。）

服务对象的舅舅：我觉得你们这个辅导没什么用，她（服务对象）以前还能考 80 分，这几次考试都只考 70 多分。

　　社会工作者：（愣了一下）这也是一个过程，得慢慢来。她也有进步，老师也反映说她有进步。现在在午托班她就能把作业做完。

　　服务对象的母亲：她作业是能够做完，但重要的是考试，对不对？做作业的时候老师在旁边，她都能做完；但一考试就做不出来，还不是没有用。

　　社会工作者：嗯，她的进步是不太稳定，我们也感觉到了。

　　服务对象的舅舅：像你们这样过来给她辅导，就要多教她一些她不会的，每周过来把她这周学的东西，数学题、语文课文什么的，归纳一下，给她做个总结，然后测试一下。这样才会有效果。

　　社会工作者：嗯，您说的方法很好！不过，我们还有两次就要结束了。我们现在做的主要是把她的午托班、学校和家里的资源连接起来，给她最大的支持。而且我们每周只来两个小时，最多只能给她两个小时的辅导。你说的方法很好，可不可以跟她的妈妈或者爷爷说一说。

　　服务对象的舅舅：我姐姐还有一个小的（服务对象的弟弟，2 岁），哪有时间管她。而且家长管也没有用，如果她不想学，家长再管也没有用。我也是当学生过来的，小孩子学习主要靠兴趣，要是她自己没有学习兴趣，什么都没有用。你们过来就是要培养她的兴趣。

　　社会工作者：嗯，您说得很对！兴趣对孩子的学习很重要，我们也尝试过一些方法培养她的兴趣，比如给她看动画英语等。您觉得用什么方法培养她的兴趣比较好呢？

　　服务对象的舅舅：就是每周给她的学习归纳一下，调动她的学习兴趣。

　　社会工作者：您觉得怎么才能调动她的学习兴趣呢？

　　服务对象的舅舅：这个我也不知道啊，你们比我专业啊。

　　仔细分析案例 8.15 可以发现，服务对象的舅舅直接指责社会工作者，觉得社会工作者的辅导没什么用。面对服务对象舅舅的指责，社会工作者采取了保护自己的方式，为自己辩护，想证明服务对象也是有进步的。显然，这样的辩护并没有影响服务对象的母亲和舅舅，他们依旧坚持自己的看法。此时，作为社会工作者需要以退为进，首先回应服务对象的母亲和舅舅内心的不安和担心，其次进一步问他们："你们觉得孩子目前面临的最大困难是什么？可以怎样更好地帮助孩子改变？"这样，社会工作者就能与服务对象的母亲和舅舅站在一起。接下来，就可以和他们一起商量从哪些具体的方面着手帮助服务对象。当然，在这个过程中要指出他们要承担的责任。例如，当服务对象的舅舅提出社会工作者可以帮助服务对象归纳所学的东西时，社会工作者就可以把这个任务承担下来，但同时也可以向他提出面临的困难："我们和孩子接触最多只有两个小时，其他时间她也需要家长监督，不知道您有什么办法解决这个难题？"这样，就能发掘和调动周围他人的动力，给服务对象更多的支持。

二 服务对象主导型案例的应对

即使服务于小学生，社会工作者也会遇到这样的案例：服务对象非常主动，总是想方设法主导服务活动的安排。这对于社会工作者来说，确实是一个不小的挑战，需要直接面对冲突，挑战服务对象。如何把握冲突的尺度，需要社会工作者细心学习和体会。我们来看一看下面这个案例，注意分析社会工作者可以怎样引导服务对象，将"被动"转化为"主动"。

案例 8.16

服务对象是小学五年级的女生，12 岁。让父母亲苦恼的是，服务对象不仅上课不认真听讲经常受到老师批评，而且对学习没有什么兴趣，就连平时的家庭作业也总想蒙混过关。社会工作者在服务介入过程中发现，服务对象不是很"听话"，总想主导服务活动的进程。下面是社会工作者与服务对象以及服务对象的母亲之间的一段对话。

服务对象：我想去沃尔玛。

社会工作者：去沃尔玛做什么呢？

服务对象：我想买学习机和手机！

社会工作者：买手机啊，你想要和谁联系？

服务对象：我想借给同学玩游戏！

（服务对象想买手机是因为她的同学有，而她的同学不借给她玩。所以，她想买了给同学玩，自己也可以玩。）

社会工作者：那你妈妈知道吗？

服务对象：不知道！我没和他们说。

社会工作者：那你为什么没和妈妈爸爸讲呢？

服务对象：哎呀，我想出去嘛。你们等我一下，我去跟我妈说。

服务对象：妈，我想要出去玩。

服务对象的母亲： 快给我进去学习去。

服务对象： 我叫那两个姐姐（社会工作者）陪我去。

服务对象的母亲： 那你问问她们呀？

服务对象： 我就想现在出去。（对着社会工作者）你们陪我去！

服务对象的母亲： 你（服务对象）想去哪里？

服务对象： 就在楼下。

服务对象的母亲： 那好，你把手机拿着，我好和你联系。（转向社会工作者）太给你们添麻烦了。谢谢你们！

社会工作者：（对着服务对象）你把作文本拿着，我们一起出去把语文作业做了怎么样？

服务对象： 我写完了！

（服务对象的声音很大，是说给母亲听的，不想写作业。）

　　仔细分析案例8.16可以发现，服务对象在整个对话中始终想主导活动的开展，不仅主动安排社会工作者跟她一起出门，而且拒绝了社会工作者的要求：完成语文作业。面对这样的服务对象，如果社会工作者跟随她的要求，就会被她牵着走。而要从"被动"转为"主动"，就需要直接挑战服务对象。例如，和服务对象商量，如果不完成多少语文作业，就不陪她出门。当然，在直接挑战时，需要注意把握冲突的尺度，不要让冲突破坏基本的信任合作关系。

　　主导型案例处理过程中的困难不仅表现为需要直接面对冲突，而且还需要根据服务活动的场景调整冲突的程度，使冲突的程度限制在一定的范围内，不破坏服务活动中建立起来的信任关系。作为社会工作者需要具有随机应变的能力，根据服务对象的反应状况及时调整服务介入的策略和方法，保证既能够理解服务对象的要求，又能有效地影响服务对象，使服务活动按照服务计划的要求顺利展开。

　　无论处于哪个服务阶段，无论面临什么样的实务场景，社会工作者在整个专业实践活动中始终是一位协助者，协助服务对象和周围他人发掘自身的能力，实现自身的发展愿望。社会工作者同时又是一位"舞蹈者"，能够跟随服务对象和周围他人的节奏及时调整自己的步伐，施展自己的影响。

主要参考文献

曹基础：《庄子浅注》，北京：中华书局，1982。

Corsini，R.J.、Wedding，D 主编《当代心理治疗的理论与实务》，朱玲亿等译，台北：心理出版社股份有限公司，2000。

狄尔泰：《精神科学引论（第一卷）》，童奇志译，北京：中国城市出版社，2002。

樊富岷：《社会工作教育中的督导制度与事实》，载中国社会工作教育协会社会工作教育专刊《反思　选择　发展》，北京：中国青年政治学院，1999。

方成：《精神分析与后现代批评话语》，北京：中国社会科学出版社，2001。

高刘宝慈、黄陈碧苑等：《个案工作——理论及案例》，香港：集贤社，1988。

关颖：《家庭、学校、社会：少年儿童教育的协调之忧》，《社会》1996年第10期。

郭巧芸：《人力资源开发的新理念：能力建设》，《民族论坛》2002年第11期。

韩庆祥、郭之新：《能力建设与社会体系创新》，《唯实》2002年第4期。

韩庆祥、戚鲁：《能力建设：一项迎接时代挑战的宏伟工程》，《教学与研究》2002年第3期。

侯欣：《论行动研究在社会工作实习教育中的作用》，载中国社会工作教育协会主编《中国社会工作教育协会成立十周年庆典暨社会工作发展策略高级研讨班论文摘要》，北京，2004。

吉尔·弗瑞德门、金恩·康姆斯：《叙事治疗——解构并重写生命的故事》，易之新译，台北：张老师文化事业股份有限公司，2000。

江光荣：《心理咨询和治疗》，合肥：安徽人民出版社，1995。

矫杨：《专业实习制度的再探索》，载中国社会工作教育协会主编《中国社会工作教育协会成立十周年庆典暨社会工作发展策略高级研讨班论文摘要》，北京，2004。

金良年：《论语译注》，上海：上海古籍出版社，1995。

卡尔·罗杰斯：《成为一个人——一个治疗者对心理治疗的观点》，宋文里译，台北：桂冠图书股份有限公司，1990。

库少雄：《社会工作实务》，北京：社会科学文献出版社，2002。

李洪涛：《教学基地——社会工作本土化的实践园地》，《中国社会工作》1996年第4期。

李幼蒸：《结构与意义》，北京：中国社会科学出版社，1996。

李幼蒸：《理论符号学导论》，北京：社会科学文献出版社，1999。

李幼蒸：《形上逻辑与本体虚无》，北京：商务印书馆，2000。

梁漱溟、陈来编《梁漱溟选集》，长春：吉林人民出版社，2005。

刘少杰：《后现代西方社会学理论》，北京：社会科学文献出版社，2002。

罗洛·梅：《罗洛·梅文集》，冯川、陈刚译，北京：中国言实出版社，1996。

马凤芝：《中国社会工作实习教学的模式与选择——北京大学社会工作实习教育的经验》，载王思斌主编《发展　探索　本土化——华人社区社会工作教育发展研讨会论文集》，北京：中国和平出版社，1996。

马丽庄：《家庭治疗在西方和香港的发展——回顾与前瞻》，《香港心理卫生》1998年第1期。

蒙培元：《心灵超越与境界》，北京：人民出版社，1998。

蒙培元：《中国哲学主体思维》，北京：人民出版社，1993。

蒙培元：《蒙培元讲孔子》，北京：北京大学出版社，2005。

穆斯达法、萨福安：《结构精神分析学——拉康思想概述》，怀宇译，天津：天津社会科学院出版社，2001。

皮埃尔·布迪厄：《实践与反思——反思社会学导论》，李猛等译，北京：中央编译出版社，2004。

乔治·H. 米德：《心灵、自我与社会》，赵月瑟译，上海：上海译文出版社，1992。

　　秦炳杰等：《社会工作实践基础理论》，香港：香港理工大学应用社会科学系，2002。

　　清宁子：《老子道德经通解》，厦门：鹭江出版社，1996。

　　阮新邦：《批判诠释与知识重建——哈贝马斯视野下的社会研究》，北京：社会科学文献出版社，1999。

　　阮曾媛琪：《国际社会工作教育发展的趋势及对中国的启示》，http：// www. china-social. service，2002。

　　史铁尔：《社会工作实习方式与效果》，《中国社会工作》1998 年增刊。

　　童敏：《东西方的碰撞和交流：社会工作的本土化与和谐社会建构》，《马克思主义与现实》2007 年第 4 期。

　　童敏：《个案辅导后现代转向的两个基本问题》，载王思斌主编《中国社会工作研究》第三辑，北京：社会科学文献出版社，2005。

　　童敏：《社会个案工作》，北京：中国社会出版社，2000。

　　童敏：《中国本土社会工作专业实践的基本处境及其督导者的基本角色》，《社会》2006 年第 3 期。

　　汪民安、陈永国、马海良：《后现代性的哲学话语——从福柯到赛义德》，杭州：浙江人民出版社，2001。

　　王丽、傅金芝：《父母教养方式与儿童发展》，《四清师范学院学报》2004 年第 6 期。

　　王思斌：《试论我国社会工作的本土化》，《浙江学刊》2001 年第 2 期。

　　王小章、郭本禹：《潜意识的诠释》，北京：中国社会科学出版社，1998。

　　西格莱德·弗洛伊德：《弗洛伊德后期著作选》，林尘等译，上海：上海译文出版社，1986。

　　夏光：《拉康的（后）结构主义精神分析学》，北京大学 2002 年社会理论高级研讨班讲稿，2002。

　　向荣：《中国社会工作实习教育模式在探索》，载中国社会工作教育协会社会工作教育专刊《反思　选择　发展》，北京：中国青年政治学院，1999。

　　许莉娅、贾存福、童敏：《个案工作》，北京：高等教育出版社，2004。

　　许卢万珍主编《社会工作实习的教与学》，香港：永明印刷厂，2005。

　　雅克·拉康：《拉康选集》，上海：上海三联书店，2001。

杨曾文：《中国佛教史论》，北京：中国社会科学出版社，2002。

俞宁：《对社会工作本土化的认识和思考》，《高等农业教育》2002 年第 1 期。

曾拓：《家庭资源的优化配置与学习不良儿童的教育》，《嘉应大学学报》2000 年第 5 期。

翟进、张曙：《个案社会工作》，北京：社会科学文献出版社，2001。

张洪英：《后现代范式下本土处境社会工作实习督导模式建构的行动研究》，载中国社会工作教育协会主编《中国社会工作教育协会成立十周年庆典暨社会工作发展策略高级研讨班论文摘要》，北京，2004。

张曙：《社会工作方法的本土化实践——一个小组工作案例分析》，《华东理工大学报》（社会科学版）2002 年第 3 期。

张叶玲：《家庭治疗的新领域："叙事"的理念与实践原则》，载王思斌主编《中国社会工作研究》第一辑，北京：社会科学文献出版社，2002。

张宇莲：《叙事治疗的技术与方法》，载王思斌主编《中国社会工作研究》第一辑，北京：社会科学文献出版社，2002。

张昱：《社会工作的本土化发展——上海社会工作发展过程分析》，《华东理工大学学报》（社会科学版）2004 年第 1 期。

章之明：《温洛克"妇女能力建设与农村发展项目"培训个案研究》，《妇女研究论丛》2003 年第 5 期。

朱伟正：《家庭结构的变动与当代儿童教育》，《南京人口管理干部学院学报》1995 年第 4 期。

Anderson, H. (1993). "On a Roller Coaster: A Collaborative Language Systems Approach to Therapy." In Friedman, S. (ed.), *The New Language of Change: Constructive Collaboration in Psychology*. New York: The Guiford Press.

Anderson, H. (1997). *Conversation, Language and Possibilities: A Postmodern Approach to Therapy*. New York: Basic Books.

Anderson, H. & Gollishian, H. (1988). "Humans System as Linguistic Systems: Preliminary and Evolving Ideas about the Implications for Clinical Theory." *Family Process*, 27, 371 – 394.

Anderson, H., Goolishian, H., & Winderman, L. (1986). "Problem-determined System: Toward Transformation in Family Therapy." *Journal of Strategic and Systemic Therapy*, 5 (4), 1 – 14.

Anderson, T. (1991). *The Reflecting Team: Dialogues and Dialogues about the Dialogues. New York: Norton.*

Anderson, T. (1998). "One Sentence on Five Lines about Creating Meaning." *Human Systems*, 9, 73 – 80.

Austin, D. M. (1997). "The Institutional Development of Social Work Education: The First 100 Years-and Beyond." *Journal of Social Work Education*, Vol. 33 (3), 601 – 602

Baber, K. M. & Allen, K. R. (1992). *Women, Families and Feminist Reconstructions.* New York: Guilford Press.

Bahktin, M. (1981). *The Dialogic Imagination.* Austin: University of Texas Press.

Berg, I. (1990). *Solution-focused Approach to Family Based Services.* Milwaukee: Brief Family Therapy Center.

Berg, I. K. & de Shazer, S. (1993). "Making Numbers Talk: Language in Therapy." In S. Friedman, *The New Language of Change: Constructive Collaboration in Psychotherapy.* New York: The Guilford Press.

Boscolo, L., Cecchin, G., Hoffman, L., & Penn, P. (1987). *Milan Systemic Family Therapy: Conversations in Theory and Practice.* New York: W. W. Norton & Company.

Broadhurst, B. P. (1972). "Social Thought, Social Practice, and Social Work Education." *Dissertation Abstracts International*, Vol. 32 (9).

Bruno, F. J. (1948). *Trends in Social Work 1874 – 1956.* New York: Columbia University Press.

Canda, E. R. & Furman, L. D. (1999). *Spiritual Diversity in Social Work Practice: The Heart of Helping.* New York: The Free Press.

Cecchin, G. (1987). "Hypothesizing, Circularity and Neutrality Revisited: An Invitation to Curiosity." *Family Process*, 26, 405 – 413.

Cecchin, G., Lane, G., & Ray, W. (1992). "From Strategizing to Non-intervention: Toward Irreverence in Systemic Practice." *Journal of Marital & Family*, 19 (2), 125 – 136.

Chevalier, A. J. (1995). *On the Client's Path: A Manual for the Practice of Solution-focused Therapy.* Oakland: New Harbinger Publishers, Inc.

Combs, G. & Freedman, J. (1990). *Symbol, Story and Ceremony: Using Metaphor in Individual and Family Therapy.* New York: Norton.

de Shazer, S. (1984). "The Death of Resistance." *Family Process*, 23, 11 – 17, 20 – 21.

de Shazer, S. (1985). *Keys to Solutions in Brief Therapy.* New York: Norton.

de Shazer, S. (1988). *Clues: Investigating Solutions in Brief Therapy.* New York: Norton.

de Shazer, S. (1994). *Words Were Originally Magic.* New York: W. W. Norton & Company, Inc.

Emard, P. A. (1999). "A Brief Look at Brief Therapy." In W. A. Ray & S. de Shazer (eds.), *Evolving Brief Therapies: In Honor of John H. Weakland.* Illinois: Geist & Ruessell Companies Limited.

Epston, D. (1989). *Collected Papers.* Adelaide: Dulwish center Publications.

Epston, D. & White, M. (1992). *Experience, Contradiction, Narrative and Imagination.* Adelaide: Dulwish Center Publications.

Evans, Dylan. (1996). *An Introductory Dictionary of Lacanian Psychoanalysis.* London & New York, Routledge.

Friedman, L. (1991). *The New Language of Change: Constructive Collaboration in Psychotherapy.* New York: The Guiford Press.

Gergen, K. (1991). "Saturated Family." *Family Therapy Networker*, 15.

Gergen, K. (1992). "Toward a Postmodern Psychology." In S. Kvale (ed.), *Psychology and Postmodernism.* Landon: Sage.

Gergen, K. (1999). *An Invitation to Social Construction.* London: Sage Publications Ltd.

Gergen, K. & Kaye, J. (1992). "Beyond Narrative in Negotiation of Therapeutic Meaning." In McNamee, S. & Gergen, K. (ed.), *Therapy as Social Construction.* London: Sage Publications Ltd.

Glicken, M. D. (2004). *Using the Strengths Perspective in Social Work.* Boston: Pearson Education, Inc.

Gilligan, C. (1982). *In a Different Voice.* Cambridge, MA: Harvard University Press.

Goldner, V. (1991). "Feminism and Systemic Practice: Two Critical Traditions in Transition." *Journal of Strategic and Systems Therapy*, 10, 118 – 126.

Hare-Mustin, R. & Maracek, J. (1994). "Feminism and Postmodernism: Dilemmas and Points of Resistance." *Dulwich Center Newsletter*, 4, 13 – 19.

Hoffman, L. (1990). "Constructing Realities: An Art of Lenses." *Family Process*, 29, 1 – 12.

Hoffman, L. (1993). *Exchanging Voices*. London: Karnac Books (U. S. Distribution: Bruner/Mazel).

Hoffman, L. (2002). *Family Therapy: An Intimate History*. New York: W. W. Norton & Company.

Karasu, T. (1999). "Spirituality Psychotherapy." *American Journal of Psychotherapy*, 53 (2), 143 – 162.

Kivnick, H. Q. (1993). "Everyday Mental Health: A Guide to Assessing Life Strengths." *Progress and Prospects in Mental Health*, Winter/Spring.

Lacan, Jacque. (1977). *Ecrits: A Selection*. London, Tavistock.

Lee, Jonathan Scott. (1990). *Jacques Lacan*. Amherst: University of Massachusetts Press.

Lipchik, E. & de Shazer, S. (1988). "Purposeful Sequences for the Solution-focused Interview." In E. Lipchik, *Interview* (pp. 105 – 117) Rockvill, MD: Apsen.

Lyotard, L – F. (1996). *Just Gaming* (Wlad Godzich, Trans.). Minneapolis: University of Minnesota Press.

McNamee, S. & Gergen, K. (1999). *Relational Responsibility*. Thousand Oaks, CA: Sage.

Moluar, A. & de Shazer, S. (1987). "Solution-focused Therapy: Toward the Identification of Therapeutic Tasks." *Journal of Marital and Family Therapy*, 13 (4), 349 – 358.

Nichol, M. (2004). *Family Therapy: Concepts and Methods* (6th ed.). New York: Pearson Education.

O'Hanlon, W. H. & Weiner-Davis, M. (1989). *In Search of Solution: A New Direction in Psychology*. New York: Norton.

Payne, M. (2000). *Narrative Therapy: An Introduction for Counselors.*

Landon: Sage Publications.

Penn, P. (1985). "Feed forward: Future Question, Future Maps." *Family Process*, 24, 299 – 311.

Penn, P. (2001). "Chronic Illness: Trauma, Language and Writing." *Family Process*, 40, 33 – 52.

Richardson, C. F., Fowers, J., B. & Guignon, B. C. (1999). *Re-envisioning Pschology: Moral Dimensions of Therapy and Practice*. San Francisco: Jossey-Bass Publishers.

Richards, P. S. & Bergin, A. E. (1997). *A Spiritual Strategy for Counseling and Psychotherapy*. Washington, DC: American Psychological Association.

Saleebey, D. (1996). "The Strengths Perspective in Social Work Practice: Extension and Cautions." *Social Work*, 41, 296 – 305.

Saleebey, D. (1997). *The Strength Perspective in Social Work Practice* (2nd ed.). New York: Longman.

Saleebey, D. (2000). "Power in the People: Strength and Hope." *Advances in Social Work*, 1, 127 – 136.

Sheafor, B. W., Horejsi, C. R., & Horesj, G. A. (1991). *Techniques and Guidelines for Social Work Practice* (2ed.). Needham Heights, Mass: Allyn and Bacon.

Shon, A. Donald. (1983). *The Reflective Practitioner: How Professionals Think in Action*. U. S.: Basic Books.

Shotter, J. (1993a). *Conversational Realities*. Thousand Oaks, CA: Sage.

Shotter, J. (1993b). *The Cultural Politics of Everyday Life*. Buffalo, NY: University of Toronto Press.

Stavrakakis, Yennis. (1999). *Lacan and the Political*. London & New York, Routledge.

Walter, L. J. & Peller, E. J. (1992). *Becoming Solution-focused in Brief Therapy*. New York: Brunner/Mazel Publishers.

Watzlawick, P. (1984). *The Invented Reality: How Do We Know What We Believe We Know?* New York: Norton.

White, Michael & Epston, David. (1990). *Narrative Means to Therapeutic Ends*. London & New York: W. W. Norton & Company.

White, M. (1995). *Re-authoring Lives: Interviews and Essays.* Adelaide: Dulwish Center Publications.

White, M. (1997). *Narratives of Therapists' Lives.* Adelaide, South Australia: Dulwich Centre Publications.

Wittgenstein, L. (1953). *Philosophical Investigations* (G. E. M. Anscombe, Trans.). New York: Macmillan.

Zimmerman, J. L. & Dickerson, V. C. (1996). *If Problems Talked: Narrative Therapy in Action.* New York: Guilford Publications.

后　记

　　在香港理工大学应用社会科学系和北京大学社会学系老师的支持和鼓励下，从 2003 年起我开始关注如何在中国本土处境中开展社会工作专业服务活动的问题，希望总结出在中国本土开展社会工作专业服务活动的具体方法、程序和技巧，为服务对象提供简洁、快速、有效的社会工作专业服务，在实务场景中推进中国社会工作本土化和专业化的发展。于是，我和一些学生志愿者们一起进入厦门的康乐社区和成功小学开始了中国本土社会工作专业服务活动的探索之旅。在此期间得到了凯瑟特基金会、中国社会工作教育协会、康乐社区居委会、康乐小学、成功小学、厦门大学社会学系社会工作专业的志愿者们的支持，以及厦门大学横向课题"中国本土社会工作理论和实务"的经费资助，我想特别强调的是，本书在写作过程中得到了香港理工大学的阮曾媛琪教授、宋陈宝莲博士、叶锦成教授和北京大学的王思斌教授的直接指导和关心，尤其得到了厦门大学社会学系张友琴教授的热情指导和帮助。没有这些老师的指导和关心，没有各方的支持和帮助，要在社区开展社会工作专业服务活动是很难想象的。这本书稿的顺利完成让我感到欣慰，这是对我们七年来在社区开展的社会工作专业服务活动的总结，让我们有机会向从事社会工作的老师和同行们学习和请教。

　　希望能够借此机会表达我对从事社会工作专业实践活动的厦门大学社会学系社会工作专业的志愿者们的感谢，他们是 2004、2005、2006 级社会工作专业的研究生黄慧、刘建敏、朱燕燕、王圣莉、余瑞萍和姚进忠，2002级社会工作专业的本科生庄惠鑫、陆娟、刘颖、郑莹、陈超、王俊超、郝小鹿和王哲，2003 级社会学系的本科生张文婷、陈怡、叶娜、孙抒彦、郭丽蓉、黎翔、熊颖、孙瑜、孙云、连陇海、魏利全、陈珊、林小庆、阚万芹、

饶超平、吴据珍、田哲彰、李硕芬、姚少志、元佳君、包銮、林开富、刘忻
和马毅，2004 级社会工作专业的本科生陈海萍、刘光煜、张栩溦、赖琦、
金凡、钟春燕、周碧蕴、龚巧艺、赵小铝、谢筑娟、陈小红、金蓓菁、陈曙
光、王华星、张旸、孙聪、胡祥保、杨艳刚、王益锋、张浩、黄峰、贺彩霞
和范霁雯（2004 级中文系），2005 级社会工作专业的本科生阿木尔日、杨
旦、綦琪、陈伟慰、赖剑平、魏莹、冒皎娇、柯艺江、冯雨婷、于靖、游
辉、王莹、游雪珠、罗均丽、诺敏、李哲敏、顾琼和高婕。他们积极参与的
热情、认真负责的态度以及不辞辛苦的精神让我感动，也让我看到了中国社
会工作发展的动力和前景。

这本书之所以能够面世离不开社会科学文献出版社编辑们的辛勤劳动，
特别是杨桂凤女士的大力支持，在此一并致以诚挚的感谢！

由于时间仓促以及水平有限，书中还存在不少需要改进的方面，希望各
位老师和同行不吝赐教。

童　敏

2010 年 4 月

图书在版编目（CIP）数据

社会工作专业实习：常见疑难问题及其处理/童敏著.—北京：社会科学文献出版社，2010.8（2017.7 重印）
（社会工作硕士专业丛书·实务系列）
ISBN 978 - 7 - 5097 - 1623 - 6

Ⅰ.①社…　Ⅱ.①童…　Ⅲ.①社会工作 - 教育实习 - 高等学校 - 教学参考资料　Ⅳ.①C916 - 45

中国版本图书馆 CIP 数据核字（2010）第 119803 号

·社会工作硕士专业丛书·实务系列·

社会工作专业实习
——常见疑难问题及其处理

著　　者／童　敏

出 版 人／谢寿光
项目统筹／童根兴
责任编辑／许玉燕　高明秀

出　　版／社会科学文献出版社·社会学编辑部（010）59367159
　　　　　地址：北京市北三环中路甲 29 号院华龙大厦　邮编：100029
　　　　　网址：www. ssap. com. cn
发　　行／市场营销中心（010）59367081　59367018
印　　装／三河市尚艺印装有限公司

规　　格／开　本：787mm × 1092mm　1/16
　　　　　印　张：19　字　数：327 千字
版　　次／2010 年 8 月第 1 版　2017 年 7 月第 3 次印刷
书　　号／ISBN 978 - 7 - 5097 - 1623 - 6
定　　价／39.00 元